国家社会科学基金青年项目
"后危机时代我国制造业转型升级与工业强国建设问题研究"（13CGL006）

国家社会科学基金重大项目
"东北（辽宁）老工业基地'劳模文化'史料编纂及当代价值研究"（15ZDB052）

中央高校基本科研业务费资助项目
"新常态下推进我国制造业供给侧结构性改革研究"（N161304001）

国家社会科学基金重大项目
"振兴东北老工业基地重大体制机制问题及对策研究"（17ZDA060）

THE

TRANSFORMATION

OF

MANUFACTURING

INDUSTRY

张志元 ● 著

THE

OVERALL

REVITALIZATION

OF

NORTHEAST

CHINA

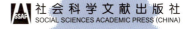

社会科学文献出版社
SOCIAL SCIENCES ACADEMIC PRESS (CHINA)

前　言

　　制造业作为拉动经济增长的主要动力，是衡量国家或地区综合经济实力的重要标志。东北地区是我国著名的老工业基地，也是国家重要的装备制造业基地。制造业的转型发展是振兴老工业基地的重要内容，前人对制造业发展问题的研究已经在技术创新、产业升级等方面取得了重大成果，但对东北地区制造业发展模式转型尚未真正开展研究。为了弥补这一不足，推动东北制造业提升国际竞争力和实现持续发展，笔者试图通过对东北地区部分制造业企业的走访调研，深入研究东北地区制造业发展模式的形成背景、着重分析制造业传统发展模式面临的困境及其内在机理，并且提出促进制造业发展模式转型的有效路径，以期为东北老工业基地振兴提供重要的理论素材，进而促进东北地区制造业可持续发展和老工业基地的全面振兴。

　　目前，有关学者只针对个别省份的制造业转型进行分析，并未对整个东北地区制造业发展模式转型加以深入探究。对制造业的整体研究表面化、泛化，对东北地区制造业的实践指导缺乏可操作性，因而有必要通过对比分析区域观念、习俗、政策、法规等因素对东北地区制造业发展的影响，聚焦于东北地区制造业发展模式转型研究。全面振兴东北老工业基地，必须进一步扫除制约东北制造业发展的主要障碍，努力实现速度、结构、质量和效益的有机统一。作为人类赖以生存的基础产业，制造业是社会发展的重要依托和地区竞争力的集中体现。当前，全球金融危机的阴霾尚未完全消散，世界制造业格局调整步伐进一步加速，我们需要审视国内外产业发展的新环境，不断探索制造业发展模式转型的方向。"十三五"时期，东北地区仍处于工业占主导地位的发展阶段，在改革开放不断深化、经济发展方式加快转变、全球经济一体化程度进一步加深的攻坚时期，积极推进制造业发展模式的转型，是实现东北老工业基地全面振兴的必由之路。在整合与被整合的过程中，东北地区制造业发展模式应适时进行调整，突破资源环境这一瓶颈，实现制造业发展模式的成功转型。

长期以来，由于东北地区无法摒弃既有的资源优势，继续沿用粗放型发展模式，制造业发展模式转型并未取得实质性进展。2014 年 8 月，国务院印发《关于近期支持东北振兴若干重大政策举措的意见》，要求抓紧实施一批重大政策举措，巩固扩大东北地区振兴发展成果、努力破解发展难题、依靠内生发展推动东北经济提质增效升级。"十三五"开局之年，国家先后发布的《中共中央国务院关于全面振兴东北地区的若干意见》《推进东北地区等老工业基地振兴三年滚动实施方案（2016—2018 年）》，以及我国实施强国战略的第一个十年行动纲领《中国制造 2025》，必将为东北地区制造业发展模式转型创造新的机遇。笔者也希望通过自己的研究为"十三五"时期东北地区制造业持续发展，以及东北老工业基地全面振兴尽绵薄之力。

目　录

第一章　导论

第一节　研究背景与意义

一　研究背景

　　制造业作为全球经济增长的重要引擎，是国家经济竞争力的核心。在机遇与风险并存的后危机时代，制造业处于深度调整之中，我们需要审视国内外产业发展的新环境，不断探索制造业发展模式转型的方向。改革开放 40 年来，我国经历了传统的制造业和加工业的发展阶段，国内生产总值（GDP）占世界经济的比重从 2005 年的 5% 上升到 2010 年的 9.5%，GDP 跃居全球第二。在经济取得较快发展的同时，也付出了沉重的能源及环境代价。当前中国工业已进入以转型升级促进发展的新阶段，正在由传统的制造业和加工业向新型的制造业转变。"十二五"是加快转变经济发展方式的攻坚时期，明确提出要改造提升制造业，培育发展战略性新兴产业，推动产业转型升级，这对正在加快转型升级的传统制造业来说是莫大的鼓舞。李克强总理在 2015 年政府工作报告中提出，制造业是我们的优势产业，要实施《中国制造 2025》，加快从制造大国转向制造强国。东北地区作为近代中国工业的摇篮，其经济振兴的关键在于"转型"，重点是实现以装备制造业为主导的东北地区制造业转型发展，这是一个亟待深入研究的现实课题，也是一项复杂而又十分艰巨的重大历史任务。

　　1. 制造业发展模式转型是全球经济形势变化的必然选择

　　从美国的"无就业的经济恢复"和"希腊债务危机"等现象和事件中

我们已经感受到 2008 年金融危机的破坏力如"蝴蝶效应"一样演变成一场全球性经济动荡和衰退,但目前经济已经开始缓慢复苏。在一定意义上说,国际金融危机是传统发展模式之危、科学发展模式之机。国家统计局已经公布的各项指标显示我国宏观经济走出了一条快速反转的"V"形曲线,但企稳回升的态势尚不稳固,存在较多不确定性因素。金融危机的冲击,暴露了东北地区制造业依靠廉价劳动力、资源投入,通过规模扩张实现粗放增长的缺陷,部分制造业的衰退已构成东北经济快速发展的暗礁,制造业发展模式转型是推进东北地区经济持续增长的动力源。在此背景下,工业化与信息化的融合,促进了经济由生产要素和投资驱动型向创新发展型转变,如果发展中国家制造业依然按照产业梯度升级模式发展就意味着在经济全球化进程中将永远处于国际分工体系的低端。制造业发展模式转型直接决定地区经济可持续发展的前途和命运。大多数行业已经到了生命周期的成熟期甚至是衰退期,低端制造业已进入微利时代。在当前温室效应、节能减排的压力下,我们需要积极探索切合东北地区制造业转型跨越发展实际的目标模式及转型路径。对转型中的东北制造业来说出路只有一条:坚定地实施发展模式转型。

2. 经济高质量发展需要制造业发展模式转型

工业社会时期是迄今为止人类历史上发展速度最快的时期,同时也推动了社会进步,创造了工业文明。中国在 40 年的改革开放中获得了巨大发展,告别了短缺经济时代,成为全球重要的制造业基地。在后危机时代,中国正处于经济结构调整、经济发展模式转型、通货膨胀预期与资产泡沫并存、就业压力增大等多种因素交织时期,而制造业企业面临发展模式难以持续、市场需求萎缩等诸多挑战。同时,过度强调资本技术的引进削弱了本国制造业的创新能力,靠廉价劳动力降低生产成本获取竞争优势的传统制造业发展模式难以为继,亟待转型。总量多竞争力并不一定强,产业竞争力主要是看其中制造业和高端服务业的比重。在我国全面建成小康社会和推进新型工业化的进程中,传统制造业面临"产业空心化"和"产业低端化"的双重威胁,制造业发展模式转型关系到整个东北地区工业乃至经济社会持续增长的趋势和前景。"十三五"规划蕴含着经济发展模式的多重转变:关注企业的发展方式,实现企业的转型升级,以及被寄予厚望的新兴产业的发展。我国正处于工业化和城市化快速推进时期,只能算得上"制造车间"或"加工基地"。"用工荒"现象的出现、人民币持续升值以及淘汰落后产能任务的开展,对制造业现行发展模式产生了极大的倒逼效应,两头在外而过程在内的中国工业产品制造的黄金时期已经过去。当前,金融危机的阴霾尚未完全消散,世界制造业格局的调整正在进一步加速,以装备制造业为主导产业的东北地区如何定位制造业发展模式,选择何种路径转型发展模式,是一个亟待深入研究的现实课题。

3. 国家振兴战略的实施加快了制造业发展模式转型的进程

制造业是国民经济长期增长的重要推动力,助力大国繁荣。政府将"振兴东北老工业基地与西部大开发战略"称为"东西互动的两个轮子",但突出的区别在于各自的发展模式上,一个重在"转型",一个重在"开发"。党的十九大报告提出,实施区域协调发展战略,深化改革,加快东北等老工业基地振兴。为了扭转旧体制长期以来的束缚和依赖,增强制造业竞争活力,东北地区发展模式转型已迫在眉睫。2009 年 9 月 9 日,国务院下发了《关于进一步实施东北地区等老工业基地振兴战略的若干意见》(国发〔2009〕33 号),明确提出东北老工业基地要在应对国际金融危机中实现新的跨越,加快形成具有独特优势和竞争力的新的增长极,使东北地区的发展定位更加鲜明突出。区域增长极形成的显著特征是经济总量和增长速度存在领先优势,但东北地区作为后开发区域与这一目标还存在较大差距。"十二五"规划纲要指出,要发展现代产业体系,提高产业核心竞争力,以发展方式转型为主线,改造和提升传统制造业,从而为经济的持续发展提供了动力。"十二五"规划中强调制造业一定要向高端发展,党的十八届五中全会审议通过的《中共中央关于制定国民经济和社会发展第十三个五年规划的建议》,明确提出了"构建产业新体系"的目标和任务。高耗能、高污染、高外贸依存度的发展模式已难以持续,必须加快推动装备制造、原材料、汽车、农副产品深加工等优势产业升级,支持高端装备制造等战略性新兴产业发展,构建产业新体系应以制造业转型升级为中心。东北地区面临老工业基地改造、全面建成小康社会与和谐社会建设等多项历史使命,其中主导产业的发展、承接世界制造中心转移事关制造业发展的全局。制造业发展模式转型是提高东北地区经济发展质量和效益的重要战略举措,东北地区制造业企业竭力抓住全球"洗牌"所带来的机遇，率先迈开了推动业务扩张和发展模式转型的步伐。制造业在后危机时代①的扩张与转型究竟会凸显怎样的特色，在全球产业链整合与协同的大背景下如何选择适合东北地域特色的发展模式是东北地区制造业迫切需要解决的问题。

4. 生态文明建设的稳步推进引领制造业发展模式转型的方向

按照人类的生存方式和时代主题的标准来划分，人类社会的文明发展史可以分为原始文明、农业文明、工业文明和生态文明四种形态。工业化和科学技术的飞速发展，在给人类社会带来丰硕的物质财富的同时，也使得人类饱尝诸如环境污染、资源短缺、生态破坏、地区冲突等灾难之苦，使人类工业的发展陷入困境，整个人类社会必须向低碳社会转变。② 为了实现这一目标，技术和发展模式的革新在制造业领域已悄然开始。我国经济发展进入新常态后，出现了增速换挡、结构优化升级和功能转换三大基本特征。为适应当前制造业绿色化、网络化、敏捷化、集成化发展的新趋势和特点，应以可持续发展观、生态伦理道德观和环保理念为指导，将生态环保纳入制造业企业产品的开发与评价过程中。绿色产品制造是经历国际金融危机后实现东北地区经济长期可持续增长的重要前提，已经形成不可逆转的发展趋势，在此基础上深化制造业领域的结构调整与转型，有利于解决长期以来的低水平重复建设问题。2009 年以来，制造业企业积极化解不利因素、构建长久竞争优势、实施又好又快的发展战略，制造业蜕变转型的时代已经开始。同时，公众的消费意识也在转变，更青睐节能环保产品，并且绿色环保产品的市场越来越广泛。实施绿色制造、发展低碳经济是贯彻习近平新时代中国特色社会主义经济思想的必然选择，对制造业企业产品开发生产的影响是革命性的。

二 研究意义

1. 有利于推动制造业发展模式和技术创新的理论研究

本书通过研究制造业发展模式的转型，综合分析东北地区交通运输、

---

① 后危机时代（post-financial-crisis era or post-crisis era）是指危机缓和后，出现的一种较为平稳的状态，但造成危机的根源并没有消除，经济周期渡过最低谷开始缓慢回升。从历史经验看，在这个发展时期，旧的发展方式面临打破，新的经济格局尚未确立。

② 秦书生：《社会主义生态文明建设研究》，东北大学出版社，2015，第 1~7 页。

设备制造、钢铁石化、自然资源加工等主导产业演进规律、路径选择及影响因素，对东北地区在全球经济结构调整下实现经济跨越式发展具有重要的现实意义。通过系统分析东北地区制造业发展现状，揭示东北地区制造业现行发展模式存在的问题和不足，组建企业联盟整合地区优势资源，打破地方割据，以期实现节约创新成本、分散创新风险、提高转型响应速度、获取经济效益的目的。

2. 有利于促进东北地区传统产业的改造与振兴

"十三五"规划强调，发展现代产业体系，提高产业核心竞争力，坚持走中国特色新型工业化道路，发展结构优化、技术先进、清洁安全、附加值高、吸纳就业能力强的现代产业体系。改造提升制造业，支持企业技术改造，发展先进装备制造业。在现代化进程中，制造业是实现经济振兴的最佳切入点和突破口。制造业发展重点是优化结构，改善品种质量，增强产业配套能力，淘汰落后产能。本书从全球经济调整的视角指出东北地区制造业转型具有理论密切联系实际的重大现实意义，不管是国外的金融危机、经济危机，还是国内的产业危机都在促成东北地区制造业的转型。通过市场化的制度创新，促进东北地区制造业发展模式的渐进式改革，改造和提升传统产业，实现信息化和工业化的融合，对东北地区传统产业的改造与振兴具有重要的推动作用。只有实现东北地区制造业发展模式转型，才能发挥地区后发优势，实现跨越式发展，使整个东北地区成为继珠三角、长三角和环渤海地区之后的中国第四经济增长极，研究东北地区制造业发展模式转型具有重大的现实意义和理论价值。

3. 有利于提升东北地区制造业核心竞争力

2016 年 1 月 8 日，国务院总理李克强在国家科学技术奖励大会上的讲话指出，要更多利用市场机制化解过剩产能，在传统产业广泛开展"互联网＋"行动，推动制造业增强核心竞争力，引导企业创新品种、提升品质、打造品牌，让"老产业"焕发出"新活力"。[①] 东北地区正处于由传统制造业向现代制造业转型的崭新历史时期，有着雄厚的制造业基础，不但具有较强的科研综合实力，而且资源丰富，矿产资源和农产品资源居全国首位。

_____

① 李克强：《在国家科学技术奖励大会上的讲话》，《人民日报》2016 年 1 月 9 日。

在计划经济体制时期，高度发展重化工业的路径不断强化，东北地区制造业长期忽视产业升级，因此在核心竞争力提升方面具有很大的空间。制造业只有实现发展模式转型，才能够为转变经济发展方式奠定基础并形成合力。在技术驱动促使经济增长和顾客需求日趋个性化的今天，摆脱"路径依赖"，进一步创新发展模式势在必行。同时，以区域一体化的产业集群为主体整合地区优势资源，组建东北地区制造业发展模式创新动态虚拟联盟，实现产业间的研发合作势在必行。因此，后工业化时代，研究东北地区制造业发展模式转型问题，有利于提升东北地区制造业核心竞争力，推动东北老工业基地早日实现全面振兴。

4. 有利于真正缓解就业压力

当代中国的转型期，简而言之，就是从1978年开始的改革开放到基本实现社会主义现代化的历史时期。国际社会认为，中国逐步成为"世界工厂"，但工业发展仍处于初级阶段，主要任务是解决就业问题，以及利用外资促进产业升级推动产业转型。当前，依赖劳动密集型产业发展带动经济增长和就业的势头趋缓，制造业实现发展模式转型是经济结构调整和产业结构不断优化的必然要求，也是转变经济增长方式的根本出路。装备制造业不仅直接吸纳大量劳动力，而且能够增加相关行业的就业人数，对保持社会安定团结具有至关重要的作用。要通过制造业发展模式的转型，增强东北地区三次产业发展的协调性，加快东北地区产业结构调整的步伐，实现东北地区制造业在产品设计、技术研发、推广营销等各个环节的全面提升，推动制造业向产业链高端发展，为我国高校培养的高素质人才提供更好的就业机会，从而更好地解决大学生就业难问题。

第二节　国内外研究现状

一　国外研究现状

1. 从技术改进角度

技术改进是制造业提高生产效率的关键环节，Scott A. Snell等人从制造业发展历程着手，认为传统制造业主要通过大量投资于物质资本来促进生产过程的改进，机械化的进步有利于制造业生产效率的提高，同时也降低了对劳动力技能和能力的要求，结果造成了许多制造业企业缺乏提高劳动力技能的动力。① 针对传统制造业存在的两难问题，Scott A. Snell 等人提出了综合制造业的概念，属于一种流线型、高附加值、高质量的生产系统。主要通过先进的制造技术（Advance Manufacturing Technology，AMT），无时滞存货控制（Just-in-time Inventory Control，JIT）和全面质量管理（Total Quality Management，TQM）来实现。AMT 主要是指信息技术、计算机处理技术的运用，JIT 主要代表一种旨在提高存货管理效率的管理理念，TQM 指为促进制造业持续改进所需要的大量实践。②

2. 从要素利用角度

在经济全球化背景下，不同区域的产业规划与经济发展必须考虑整个世界制造业的发展动向，并适时做出调整。Poon 则主张，产业升级就是制造商成功地从生产劳动密集型低附加值产品，向生产更高附加值的资本或技术密集型产品的转移过程。配第 - 克拉克定律指出，随着经济的持续发展和国民收入水平的逐渐提高，劳动力首先由第一产业向第二产业转移，进而再向第三产业转移。从流动趋势看，第一产业劳动力比重逐渐下降，第二产业特别是第三产业劳动力比重则呈现出增加的趋势，工业的过快增长不仅限制了劳动力向第三产业的转移，而且还形成高投入、高污染和高能耗的怪圈，加大了节能减排的压力，阻碍了产业结构的升级。同时，Mikael Carlsson 从制造业的生产需要大量资本投入的视角分析认为，制造业资本存量的积累很难达到一个"期望"的水平：过多的资本会导致资本得不到最大效率的使用，造成浪费；过少的资本则不能满足制造业的发展需求。但资本存量的调整具有不确定性且存在成本，积累适度的资本存量，能保证有限的资本发挥更大的作用。③

3. 从产业结构演进角度

制造业发展模式转型必须在与其他领域的相互作用中实现。考察产业

---

① 唐德才：《基于资源约束的中国制造业可持续发展研究》，科学出版社，2009，第29页。
② Scott A. Snell, "Selection and Training for Integrated Manufacturing," *Journal of Management Studies* 5, 2000 (37): 3.
③ Mikael Carlsson, Stefan Laseen, "Capital Adjustment Patterns In Swedish Manufacturing Firms," *The Economic journal* 1, 2005 (115): 969 – 986.

结构演进的基本趋势，主要有两个度量指标：一是劳动力在三次产业间的分布变动情况，二是三次产业在 GDP 中所占比重的变动状况。根据钱纳里等人的研究结果，在经济发展过程中，随着人均 GDP 水平的提高，第二产业特别是第三产业劳动力的比重呈现增加趋势，第一产业劳动力比重逐渐下降；同时三次产业占 GDP 比重逐渐向第三产业最大、第二产业次之、第一产业最小方向变化（见表 1 – 1）。[1]

表 1 – 1　三次产业劳动力和 GDP 构成变动一般趋势（钱纳里模式）

单位：%

第一产业		第二产业		第三产业	
劳动力	GDP	劳动力	GDP	劳动力	GDP
49.9	30.4	20.5	23.1	29.6	46.5
43.6	26.7	23.4	25.5	33.0	47.8
34.8	21.8	27.6	29.0	37.6	49.2
28.6	18.6	30.7	31.4	40.7	50.0

资料来源：郭克莎、王延中：《中国产业结构变动趋势及政策研究》，经济管理出版社，1999，第 6、10 页。

Jieming Zhu 着重于对制造业结构变化进行分析，认为在制造业全球化和专业化发展趋势下，制造业结构变化是必然的，某些行业兴衰，某些行业没落。制造业的结构变化是由经济规模的大小、技术创新、产业链以及市场和政府的政策变化等因素引起的。[2] 这些因素大致可以归结为制造业生产的相对成本，因此，制造业的发展必须考虑结构变化造成的相对成本。改革开放以前乃至改革开放初期的一段时间，由于过度追求经济快速增长，东北地区产业发展偏重于重工业，对产业间的有机关联重视不够以致出现了产业结构不合理等现象。

4. 从环境保护角度

环境是制造业发展必须考虑的重点环节，Pierre Ouellette 从环境的角度

[1]　杨强：《中国城乡居民收入差距的发展趋势》，《福建师范大学学报》（哲学社会科学版）2003 年第 3 期，第 39 ~ 45 页。

[2]　Jieming Zhu, "Industrial Property and Structure Change of Manufacturing: A Relative-cost Analysis," *RURDS* 12, 2000 (1).

来阐述制造业的可持续发展，传统制造业的发展给环境带来极大的破坏，在环境约束的压力下，各种环境管理政策的出台似乎是对制造业发展的一种限制，但任何事物都存在两面性，这些环境政策反过来会激励制造业企业研发新的生产技术来满足环境管理的要求，增加对非污染设备和元件的研发，进一步优化生产结构，实现从传统低效率的制造业向现代可持续发展的制造业的转型。[1] John Beghin 认为，制造业的可持续发展应该使得制造业在全球范围内的贸易自由化，通过贸易自由化逐步加快制造业的分工，促进知识和技术的交流，形成优势互补，更加合理地配置资源，提高生产效率，减少对环境造成的压力。[2] 资源环境的约束边界，需要制造业发展模式的提升，国外学者对某一国家或地区制造业发展模式提升的制度安排及相关改革思路开展了研究。英特尔发言人查克 - 穆劳尔（Chuck Mulloy）、美中贸易全国委员会主席傅强恩（John Frisbie）、半导体行业专家埃德 - 保萨（Ed Pausa）认为"价值链由下游向上游移动是中国制造业转型的必由之路"。泰勒尔在《产业组织理论》一书中利用超级博弈（重复博弈）论证实，在某种条件下集中将有利于默契合谋，成本的不对称造成了产出的不对称，使得集中指数上升，同时，使得低成本企业获得了租金，从而增加了全行业利润。此外，日本学者唐津一写了一本著作《忘记了"制造"的国家将会灭亡》，突出强调了改进制造业基础技术的重要性。

二 国内研究现状

随着经济全球化的不断深入，产业集群和区域创新已经成为影响区域核心竞争力的关键因子。下文笔者从制造业发展模式存在的问题、面临的挑战、调整的建议和转型的战略意义等方面来总结国内研究成果。

国内很多学者对东北地区制造业的发展现状、发展战略、升级措施进行了研究，殷醒民认为制造业技术结构的提升，使本国基础工业扩大规模和升级，从根本上扩大工业化必需的基础工业的生产规模，以推动国内相

---

[1] Pierre Ouellette, Stephane Vigean, "Technological Choices and Regulation: The Case of the Canadian Manufacturing Sectors," *Canadian Journal of Economics* 36, 2003 (1): 88 – 125.

[2] John Beghin, Michel Potier, *Effects of Trade Liberalisation on the Environment in the Manufacturing Sector*, Blackwell Publishers Ltd., 1997: 108.

关产业的发展，并享受其他发展中国家"乘数效应"溢出为本国带来的益处。[1] 宁一、董从文、杨树臣等学者认为，受美国金融危机影响，当前东北地区制造业经历了衰退之后逐步呈现企稳回升趋势。冯岩认为，东北地区的工业化走了一条计划经济体制下"重工业早熟畸形发展"的"资源依赖型"的传统工业化道路，出现了东北地区工业化的"夹生"现象。[2] 关于制造业企业的衰退原因，徐充、席丹、年志远、孙林岩等学者认为有如下几方面：一是产业发展的自然结果；二是市场机制的马太效应；三是体制转换成本的制约；四是经济增长模式粗放。关于东北地区制造业振兴路径的发展对策，梁琦等学者采用比较分析的方法，对东北制造业中各大类产业和小类产业在全国的比较优势进行了讨论，指出了东北制造业的优势在于资本密集型的重工业，如石油加工类制造业和部分装备制造业。[3] 巩顺龙提出了基于新型工业化道路的"东北制造"技术创新战略研究。许春燕、韩长富等学者从制定实施"振兴制造业专项计划"、发挥产业集聚效应、推进区域经济一体化进程、加快制造业企业技术创新、加大政策支持力度、实施"腾笼换鸟"战略等方面提出相关建议。王福君结合区域比较优势理论分析了辽宁装备制造业升级的路径、支撑与保障及具体对策，并进一步提出了辽宁省装备制造业内部结构升级选择的技术创新推动模式、产业集群发展模式和外向带动发展模式"三位一体"的发展路径。[4]

就制造业振兴途径来看，马瑞光提出了制造业由"商标商品连锁"向"商业模式连锁"转型的路径。李美娟提出改变企业心智模式，构建市场势力，培育国内需求市场，创造"需求引致创新"是东北地区制造业企业突破全球价值链（GVC）低端锁定的路径选择。李刚、孙林岩等学者较早提出发展服务型制造业。王国跃、李海海提出引导装备制造业集群要素网络

① 殷醒民：《制造业："乘数效应"溢出与技术升级》，《经济学家》1998 年第 5 期，第 101～108 页。

② 冯岩：《东北地区工业化道路和"再工业化"方向研究》，吉林大学博士学位论文，2010，第 58～59 页。

③ 梁琦、李忠海、马斌：《东北制造的优势在哪里》，《统计研究》2004 年第 3 期，第 45～50 页。

④ 王福君：《区域比较优势与辽宁装备制造业升级研究》，中国经济出版社，2010，第 177～186 页。

链接模式向基于价值链主导的模式发展，搭建开放型、网络化的生产组织。① 孙林岩对国际上主要经济体的制造业发展模式和制造战略进行了比较研究，提出制造企业根据资源约束条件的变化，在营利目标的驱动下进行投入和产出的比较，依据整个社会科技与经济的发展趋势，与时俱进地变换发展模式，以期为东北制造业未来的发展提供有益借鉴。② 罗建强等提出，在我国制造业以"二元"身份承担着工业化和服务化双重重任的背景下，不能全部将业务转向服务，而应以服务型制造理论为指导，利用大规模定制实现的重要手段——延迟策略，实现制造与服务的融合。③ 制造业正面临来自发达经济体的高端挤压与来自新兴国家的低端挤压，要解决制造业的"双端挤压"问题，应积极推动东北地区制造业战略转型，以提高产品复杂性能力作为产品战略转型方向，以制造业信息化和服务化作为产业战略转型方向，同时，促进生产管理、人力资源管理、营销管理、战略管理、组织管理及制度创新。④

总体来看，现有研究大多基于短期视角来分析制造业发展问题以及制造业的特征与意义，同时从资源约束、技术突破、产业升级等视角来研究制造业的发展出路，而针对国际金融危机影响下制造业发展模式转型的研究文献较少。我们要认识到制造业发展问题既是一个世界性课题又是一个长久性课题，我国的大多数企业最早是从事劳动密集型产业链低端生产制造的，目前在整个国际产业链条中仍旧相对低端，东北地区制造业虽然具有集群特征但尚未形成竞争优势，这样的经济格局在很大程度上是受制于人的。为此，笔者基于东北制造业企业在后危机时代面临的问题及挑战，深入探讨东北地区制造业发展模式转型，建构制造业发展新的合作模式，提出要充分发挥东北地区集群经济优势，发展整合型制造业，积极培育创新型制造业，逐步推进东北地区制造业一体化进程，实现东北经济又好又快发展。总之，近年来国内学术界对东北制造业振兴的理论研究无论在成

① 王国跃、李海海：《我国装备制造业产业集群发展模式及对策》，《经济纵横》2008 年第 12 期，第 71～73 页。
② 孙林岩：《中国制造业发展战略管理研究》，清华大学出版社，2009，第 389 页。
③ 罗建强、赵艳萍、程发新：《我国制造业转型方向及其实现模式研究——延迟策略实施的视角》，《科学学与科学技术管理》2013 年第 9 期，第 55～62 页。
④ 黄群慧：《东北地区制造业战略转型与管理创新》，《经济纵横》2015 年第 7 期，第 1～6 页。

果数量与质量、研究方法与视角、研究广度与深度，还是在研究所依托的实证模型等方面均有很大进展，取得了一系列阶段性成果，但涉及我国东北地区制造业发展模式转型的文献不多，体现为间接性和探讨性的表述。现有研究成果尚不够系统深入，已有研究提出的政策建议也主要集中于开展经济体制改革、进行主导产业选择、调整产业结构、加强技术创新等方面。为此，更加需要深化这一领域的研究，为今后进一步研究东北地区制造业奠定基础。

综上所述，前人对制造业发展问题的研究已经在某些领域取得了重大成果，奠定了良好的研究基础。但到目前为止，大多数研究成果主要从全国视角出发研究制造业，大多零乱分散，对某一地区或省级制造业发展模式的研究较少，且大都停留在理论探讨阶段，尚未形成完整的发展模式转型理论体系。为了弥补这一缺陷，推动东北制造业良性发展，笔者提出如下两点建议。一是拓展研究内容。加强对当代制造业发展的历史进程、主体动力、制约因素、评价标准、作用贡献以及经验规律等问题的研究，构建新时期制造业转型发展的理论体系。二是创新研究方法。采用历史纵向研究、横向比较研究、实证研究、多学科综合研究等方法，推进对东北地区制造业发展模式转型问题的研究。

学者对东北地区制造业的研究大都是在外向型经济模式主导下进行的，缺少结合后危机时代这一新的历史背景对东北制造业发展开展系统研究的文献。笔者试图通过对东北制造业发展状况的长期调研，开展对东北地区制造业发展模式转型的研究。在研究中我们查阅了大量国内外制造业发展模式转型研究的相关资料，为研究积累了充分的理论依据。当然，东北地区制造业发展模式转型是一个长期、渐进、动态的过程，2008 年金融危机是转变发展方式的最后一个时间节点。东北地区制造业发展模式具有相对稳定性，但仍处于动态发展过程中。因此，随着国内外环境和地区经济社会的变化，制造业发展模式研究将从宏观和微观两个层面不断引向深入。将学者对东北地区制造业的研究成果和研究观点进行综合考察归纳和梳理是一件具有重要意义的工作。本书正是本着这样的初衷，以东北地区制造业发展模式为研究对象，重点分析其形成、实践机理、影响因素及转型路径，希望能对这一课题的进一步研究有所裨益。

第三节　研究目的与方法

一　研究目的

本书以东北地区制造业发展模式为研究对象，概括总结东北地区现行制造业发展模式的类型，分析模式形成演进的机理，探究制造业发展模式与区域经济发展的关系，并提出可持续发展的制造业发展模式的实践路径。以期实现以下目标。

第一，通过对东北地区制造业发展现状的分析，指出东北地区制造业现行模式存在的问题及优化方向。通过对国内外制造业成功转型范例的分析，为东北地区潜在资源的开发提供参考。

第二，通过对国外老工业基地、资源型企业转型进行研究，为制造业企业转型与接续产业培育乃至东北地区工业发展提供借鉴。

第三，通过对制造业发展模式进行系统研究，探索东北地区经济科学发展之路，为建设资源节约型与环境友好型企业提出建议。

第四，为学术界深入系统研究制造业发展模式转型问题提供参考。

二　研究方法

1. 定性分析与定量分析相结合

定性分析是认识事物的质、寻找事物的本质联系，只有在区别研究对象质的基础上，进一步考察研究对象的量，才能对研究对象及其本质达到更清晰准确的认识；定量分析是指对研究对象进行数量分析，制造业的规模、发展程度、速度，以及其构成成分在空间上的排列组合等可以用数量表示的规定性。定性分析是定量分析的基础，是认识的起点；定量分析是定性分析的深化，是认识的精确化。应该把二者结合起来加以运用。在分析东北地区制造业的历史与现状时，尤其在判断某一产业的生命周期或分析某一产业的竞争实力时，不仅要对采集的大量数据资料进行定量分析，同时，还要对某些具体现象进行定性分析，这是问题研究论证科学、结论正确的需要。采用理论分析与数据分析相结合的方法，借助互联网、会议资料、实地调查等方式，研究东北地区制造业存在的问题。只有从客观实际出发，比较不同区域不同时期制造业的发展模式、规模特征、演进规律、综合竞争力，才能为东北地区制造业的振兴提供借鉴。

2. 比较分析的方法

对一个问题的研究，只有从历史和现实的对比中把握才能更加清晰。发展模式转型本身是一个流量概念，体现的是一个动态过程，是人类实践模式的转轨。制造业动态发展的时间序列是由若干个静态的时点截面构成的。因此，东北地区制造业发展模式转型必须在动态对比的过程中考察。通过比较研究区域内制造业发展的历史与现状、区域间经济的发展水平、国内外改造传统制造业的经验，提出发展东北地区制造业的新思路和新对策。

3. 辩证思维分析法

任何事物的发展都是一个辩证统一的过程，辩证思维方法主要包括：归纳与演绎、分析与综合、抽象与具体、逻辑与历史相统一。历史是逻辑的基础，逻辑是历史在理论上的再现并进一步提炼历史逻辑。要运用矛盾的对立统一关系分析制造业发展模式的产生、发展、转型调整的动态过程。东北地区制造业发展受多种因素复合辩证影响，包括国家建设历程、发展战略演进、东北地区历史文化传统等，制造业发展模式的形成及转型必须运用辩证分析方法来探讨。

4. 规范分析与实证研究相结合

马克思在阐述其研究方法时曾指出："研究必须充分地占有材料，分析它的各种发展形式，探索这些形式的内在联系。只有这项工作完成以后，现实的运动才能适当地表现出来。"① 规范分析侧重于对研究对象的理性思考与一般规律性的探究，在既定条件下科学回答"应该是什么"的问题。实证研究则多偏重于对研究对象的客观现实分析与个性特征的深刻理解。本研究主要从技术创新、分工协作、产业升级等角度来分析制造业发展模式转型的趋势。首先，从理论上论证东北地区制造业发展模式转型的必要性和紧迫性，分析和揭示东北制造业传统发展模式的弊端以及对经济发展的制约性，通过理论分析对发展模式转型机理做出理性判断，介绍国外制

---

① 〔德〕马克思：《资本论》第 1 卷，中央编译局译，人民出版社，1975，第 23 页。

造业发展模式转型的具体措施，探究区域制造业发展模式转型升级的一般规律和特殊规律并从中汲取有益经验。其次，根据实证研究客观分析东北制造业发展的现状，对有关问题的研究建立在到企业走访调研所获得的真实感性材料的基础上，分析东北地区的具体状况并探究其未来发展态势，通过实证分析与规范分析相结合的综合分析法，提出制造业发展模式转型升级的新思路和新途径。

5. 跨学科研究方法

制造业发展问题涉及多学科、多领域，制造业发展模式转型研究是一项综合性的工作，本书以马克思主义经济学和西方经济学的相关理论为依据，从整体上对东北地区制造业发展模式演变、现存问题及转型进行综合研究。从微观层面看，制造业发展模式转型表现在企业改变其制造理念、加快技术升级、促进产品多样化等方面，可利用马克思主义理论、经济学、社会学等学科的研究方法展开研究；从区域层面看，制造业发展模式转型表现为要素在不同区域之间的集聚和扩散，涉及区域产业结构调整、区域经济政策匹配等内容，可利用产业经济学、制度经济学的相关理论进行研究；从宏观层面看，制造业发展模式转型体现为整个地区通过发展模式的调整实现经济快速发展，可采用演化经济学、区域经济学等分析方法进行研究。本书采用多学科综合的方法，运用马克思主义理论、经济学、统计学、管理学、法学等多向度学科领域的方法和理论成果，利用翔实的统计资料和前沿研究成果，从整体上围绕东北地区制造业发展模式转型进行综合研究并提出相应的调整路径。

第四节　基本思路与研究框架

一　基本思路

第一，通过对东北制造业历史与现状的考察，剖析影响区域内主导产业发展的各种因素，如宏观经济政策、制度安排、地理区位、创新动力、政府规制、产权结构、金融支持、技术进步、专业市场等，结合东北地区制造业的实际情况探讨适合东北地区制造业发展的目标模式。

第二，主要从区域经济结构、所有制结构、产业结构、市场化程度、接续产业的发展等方面分析东北地区制造业存在的主要问题；从工业基础、地理区位、人才储备、自然资源等方面挖掘振兴东北制造业的潜在优势。

第三，本书以东北地区制造业的发展历程和现状特征为研究的切入点，借鉴发达国家改造传统制造业的经验，结合我国发展较快地区制造业发展的有益启示，探索东北地区制造业发展模式转型的有效路径。

二 研究框架

本书首先对制造业振兴问题的相关文献进行了梳理，并以此为基础来构建东北地区制造业发展模式转型研究的分析框架，全书由七章构成。

第一章导论，包括选题背景与意义、国内外研究现状、研究目的与方法，并构建了基本思路、研究框架，指出了创新点与不足之处。

第二章制造业转型发展研究的理论基础，主要解析了制造业的基本范畴，并对马克思与西方学者对制造业发展的相关论述进行了梳理并做了简要述评。

第三章东北地区制造业发展模式转型的逻辑阐释，简要概括了东北地区制造业现行发展模式，回顾了东北地区制造业发展模式的形成条件、演进轨迹和运作实践，进一步分析了东北地区制造业发展模式转型的动力机制和运作趋向。

第四章东北地区制造业发展模式的现状透视，包括东北地区制造业现行发展模式存在的问题、发展模式转型滞后的原因以及东北地区制造业发展模式转型的现有基础。

第五章东北地区制造业发展模式转型的理性思考，分析了东北地区制造业发展模式的转型机理、效应评析和制约因素。

第六章国内外制造业发展模式转型的比较与借鉴，将发达国家、发展中国家和地区以及国内发展较快地区制造业发展模式进行对比分析，进一步总结了国内外制造业发展模式调整对东北地区制造业发展的启示。

第七章东北地区制造业发展模式转型的对策选择，针对本书提出的问题，探寻制造业发展模式转型的实践路径，包括充分发挥制造业集群经济优势、积极培育创新型制造业、逐步推进东北制造业一体化进程。

　　本书结论部分指出，东北地区的制造业正处于发展的十字路口，转型势在必行。制度重于技术，关键在于改革，东北地区制造业发展模式转型是一个长期、渐进和动态的过程，充分把握世界制造业发展新趋势，运用市场化改革思路，采取积极有效措施，实现东北地区制造业发展模式渐进转型指日可待。

　　本书的主要框架如图1－1所示。

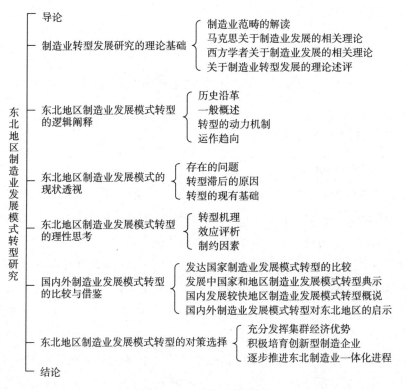

图1－1　本书的主要框架

第二章　制造业转型发展研究的理论基础

第一节　制造业范畴的解读

一　制造业的含义及分类

1. 制造业的概念

制造业作为工业不可或缺的组成部分，在全球经济发展中发挥着举足轻重的作用。《经济大辞典·工业经济卷》中对工业的定义为：采掘自然物质资源和对原材料进行加工和再加工的物质生产部门。[①] 工业是国民经济的主导产业，为国民经济各部门提供生产工具、技术装备和原材料，为人民提供日用工业品。工业可分为采掘工业和加工工业，又可分为重工业和轻工业。在资本主义国家中，工业也叫制造业，通常是就加工工业来说的。[②] 轻工业指提供生活消费品和制作手工工具的工业，重工业指为国民经济各部门提供生产资料的工业，可以分为两类即传统重工业（属于资本密集型）和现代重工业（属于技术密集型）。张培刚把"工业化"定义为"国民经济中一系列基要的生产函数（或生产要素组合方式）连续发生由低级到高级的突破性变化（或变革）的过程"。[③] 本书从狭义的角度将工业化定义为工业（特别是制造业）的发展是一个长期不断变化的过程。制造业门类齐全，规模庞大，体系完整，是现代化建设和工业化发展的强有力支撑。制造业

---

① 蔡北华、徐之河：《经济大辞典·工业经济卷》，上海辞书出版社，1983，第19页。
② 陈伯林、阎达寅：《现代工业企业管理词典》，北京大学出版社，1983，第10页。
③ 张培刚：《发展经济学通论》第1卷，湖南出版社，1991，第190~192页。

是东北地区工业的产业主体，工业发展模式的形成与调整基本上反映了东北地区制造业发展模式的调整过程，所以在研究中"工业"和"制造业"两个术语有时交替使用。

众所周知，制造业为人类的生存和发展提供一切物质产品，是满足人类生产、生活的基础行业，同时也是国家经济发展的基石和国家竞争力的外在体现。制造业主要包括原料采购、产品设计制造、仓储运输、分配消费四个环节，每个环节都影响制造业的发展水平。制造是把资源转化成产品的过程，包括从原材料采购到制成品生产、销售的全过程，经物理变化或化学变化后成为新的产品，不论是动力机械制造，还是手工制作，也不论产品是批发还是零售，均视为制造。制造是人类适应自然、改造自然的基本活动，消耗自然资源是制造业生产的必要条件。制造业是对采掘工业和农业所生产的原材料进行加工或再加工，以及对零部件进行装配的工业的总称，即以经过人类劳动生产的产品作为劳动对象的工业。① 制造业是整个工业体系中高投入、高产出的复杂体系，综合以上分析与众多研究，本书认为制造业是对可利用的制造资源按照市场需求经过加工或再加工以及装配过程，转化为可供人们使用或利用的工业品与消费品的工业部门的总称。制造业整个环节包括产品设计、原料采购、生产制造、仓储运输、订单处理、批发经营和零售。制造业不同行业在一定历史条件下在资源利用方面是相互竞争的，应当考虑从整体上合理配置资源、选择科学合理的发展模式以提高效率。东北地区一直占据优势的是高度依托自然资源且能源消耗大、物质资本投入多的传统重工业。

2. 制造业的分类

制造业隶属于第二产业，由于分类的标准、方法和研究目的不同，制造业的划分往往各不相同，表 2 - 1 为按所属行业划分的制造业类别。

表 2 - 1 按所属行业划分的制造业类别

按所属行业划分	按所属行业划分
农副食品加工业	有色金属冶炼及压延加工业
食品制造业	金属制品业

---

① 于向光：《中国制造业生产率研究》，吉林大学博士学位论文，2008，第 14 页。

按所属行业划分	按所属行业划分
饮料制造业	通用设备制造业
烟草制造业	专用设备制造业
纺织业	交通运输设备制造业
石油加工、炼焦及核燃料加工业	电气机械及器材制造业
纺织服装、鞋、帽制造业	水的生产和供应业
皮革、毛皮、羽毛（绒）及其制品业	通信设备、计算机及其他电子设备制造业
木材加工及木、竹、藤、棕、草制品业	仪器仪表及文化、办公用机械制造业
家具制造业	工艺品及其他制造业
燃气生产和供应业	电力、燃气及水的生产和供应业
医药制造业	化学原料及化学制品制造业
化学纤维制造业	造纸及纸制品业
橡胶制品业	印刷业和记录媒介的复制
塑料制品业	文教体育用品制造业
非金属矿物制品业	电力、热力的生产和供应业
黑色金属冶炼及压延加工业	

资料来源：《第二次全国科学研究与试验发展（R&D）资源清查主要数据公报》，http://www.sts.org.cn/tjbg/tjgb/document/2009/rdgb2009_2.htm。

制造业从加工深度角度分为资源加工工业、轻工纺织工业和机械电子工业；从产品类型角度分为资本品制造业和消费品制造业；从技术水平角度分为传统制造业和现代制造业。[①] 从国际产业分类看，制造业按性质可划分为两大部分：一是原材料工业，主要提供作为工业或建筑业材料的半成品，如钢材、铝材、水泥等；二是加工工业，或加工制造业，主要是对原材料进行加工、装配，为社会提供消费或生产用的最终产品，如日用品、耐用消费品、机器设备等。[②] 加工工业具有短期扩张能力，能够迅速实现高速增长。大批量、标准化、生产线式的加工是加工制造业最重要的特点，

---

① 金凤君、张平宇、樊杰等：《东北地区振兴与可持续发展战略研究》，商务印书馆，2006，第113页。

② 郭克莎：《我国制造业发展呈现新特点》，《经济研究参考》2004年第87期。

最基本的竞争方式就是成本价格的竞争。随着技术的发展，加工制造业逐渐利用新技术、新工艺、新材料生产向高附加值加工制造业转变。制造业的最初形态是手工加工业，尽管手工工业在很久以前就具有一定规模，但直到社会化大生产与技术水平飞速前进的资本主义阶段，企业或行业的技术性联系普遍存在、产品同质性等特性出现后，真正意义上的现代制造业才作为一个整体出现在产业结构的体系中。[①] 一般来说，目前制造业大多属于传统产业，但制造业同样包括高新技术产业。近年来，随着科学技术特别是电子信息技术的发展，先进制造业逐渐兴起并日益显现。

按生产中不同生产要素的密集程度，可以将制造业分为资源密集型、劳动密集型、资本密集型、技术密集型和知识密集型。从制造业发展的特点看，我国劳动密集型制造业包括传统的和新兴的两类：传统的劳动密集型产业指纺织、服装、食品等制造业；新兴的劳动密集型产业指家电、电子元器件等制造业，但基本上属于技术密集型产业中的劳动密集环节或低端产品[②]，依靠的也是劳动力成本低的比较优势，因而也被列入劳动密集型产业的范围。从制造业的应用技术水平来划分，制造业可以分为传统制造业和现代制造业。"先进制造技术"本质上就是"制造技术"加"信息技术"加"管理科学"，再加上有关的科学技术交融形成的制造技术。从制造业产业链所属阶段来看，制造业可分为低端制造业、中端制造业和高端制造业。受益于经济结构转型的高端装备制造业是指制造业的高端领域，主要特点是技术高端、价值链高端和在产业链中的地位高端。高端制造产业既包括传统制造业的高端部分，也包括新兴产业的高端部分。

制造业的母机生产行业——装备制造业，是指为国民经济各部门简单再生产和扩大再生产提供技术装备的各类制造工业的总称，是进行产业优化升级的重要推动力量，是制造业中唯一制造现代生产手段的部门，具有较高的带动效应。从产品类型来看，制造业可分为资本品制造业和消费品制造业，装备制造业又称装备工业属于资本品制造业。装备制造业是制造业的核心和基础，是推动工业化发展的主要支撑，包括金属制品业、通用

---

① 周达：《中国制造与结构变动研究（1981－2006）》，知识产权出版社，2008，第8页。

② 郭克莎、贺俊：《走向世界的中国制造业》，经济管理出版社，2007，第13页。

设备制造业、专用设备制造业、交通运输设备制造业、电器装备及器材制造业、电子及通信设备制造业、仪器仪表及文化办公用装备制造业七个大类。机械制造业是一个范围很广的概念，装备制造业是其中一个比较大的部分，如机床、造船、制冷设备制造等。高端装备制造业是为国民经济发展和国防建设提供高端技术装备的战略性产业，具有技术密集、附加值高、成长空间大、带动作用强等特点，是装备制造业的高端部分，也是产业链的核心环节。高端装备是国民经济和国防建设的重要支撑，也是战略性新兴产业其他六个领域的支撑。① 传统产业技术升级和高新技术产业的发展都离不开装备制造业这一产业载体。随着工业全球一体化趋势的强化，工业现代化既日益成为世界性的发展趋势，又是地区经济发展的重要目标。

二 制造业的特征与地位

制造业是一个国家国民经济的基础和工业化、现代化实现程度的标志。制造业作为人类赖以生存的基础产业，其发展水平是衡量一个国家或地区综合实力和竞争力的重要标志。世界经济史上先后出现过英、德、美、日等制造业中心。当今世界，高度发达的制造技术和先进的制造业发展模式已成为衡量一个国家综合经济实力和科技水平的最重要标志。

1. 制造业的特征

(1) 系统性

制造业的发展是一个完整的系统，涉及人、财、物，产、供、销各个方面。制造业系统适应市场需求的变化，通过对资本、土地、技术、劳动力等要素的综合利用形成一个从原材料到制成品的完整有机系统。随着绿色产品的兴起，制造系统还延伸到使用维护直至回收处置各个阶段。制造业的发展必须与一国或某一地区的经济、社会、人文环境相适应，充分考虑企业与政府、市场、社会之间的密切协调，包括新产品的研发设计、装备制造、市场营销、产权保护等方面。装备制造业作为一个产品、工艺、组织均比较复杂的行业，是为满足市场需求进行开发设计、加工制造、产

---

① 黄鑫：《高端装备制造业转型升级情况分析》，http://www.china-consulting.cn/article/html/2011/0118/662582.php。

出包装、销售运输、使用维护和回收处置的系统（见图 2 - 1）。

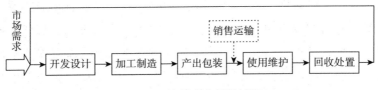

图 2 - 1　产品生命周期过程

资料来源：张青山：《制造业绿色产品评价体系》，电子工业出版社，2009，第 38 页。

（2）产业关联性

制造业不仅是高新技术的载体，而且是高新技术发展的动力。制造业所生产的产品范围广、子行业众多，其显著特征是紧密的产业关联，尤其是在生产技术方面存在内在关联性（体现为工艺衔接、技术同源），它的发展将带动一大批相关产业的发展。据赫希曼研究，发展中国家只有制造业，尤其是加工工业相对来说具有较大的关联效应。产业关联的特点是前向关联效应大，后向关联效应小，通常应该选择前后向关联大的产业作为主导产业。由于装备制造业技术构成复杂，配套零部件呈现多样化，需要有较强技术能力的大型企业进行技术集成和创新并通过技术外溢带动整个集群技术能力的提升，实现技术资源的共享及技术研发的合理化分工与协作。[①] 尤其是装备制造业的前后关联度较高，对它的投入也可带动其他工业的发展，有利于提高东北地区制造业的集中程度。

（3）发展呈现不平衡性

当前东北地区制造业发展呈现出高能耗、高污染、资源型的粗放式特点，仍处于国际产业价值链的低端，这种情况在短时间内难以彻底扭转，由于对能源和资源依赖度较高，单位 GDP 能耗和主要产品能耗均高于主要能源消费国家的平均水平，企业竞争过度集中于价格竞争。同时，装备制造业虽为技术密集和资本密集工业但仍具有劳动密集性质，然它不同于流程工业属于组装式工业。因此，低端制造业发展模式转型的压力较大。

---

① 王国跃、李海海：《我国装备制造业产业集群发展模式及对策》，《经济纵横》2008 年第 12 期，第 71～73 页。

（4）以满足市场需求为导向

制造业生产以满足"客户化"需求为根本目的，"买方市场"的出现必然要求制造业企业对市场的快速响应和对生产的快速重组，从而要求制造业企业生产模式必须有高度的柔性和足够的敏捷性。同时实现本土化与国际化互动，引进先进的信息技术和管理经验，提升制造业企业的生产效率与服务水平，充分利用全球资源，开拓国际、国内两个市场，在竞争合作中走向"双赢""多赢"。

（5）企业性质多元化

实施东北振兴战略以来，从制造业企业性质看，东北地区已经形成多种所有制和多种企业组织形式如国有企业、民营企业、股份制企业、外商投资企业等共同发展的局面。辽宁加速所有制结构调整，民营经济"短板"不断加长。2010年民营经济增加值首破万亿元，占全省GDP的比重超过60%，围绕装备制造、汽车零部件等12大产业，打造130多个独具区域特色的民营企业产业集群。国有企业的资产比重和销售收入在装备制造业中有所下降，制造业企业的性质迅速向多元化趋势发展，企业组织创新和行业绩效得到进一步改善。

（6）凸显知识性

通过制造业知识特征分析模型（见图2-2）可以看出，知识要素对制造业的作用体现在将可用资源转化为可供人们使用的工业品或生活消费品的过程中。运用知识可以改进制造企业的生产手段和工艺流程，有利于提高制造业的劳动生产率。Porter认为企业的竞争优势不是其他，而是生产效率。知识除提高了产业生产的效率之外，还提高了制造业的经济效益，包括产业的增加值、上缴税率等。[1] 知识经济可以促进传统产业、产品升级换代。在智能制造装备方面，重点推进精密和智能仪器仪表与试验设备、智能控制系统、关键基础零部件、高档数控机床与智能专用装备建设，通过发挥知识对制造业的助推力来实现生产过程的自动化、智能化、精密化和绿色化，东北地区在智能制造领域已经起步，但发展缓慢。

---

[1] 张华胜、薛澜：《中国制造业知识特性、规模经济效益比较分析》，《中国工业经济》2003年第2期，第15~22页。

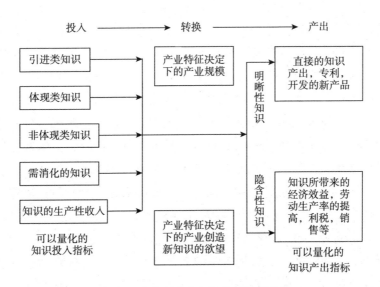

图 2 - 2　中国制造业知识特征分析模型

资料来源：张华胜、薛澜：《中国制造业知识特性、规模经济效益比较分析》，

《中国工业经济》2003 年第 2 期，第 16 ~ 17 页。

2. 制 造 业 的 地 位

（1）制造业是现代文明的支柱之一

制造业既占有基础地位，又处于关键前沿。它是工业的主体，是国民经济持续发展的产业基础，是新型工业化的主导产业，是实现工业化、现代化的物质基础。它是生产工具、生活资料、科技手段、国防装备等进步的依托，是现代化的动力源泉之一。党的十六大报告多次强调制造业的发展，如果没有制造业的发展，农业文明将持续更长的时间，我国的经济也难以实现快速发展。制造业是发展现代文明的物质基础，其最终目标是创造更为和谐与文明的世界，在未来地球生态系统和人类文明进步中制造业发挥着不可替代的作用。

（2）制造业是增强产业国际竞争力的重要体现

制造业作为拉动经济增长的主要动力，是衡量各国各地区经济综合实力和国际竞争力的重要标志。著名经济学家卡尔多将制造业称作国民经济的"发动机"。一个国家产业竞争力的最直接表现就是进出口贸易的规模和结构，同时，衡量一个国家产业竞争力的初步观察指标是产品的国际市场占有率。2013 年，我国进出口贸易额居世界第 1 位。制造业作为人类赖以生存的基础产业，其发展水平是社会发展的重要依托和地区竞争力的集中体现。装备制造业作为制造业的核心组成部分是国民经济特别是工业发展的脊梁，高度发达的装备制造业是实现工业化的必备条件，不仅是国民经济发展的基石，也是抢占国际技术创新制高点的重要平台。装备制造业提供的生产工具是推动社会向前发展的根本力量，以东北地区装备制造业为代表的老工业基地是全国现代工业体系的重要组成部分，为国民经济和国防建设提供重要装备，是工业化、现代化建设的动力源及提高人均收入的财源，是技术进步的主要舞台，是国际竞争的制胜法宝，是国家安全的保障和实现工业化、发展现代文明的根本保证。

（3）制造业是推动地区经济发展的决定性力量

制造业作为国民经济的物质基础和产业主体，既是经济增长的重要源泉、主导产业和经济转型的基础，又是社会发展的重要依托和地区竞争力的集中体现。制造业是产业革命的主力军和技术进步的主要舞台，制造能力的高低直接决定一国或地区的发展程度和所处的发展阶段以及在国际分工体系中的地位。从全球经济发展轨迹看，制造业是增强地区经济综合竞争力的基础。装备制造业是工业发展的"母机"产业，是制造业结构优化升级的主导力量，更是东北经济振兴的重要产业和东北老工业基地振兴的决定性力量。同时，装备制造业是再制造和再生资源加工利用的主要承担者，也是发展循环经济所需先进技术和设备的供应者。装备制造业中，除仪器仪表行业外，其他部门的感应度系数①都超过1。衡量装备制造业重要性的另一个指标是影响力系数②，装备制造业各部门的影响力系数均大于1。③ 可见装备制造业在国民经济发展中处于重要战略地位，尤其对以"高、精、尖"为突出特征的先进制造业的发展具有极大的带动效应。三大产业中以工业为主导的第二产业对国内生产总值增长的拉动作用最为显著（见表2-2）。

---

① 感应度系数反映当各个部门均增加一个单位最终产品时，其部门系数由此而受到的需求感应程度，即需要该部门为其他部门的生产提供的产值量。感应度系数越大，该部门受其他部门需求拉动的作用越大。

② 影响力系数是当一个部门增加一个单位最终产品时，对国民经济各个部门的生产需求波及程度。影响力系数越大，该部门对其他部门的拉动作用越大。

③ 中国机械工业联合会：《信息化与东北老工业基地改造研究报告》，2004，第10页。

表 2 - 2　2001 ~ 2016 年国内生产总值结构

单位：%

年份	第一产业	第二产业	第二产业中的工业	第三产业
2001	14. 4	45. 1	39. 7	40. 5
2002	13. 7	44. 8	39. 4	41. 5
2003	12. 8	46	40. 5	41. 2
2004	13. 4	46. 2	40. 8	40. 4
2005	12. 2	47. 7	42. 2	40. 1
2006	11. 3	48. 7	43. 1	40
2007	11. 1	48. 5	43	40. 4
2008	11. 3	48. 6	42. 9	40. 1
2009	10. 3	46. 3	39. 7	43. 4
2010	9. 5	46. 4	39. 9	44. 1
2011	9. 4	46. 4	39. 9	44. 2
2012	9. 4	45. 3	38. 7	45. 3
2013	9. 3	44. 0	37. 4	46. 7
2014	9. 1	43. 1	36. 3	47. 8
2015	8. 8	40. 9	34. 3	50. 2
2016	8. 6	39. 8	33. 3	51. 6

资料来源：2001 ~ 2008 年数据来自张唯实、胡坚《产业结构优化与中国经济可持续发展研究》，《理论探讨》2011 年第 1 期，第 88 ~ 90 页；2009 ~ 2016 年数据来自相关年分《中国统计年鉴》。

三　制造业发展模式转型释义

1. 发展模式的含义

"模式"一词源自英文的"Model"（模型）和"Pattern"（样式），是对世界范围内出现的各种经济发展类型的界定，是在一个大空间中对多因素相互作用构成的整体性的认识和把握。20 世纪 70 年代末 80 年代初，区域经济学在我国逐渐得到重视并发展起来。学术界有这样一种观点：模式是一种具有普遍性的样本，具有可复制性。学者们在归纳发达国家和其他发展中国家发展路径的基础上提出了"经济发展模式"的概念，对经济发展模式的研究近年来也成为经济学关注的一个重要课题。1983 年，费孝通教授在其《小城镇·再探索》一文中提到"经济发展模式"这一概念并指出，"模式"简单地说就是模型、式样。波兰经济学家布鲁斯曾指出："模式意味着国民经济或其中一部分增长或运行的最简单形式的思想结构，在建立一个模式时，必须略去经济的不重要的因素，以便更清楚地表明基本因素。"① 程恩富等人认为，模式是事物内在机理的展开，它以不同的方式系统地体现着事物的本质属性，模式的基本特点就是：内在性、外在性和可借鉴性。模式即构成整个区域经济社会发展体系的历史、现在和未来所演绎的社会、行业持续运行与全面发展的逻辑过程及状态。②

模式作为解决和分析某类问题的方法已在不同区域和不同行业中广泛应用。发展模式是指不同地区、不同产业在一定历史条件下形成的具有特色的发展路子，代表着某一过程和时段的实践性认识，强调的是实践中的规律，突出对社会存在和历史经验的总结与概括，模式是从解决具体问题的过程中抽象出来的，它综合了特定地区的产业结构、经济发展战略、发展方式等一系列要素。发展方式是指在一定发展理念指导下在一定时期依据国家经济社会发展的战略目标和内外环境，为推动国民经济发展所采取的方式、方法和手段的总称。在我国转变经济发展方式和调整产业结构的大环境下，地区经济发展更加注重发挥社会主义制度优势同市场经济优势有机结合的双重推动作用。同时，我们要认识到发展模式体现的是静态规范样式，发展方式体现的是动态途径，而发展战略更多体现宏观布局、谋划、方向和整体性，与战略相对应的是战术，即实施战略的具体手段。发展战略与发展模式又并非同一层次的概念，发展模式是在一定发展战略的指导和影响下形成的并服从和服务于战略目标的实现，一定阶段发展模式的选取不能背离该阶段的发展战略。相对来说，发展战略更具宏观性、全局性和长远性，而发展模式则更多地带有中观性或微观性、局部性、差异性和阶段性的特点。

发展经济学家 H. 钱纳里就曾把现代经济增长理解为经济结构的全面转变，并借助多国模型提出"标准工业化结构转换模式"。对发展模式的研究

---

① 〔波兰〕弗·布鲁斯：《社会主义经济的运行问题》，周亮勋等译，中国社会科学出版社，1986，第 1~3 页。
② 程恩富、辛向阳：《中国模式若干基本问题初探》，载《外国经济学说与中国研究报告》，社会科学文献出版社，2011，第 243~250 页。

及应用更多地集中于区域经济发展方面，如法国经济学家佛朗索瓦·佩鲁提出的增长极模式、美国经济学家纳克斯提出的平衡发展模式，以及偏重于供给分析的新古典增长模式等。除了某些经济学家所主张的理论模式外，在经济发展过程中，人们通过对过去某一区域、不同产业发展实践的总结和概括，又逐步形成了不同的实践模式。如以加拿大、澳大利亚为代表的资源深加工模式、以瑞士为代表的内陆服务业模式、以中国港澳台为代表的制造业出口导向型模式等。[①] 一个地区的经济在不同制度安排下会呈现出不同的生产要素组合和空间配置形态，并形成符合区域资源禀赋条件和经济发展水平的鲜明的个性化特征，我们将其称为不同的区域经济发展模式。改革开放后，制造业对我国经济增长的贡献始终占据重要地位。进入"十二五"时期，东北地区仍处于工业占主导的发展阶段，加快转变经济发展方式，积极推进东北地区制造业发展模式转型是实现东北老工业基地全面振兴的必由之路。

2. 制造业发展模式转型的基本内涵

制造业发展模式是指某一国家或地区制造业在一定历史条件、区位优势、文化传统和经济政策等背景下所形成的具有鲜明行业特色的发展路径，它综合了区域特定的产业结构、经济发展战略、经济运行机制、经济发展方式、社会保障机制等一系列要素。就某一微观企业看，制造业发展模式是指企业体制、经营管理、生产组织和技术系统的形态和运作模式。制造业作为国民经济发展的基础，其模式具有相对稳定性。作为经济发展模式微观基础的制造业发展模式也有较为广泛的内涵，主要有生产模式、技术创新模式、盈利模式等。

"转型"一词是从生物学中的"进化"及化学中的"构型、构象"等词发展而来的，是通过改变事物的内部结构或要素组合方式使其更好适应新的环境，后来被移植到社会学和经济学领域并被广泛应用。宏观层面的转型主要体现为经济转型、社会转型和生态转型等，经济转型是后两者转型的基础；中观层面的转型包括产业转型、区域经济转型、资源型城市转

---

① 姜威：《基于区域经济发展差异的资源整合模式研究》，吉林大学博士学位论文，2010，第43页。

型等；微观层面则指企业组织转型、企业管理制度转型、企业发展模式转型等。产业转型是经济转型的核心，因此研究转型应从产业转型入手，制造业发展模式的转型受产业演进规律制约，主要涉及中观、微观层面的转型，上述界定更侧重于产业自身的转型发展。制造业发展模式转型问题一般属于产业经济学范畴，既涉及生产又涉及服务，是产业转型升级的核心和基础。在后金融危机时期，面对全球经济调整带来的新机遇、新挑战，东北地区制造业能否积极主动迎接挑战，切实加快转型升级步伐，是摆在我们面前既沉重又现实的关键性问题。制造业转型主要是指发展模式转变，即从传统制造业转向现代制造业、从粗放型发展转向集约型发展、从劳动密集型转向资本技术密集型、从生产低附加值产品转向生产高附加值产品。制造业发展模式转型与产业自身演进规律密切相关，不是一个一蹴而就的过程，而是一个增量提升和存量优化的过程，涉及的因素既包括产业结构的调整、发展方式的转变，又包括社会保障制度的完善程度等。

"工业转型"一词源于欧洲国家，后被引入中国，应用越来越广泛。工业转型的内涵目前有狭义和广义之分。狭义的工业转型，即淘汰落后衰退的、没有竞争力的产业，转而开发、培育、发展新的产业，实现工业结构升级的过程。广义的工业转型，不仅是新产业替代衰退产业，实现工业结构升级的过程，而且还包括产业替代过程中所发生的体制转轨、劳动力转移、技术创新、环境改善等。因此工业转型不仅是工业结构的革命，而且是一场经济社会革命。工业转型的基本特征主要体现为淘汰性、创新性、系统性、开放性、社会性、政策性、规律性、长期性。[①] 本书所论及的制造业发展模式转型属于广义的工业转型，既是生产方式的转变过程又是体制机制的转变过程。东北地区经济正处于由发展阶段向升级转型阶段转化的关键时期，对制造业的发展提出了新的现实要求。笔者认为制造业发展模式的转型不是一个存量的概念而是体现流量的内涵。制造业发展模式的转型不是一个孤立的过程而是涉及产业结构调整、生产方式转变和社会保障健全等诸多方面。因此，推动东北地区制造业发展模式的转型必须充分考

---

① 齐建珍、杨中华、张龙治：《工业转型研究——工业转型理论与实践研究》，东北大学出版社，2002，第5~6页。

虑东北地区工业化的特殊性以及经济发展的现实状况，尊重工业化发展的客观运行规律，科学探索制造业转型发展的目标模式及其实践路径。

改革开放 40 年来，制造业对我国经济增长的贡献率始终占据重要地位，制造业发展模式转型是一个动态过程。本书结合制造业现行发展模式的初始状态，提出制造业发展模式的转型更多的是指企业经营战略、产品定位、技术攻关和营销服务等方面的转型。制造业企业应彻底转变对出口、资源、低价劳动力的依赖，依靠技术进步，提高竞争力，以处于不败之地。事实证明，企业只有通过不断自主创新才能引领和支撑核心竞争力的获取与跃升，只有内含核心技术的产品才能够使企业具有核心竞争力，最根本的标志就在于企业源源不断地创造具有自主知识产权的核心技术，并推出高技术含量、高性能、高附加值的产品。① 中共十七届五中全会提出要改造和提升制造业的竞争力，进一步指出了今后一段时期我国制造业发展的基本方向。随着国际竞争的加剧，中国制造业以低端、低价、数量扩张开拓国际市场的模式亟待改变。当然，转型不能一蹴而就，东北地区制造业发展模式转型是一个长期、渐进和动态的过程，用市场化的思路实现东北地区制造业的改造与振兴指日可待。制造业发展模式的转型不能搞一刀切，需要结合不同省份制造业企业的实际经营状况来做具体的选择。由于企业所拥有的技术力量和产品所分布的市场都是不同的，转型与否要视企业的自身情况而定。

当然，制造业发展模式的转型不是迫于外界压力，而是建立在可持续发展的长效机制基础上的调整，使得企业由"产品专产型"转型为"市场领跑型"，"以顾客为中心"实行多样化生产，实现制造业发展模式从技术过度依赖国际市场向技术引进与自主创新相结合转型，由满足订单的制造代工发展模式转化为满足市场的自主设计制造业发展模式。制造业发展模式转型意味着寻找适合当下环境的发展道路，通过转变发展方式，加快实现由传统工业化道路向新型工业化道路的转变，避免落入"比较优势陷阱"。"再工业化"作为东北区域工业化的发展模式，鼓励将技术改造与制

---

① 王锋：《如何实现制造业企业的转型升级》，《环渤海经济瞭望》2008 年第 12 期，第 12 ~ 13 页。

度创新结合起来,这是发挥东北老工业基地比较优势的必然选择。[①] 制造业转型主要体现在向创新驱动转型、向绿色低碳转型、向智能制造转型、向服务型制造转型等方面。实现技术改造能力的不断提升,产品开发能力的不断提升,品牌创建和维护能力的不断提升,能源资源综合利用水平的不断提升,技术工艺系统集成水平的不断提升,系统集成水平的提升最终体现为产品品质和过程控制能力的提升。促使制造业不断提高产品质量、技术含量和产品附加值,进一步加强核心竞争力。[②] 在风险与机遇并存的后危机时代,传统的制造业发展模式正处于一个十字路口,制造业发展模式的转型要符合全球制造业发展的趋势和中国已进入重化工业化阶段的特殊国情,必须与企业发展阶段相协调,与其所处特定地区的区情相适应。需要强调的是,由于中小企业暂时不能承受转型所需投入以及由此带来的风险,同时转型对大量产业工人就业会产生不利影响,本书提出的制造业发展模式转型并不是指要放弃传统制造业,制造业发展模式转型需要政府鼓励优质制造业企业做大做强,通过上下游产业链的调整和带动作用,逐步进入全面转型的阶段。

3. 制造业发展模式转型的目的

(1) 大力提升制造业综合竞争力

制造业发展模式转型,首先要从产品设计开发着手,实现高端化、成套化、国际化、总包服务的全面转型。其次实现由单机设备生产向成套设备转变,走高端、集约、绿色、循环的发展道路。最后强化精细化管理,逐步实现服务理念、技术、管理的全面升级,提升制造业竞争力,实现制造业新型化和信息化。据海关统计数据,工业制成品的出口远远超过初级产品的出口,出口结构在不断优化,对经济具有一定的促进作用。[③] 制造业发展模式转型有利于实现产业结构优化升级,有利于提升制造业综合竞争能力。

(2) 促进地区经济又好又快发展

制造业作为拉动经济增长的主要动力,在不同的时代,每一种发展模

---

① 程伟:《东北老工业基地改造与振兴研究》,经济科学出版社,2009,第52~65页。
② 史博:《提升制造业核心竞争力是经济转型升级的基础》,《上海证券报》2011年3月8日。
③ 贾燕子:《我国区域经济增长因素的实证分析——以东北地区为例》,《黑龙江对外经贸》2008年第11期,第19页。

式都有其存在的必然性和客观性。制造业的快速发展促进了中国经济的飞速发展，中国经济总量已位居世界第二。当前，发展低碳经济已深入人心，加快制造业发展模式转型是适应当前经济社会发展的需要，应充分发挥地区优势，促进经济社会又好又快发展。

（3）有利于加快转变经济发展方式

转型与创新是后危机时代的重大主题，"十二五"期间我国经济发展模式突出追求科学发展的经济转型之路，转型过程应当控制风险，看重发展的内在质量和效益，依靠增加生产要素投入的粗放型制造业发展模式难以为继，以提高劳动生产率为特征的内涵式发展将成为经济发展的主要推动力。应加快产业集聚和结构调整的步伐，优化和提升传统产业，发展以高新技术产业为主的新兴产业和高端产业，延长产业链的同时推进制造业资源整合。

（4）实现制造业可持续发展

制造业可持续发展是一个长期动态的过程，发展制造业所需资源的开采量必须维持在自然循环与功能恢复的强度以内。制造业发展模式的转型有利于提升制造业生产技术水平，以较少的资源消耗获得更多的产出，探寻可替代性资源，尽可能减少对不可再生资源的消耗，实现人与自然的和谐。由此，应遵循市场在资源配置中的决定性作用，发挥政府对制造业企业的引导作用，使企业发展与生态环境的持续利用相协调，实现包容性增长和可持续发展。

第二节　马克思关于制造业发展的相关理论

一　扩大再生产理论

法国哲学大师德里达在其著作《马克思的幽灵——债务国家、哀悼活动和新国际》中指出："不能没有马克思，没有马克思的遗产，没有对马克思的记忆，就没有未来。"① 马克思曾指出："工业较发达的国家向工业较不

---

① 〔法〕雅克·德里达：《马克思的幽灵——债务国家、哀悼活动和新国际》，何一译，人民出版社，1999，第 21 页。

发达的国家所显示的，只是后者未来的景象。"① 人类的存在和发展首先要满足最基本的生活需要，在人类欲望的驱使下进一步满足新的需要的活动，就是生产用以满足相关生产需要的生产资料的活动，即物质资料的生产活动。物质资料的生产与再生产是历史运动的动力和基础。在马克思看来，物质资料的生产活动是人类历史活动中最基本的，是人类改造现存世界、推动历史前进的历史活动。② 马克思结合简单再生产、积累和扩大再生产分析了社会总资本的再生产和流通，将社会的总产品，从而将社会的总生产分成两大部类："Ⅰ.生产资料：具有必须进入或至少能够进入生产消费的形式的商品。Ⅱ.消费资料：具有进入资本家阶级和工人阶级的个人消费的形式的商品。这两个部类中，每一部类拥有的所有不同生产部门，总合起来都形成一个单一的大的生产部门：一个是生产资料的生产部门，另一个是消费资料的生产部门。两个生产部门各自使用的全部资本，都形成社会资本的一个特殊的大部类。"③ 生产是整个社会再生产过程的起点，经济增长与扩大再生产要顺利实现，必须让两大部类之间以及它们内部的生产按比例协调发展。

总的结论是：两大部类内部及两大部类之间的产品交换过程是通过货币流通的中介作用来完成的。产业资本家为了促成他们自己的商品流通而投入流通的货币，无论是记在商品的不变价值部分的账上，还是记在存在于商品中的剩余价值（在它作为收入花掉的时候）的账上，总是按照各个资本家为货币流通而预付的数额回到他们手中。只有当第Ⅱ部类的资本家用这种货币来购买生产资料的时候，它才通过这种迂回的道路回到第Ⅰ部类的资本家手中。由此，可得出结论："在简单再生产中，$Ⅰ(v+m)=Ⅱc$。"④ 经过进一步分析，马克思得出结论：第Ⅰ部类生产资料的总价值，用公式表示即为 $Ⅰ(c+v+m)=Ⅰc+Ⅱc$。第Ⅱ部类的消费资料的总价值，用公式表示即为 $Ⅱ(c+v+m)=Ⅰ(v+m)+Ⅱ(v+m)$。⑤

---

① 《马克思恩格斯文集》第5卷，人民出版社，2009，第8页。
② 陈金美、叶明：《马克思实践唯物主义的逻辑路径探析》，《江汉论坛》2010年第8期，第66～68页。
③ 〔德〕马克思：《资本论》第2卷，中央编译局译，人民出版社，2004，第438～439页。
④ 〔德〕马克思：《资本论》第2卷，中央编译局译，人民出版社，2004，第442～446页。
⑤ 〔德〕马克思：《资本论》第2卷，中央编译局译，人民出版社，2004，第480页。

市场经济的运行客观上就是不断打破旧结构、确立新结构的动态发展过程，从而提高资源配置的效率。企业投入的资本要实现保值增值，一方面要在资本运营过程中通过对其耗费部分及时足额补偿来维持简单再生产的不断进行，另一方面企业在经营过程中，通过优化资本结构和改善资源配置，提高资本使用效率，不断增加新的积累，以扩大再生产。可见，在某一地区开展工业生产时，必须实现微观要素资源的有效配置。企业存量资本调整和资产重组必然影响企业的生产和再生产过程。企业再生产包括简单再生产和扩大再生产。其中，简单再生产是指企业在原有生产规模上重复进行的再生产，扩大再生产是指企业在扩大的生产规模上进行的生产。不同类型的扩大再生产对企业资源配置有着重要影响，企业扩大再生产又分为内涵扩大再生产和外延扩大再生产。内涵扩大再生产是指依靠改善生产要素的质量，提高劳动生产率扩大生产规模的再生产。外延扩大再生产是指单纯依靠增加生产要素数量扩大生产规模的再生产。企业内涵扩大再生产是通过改善人力要素质量和物质要素质量，优化要素组合结构，提高劳动生产率实现的。[①] 企业内涵式扩大再生产可以使企业以较少的资源消耗生产更多的产品，从而提高资源的利用效率，如此，效益才有保证。"积累就是资本以不断扩大的规模进行的再生产"[②]。

扩大再生产必须有追加的生产资料，作为两大部类追加不变资本之用，扩大再生产的第一个基本公式是：

$$\text{I}(v+m) > \text{II}\,c \tag{2.1}$$

扩大再生产还必须有追加的消费资料，作为两大部类追加可变资本之用，因此，扩大再生产的第二个基本公式是：

$$\text{II}\left(c+m-\frac{m}{x}\right) > \text{I}\left(v+\frac{m}{x}\right) \tag{2.2}$$

其中，$\frac{m}{x}$ 表示个人消费部分，$m-\frac{m}{x}$ 代表用于积累部分，$\triangle c$ 表示追加不变资本，$\triangle v$ 表示追加可变资本。

---

① 张维达：《政治经济学》，高等教育出版社，2000，第 216~217 页。
② 〔德〕马克思：《资本论》第 1 卷，中央编译局译，人民出版社，2004，第 671 页。

这两个公式表明了社会扩大再生产必须具备的条件。在社会扩大再生产条件下，两大部类之间社会产品各个组成部分实现的比例关系，是社会扩大再生产的基本实现条件。公式为：

$$I\left(v + \triangle v + \frac{m}{x}\right) = II(c + \triangle c) \qquad (2.3)$$

还可以派生出以下公式：

$$I(c + v + m) = I(c + \triangle c) + II(c + \triangle c) \qquad (2.4)$$

公式（2.4）反映第 I 部类的生产资料生产同两大部类扩大再生产对生产资料需求的比例关系。

$$II(c + v + m) = I\left(v + \triangle v + \frac{m}{x}\right) + II\left(v + \triangle v + \frac{m}{x}\right) \qquad (2.5)$$

公式（2.5）反映第 II 部类的消费资料生产同两大部类扩大再生产对消费资料需求的比例关系。[1]

通过相互交换，双方的产品都得到实现，在价值上和实物上同时得到补偿。社会扩大再生产的积累规模，归根结底要受两大部类追加的物质资料数量的制约，只有两大部类生产按比例发展，社会的扩大再生产才能顺利实现。[2] 通过深刻解读马克思关于社会总资本的再生产理论可知，经济各部门要按比例协调发展，不同的发展阶段应以不同的经济发展方式为主，积极转变经济发展方式，推动产业结构优化升级，实现整个社会经济平衡、可持续发展。

二 生产资料优先增长理论

在发展的时代，生产力依然是推动经济发展的中坚力量。在资本积累的过程中，随着个别资本总额的不断增大，资本构成也不断发生变化。马克思从物质形态和价值形态两方面考察资本构成，提出资本有机构成就是由资本技术构成决定并且反映资本技术构成变化的资本价值构成。[3] 马克思

① 参见逄锦聚等主编《政治经济学》第 2 版，高等教育出版社，2003，第 123～127 页。
② 张维达：《政治经济学》，高等教育出版社，2000，第 289～291 页。
③ 张维达：《政治经济学》，高等教育出版社，2000，第 76 页。

在扩大再生产理论研究的基础上，分析在技术进步条件下社会扩大再生产必须满足生产资料优先增长的条件。随着科学技术的进步，资本有机构成不断提高，不变资本比可变资本增长得快，在积累起来的资本价值中，转变为不变资本的部分要比可变资本大。如果其他条件相同，生产资料的生产必然比消费资料的生产增长得快。① 生产行为持续时间的差别，在资本支出一样多的时候，必定引起周转速度的差别，从而引起既定资本的预付时间的差别。② 资本在生产过程中通常表现为两种形式：一部分以生产资料的形式存在，在形成新的使用价值时只转移生产资料的旧价值，不会发生量的变化，所以叫作不变资本；另一部分以劳动力形式存在，在生产过程中发生量的变化，使价值增值，所以叫作可变资本。生产资料的价值由于转移到产品上而保存下来，这种转移是在生产资料转化为产品时发生的，是在劳动过程中发生的，它是以劳动为中介的。③ 生产资料只有在劳动过程中丧失掉存在于旧的使用价值形态中的价值时，才把价值转移到新形态的产品上，当生产劳动把生产资料转化为新产品的形成要素时，生产资料的价值也就经过一次轮回，它从已消耗的躯体转到新形成的躯体。④

一部分劳动资料，包括一般劳动条件在内，一旦作为劳动资料进入生产过程，或准备执行生产职能，就固定在一定的地点，如机器；或者一开始就在这种不动的、同所在地点不能分开的形式上被生产出来，如土壤改良、厂房、高炉、运河铁路等。⑤ 生产资本其余的要素，一部分由存在于辅助材料和原材料上的不变资本要素构成，另一部分由投在劳动力上的可变资本构成。由于在生产过程中执行职能的资本价值或生产资本有不同的周转，因此，只有生产资本能够分为固定资本和流动资本。生产资本借以存在的物质形态的一部分在形成单个产品时全部消耗掉，另一部分是逐渐消耗掉。⑥ 投在固定资本上的那部分生产资本的价值，是为构成固定资本的那一部分生产资料执行职能的整个期间一次预付的。要使生产过程连续进行，

---

① 张维达：《政治经济学》，高等教育出版社，2000，第293页。
② 〔德〕马克思：《资本论》第2卷，中央编译局译，人民出版社，2004，第256页。
③ 〔德〕马克思：《资本论》第1卷，中央编译局译，人民出版社，2004，第232页。
④ 〔德〕马克思：《资本论》第1卷，中央编译局译，人民出版社，2004，第239~240页。
⑤ 〔德〕马克思：《资本论》第2卷，中央编译局译，人民出版社，2004，第181~182页。
⑥ 〔德〕马克思：《资本论》第2卷，中央编译局译，人民出版社，2004，第183~187页。

流动资本的各种要素就要和固定资本的各种要素一样，不断地固定在生产过程中。马克思认为企业是一种协作生产的组织，具有协作效率。企业和市场的发展都是内嵌于整个社会系统中的，受到生产力与生产关系规律的支配。在马克思看来，企业的产生主要是因为对生产成本的节约，这种节约实际上是生产效率的提高。从生产力的角度或者生产角度来看，马克思认为，协作式生产应该有个指挥者，各个分工职责和收益分配也需要协调，正如他所比喻的"提琴独奏者可以独展所长，一个乐队却不能没有乐队长"。①

三 资本循环和资本周转理论

马克思指出，资本在它的任何一种形式和任何一个阶段的再生产都是连续进行的。资本作为整体是在时间上同时地、在空间上并列地处在它的各个不同阶段上。每一个部分都不断进行着它自己的循环，然而处在这种形式中的总是资本的另一个部分，而这些特殊的循环只是形成总过程中的各个同时存在而又依次进行的要素。产业资本循环在资本主义生产过程的最明显的特征就是：一方面，生产资本的形成要素必须来自商品市场，并且不断从这个市场得到更新，作为商品买进来；另一方面，劳动过程的产品则作为商品从劳动过程产生出来，并且必须不断作为商品重新卖出去。资本家不仅必须形成一个准备资本，以应付价格的变动并等待最有利的行情；他还必须积累资本，以扩大再生产，并把技术进步合并到他的生产机体中去。② 企业的现实资本运动在生产过程中和流通过程中要经过购买阶段、生产阶段和销售阶段，依次采取货币资本、生产资本和商品资本三种形态，体现为劳动力和生产要素的结合，资本循环要求资本的三种形态在空间上并存和在时间上继起。

企业资本循环周而复始、不断反复的过程，叫作资本的周转。资本周转时间是资本通过购买阶段、生产阶段和售卖阶段所需要的时间，是由生产时间和流通时间构成的。资源配置是个动态概念，企业占有的资源或存量资本在一定时点上呈现为一定的结构状态，具有相对稳定性。马克思指

---

① 黄少安：《制度经济学》，高等教育出版社，2009，第139~140页。
② 〔德〕马克思：《资本论》第2卷，中央编译局译，人民出版社，2004，第117~137页。

出，资本主义进步的实质就是人创造性地征服自然，"发展人的生产力，把物质生产变成对自然力的科学支配"①。马克思的自然力可持续利用理论包含循环经济思想，如提出了提高原材料、辅料利用效率，减少生产中废物排放和再利用的观点。具体化为生产的循环经济"5R"原则：资源的减量化（Reduce）、再利用（Reuse）、再循环（Recycle）、再生成（Reproduce）、再替换（Replace）。② 从企业的成长和发展角度看，企业的成长和发展有赖于再生产规模的扩大，通过企业自身积累和资本积聚来实现，从而有助于提高存量资本的利用效率，加速资本技术构成的变革。从社会资源配置的过程来看，资源配置的首要前提是生产要素的流动、转移和组合，而存量资本的转移和重组则是生产要素转移和重组的具体表现。

第三节　西方学者关于制造业发展的相关理论

一　比较优势原理

"比较优势"是18、19世纪产业发展比较低级、静态的自然的生产要素在经济发展中居于主导地位的产物。古典经济学的比较优势原理曾是人们选择制造业发展模式的基本理论依据，资源环境的约束边界，需要提升制造业发展模式并探讨中国制造业提升发展模式的制度安排及相关改革思路。《美国制造业的衰退及对策夺回生产优势》报告中说：一个国家要想生活好，必须生产好，失去制造就失去未来。日本学者唐津一在《忘记了"制造"的国家将会灭亡》中提出加强制造业、振兴制造基础技术以提升产业技术竞争力的观点。源于亚当·斯密绝对优势理论，由大卫·李嘉图提出的比较优势理论是区域经济学的重要理论之一。其基本论点即所有产品生产都处于绝对劣势的国家应在多种产品中选择劣势最小的产品进行生产；所有产品生产都处于优势的国家应选择优势最大的产品进行生产。即所谓的"两利相权取其重，两弊相权取其轻"。这一起源于国际贸易的理论在20世纪

---

① 《马克思恩格斯文集》第2卷，人民出版社，2009，第691页。
② 刘静暖、纪玉山：《气候变化与低碳经济中国模式——以马克思的自然力经济理论为视角》，《马克思主义研究》2010年第8期，第48～60页。

50 年代被引入对一个国家内部不同区域分工问题的研究之后，日益成为探讨地区间劳动分工问题和区域经济发展问题的理论基础①，也是选择某一区域制造业发展模式的基本理论依据。

生产要素禀赋是指各个地区和国家的比较优势取决于其不同生产要素的丰裕程度。要素禀赋理论认为，地区是分工和贸易的基本地域单元。就一国的范围而言，国内不同地区生产要素价格的差异，导致国内贸易的形成和各地区产业区位的出现。土地、劳动力、资本这三大主要生产要素分布的不平衡，必然会引起相对价格的差异，进而引起商品相对价格的差异。在国际贸易的条件下，还有汇率变动的因素。这样，就造成了商品绝对价格差异。只要商品在不同的地区有不同的价格，就必然发生区际贸易。② 在经济周期性波动以及危机肆虐的新形势下，依靠静态的自然资源比较优势的经济发展模式存在诸多先天的不利因素。东北地区应当立足于自主创新和高级生产要素的培育，及时转变经济发展方式。通过产业内部及产业之间的组织协调，将原先投入的具有比较优势的生产要素充分整合，生产出更多具有竞争优势的产品，逐步由比较优势转化为竞争优势（见图 2-3）。

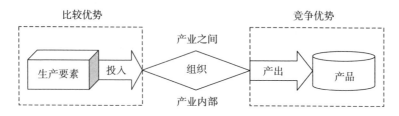

图 2-3　比较优势和竞争优势的关系

资料来源：贾若祥、刘毅：《产业竞争力比较研究——以我国东部沿海省市制造业为例》，《地理科学进展》2003 年第 2 期，第 195~202 页。

世界各国按照"两利相权取其重，两弊相权取其轻"的原则从事国际贸易活动，将会有效促进资源在全球范围内的优化配置，并为各国带来最大化的经济利益。由相对丰裕的生产要素产出的产品价格相对低廉，而由相对稀缺的生产要素所生产的产品价格则较为昂贵。价格的差异促成了跨

---

① 丁四保等：《区域经济学》，高等教育出版社，2003，第 29 页。
② 张秀生、卫鹏鹏：《区域经济理论》，武汉大学出版社，2005，第 252 页。

区域经济贸易，也形成了产品的竞争优势。随着经济全球化的发展和科学技术的进步，国际贸易中劳动密集型和资源密集型产业的竞争优势逐步弱化，知识密集和技术密集型产业呈现出绝对的竞争优势。东北地区应该基于现有工业基础，将整合原有的比较优势生产要素与积极培育以高新技术为主的生产要素相结合，加快转变制造业发展方式，生产出更具比较竞争优势的产品。虽然比较优势是不在同一平台的优势比较，而竞争优势是在同一平台下竞争的优势比较，但本质上都是在研究一国在开放条件下如何实现生产与消费的最佳组合以达到最大限度地提高国民福祉的目标。比较优势是竞争优势的必要条件，波特在比较优势分析的基础上，提出竞争优势的四个阶段：要素驱动阶段、投资驱动阶段、创新驱动阶段和财富驱动阶段。竞争优势的发展阶段、特点及其与比较优势的关系见表 2-3。①

表 2-3　竞争优势的发展阶段、特点及其与比较优势的关系

发展阶段	特点	与比较优势的关系
要素驱动阶段	生产要素方面的优势，如廉价的劳动力和丰富的资源	比较优势的形成
投资驱动阶段	资本要素，大量投资可更新设备，扩大规模，增强产品的竞争力	比较优势的升级
创新驱动阶段	产业中整个价值链的创新，尤其是注重高科技产品的研发及产品化	比较优势的跃迁
财富驱动阶段	发展乏力，需促进产业结构升级以提高价值链的增值水平	比较优势的再创造

二　产业集聚理论

产业集聚是通过产业与区域经济发展战略的有效结合，相关主导产业接近的企业、机构，在某一地区实现集聚而释放出一种充满竞争力的集聚效应，本质上是一种高效率的生产组织方式。其竞争优势来源于专业化、网络化、集中化的特征，极大地促进了劳动生产率的提高和企业的积极创新。产业集聚强调同一产业内各企业的集聚，属于动态运行过程，产业集

---

① 赵春艳：《从比较优势到竞争优势：基于中国汽车产业的实证研究》，中国经济出版社，2012，第 64 页。

群重点则在于不同产业的相互配合与分工协作，属于静态结果，产业集群是特定的产业集聚现象，产业集聚是产业集群的初级阶段。马歇尔（Marshall）是较早关注产业集聚的经济学家，他在《经济学原理》中提出了产业区理论，使用"集聚"概念描述地域的相近性和企业、产业的集中，并将具有分工性质的企业集聚的特定地区称作"工业区域"，获得的经济称为"外部经济"，而获取外部规模经济是工业在产业区内集聚的根本原因。马歇尔研究集聚的最大贡献是发现了产生集群的"空气"——协同创新的环境。① 之后比较有影响的集聚理论主要有：韦伯的区位集聚论、熊彼特的创新产业集聚论、胡佛的产业集聚最佳规模论、波特的企业竞争优势与钻石模型等。阿尔弗雷德·韦伯在 1909 年发表的《论工业区位》中首次阐述了工业区位理论，即有关工业企业空间位置选择的理论。工业区位理论的核心思想是区位因素决定生产场所，经过数学推导确定生产费用最少、节约费用最多的地点，并以此为生产场所。他提出了运费指向论、劳动费指向论和集聚指向论，认为运输成本和劳动费用对选择生产场所产生巨大影响，而集聚指向论可分为两个阶段，即企业经营规模扩大导致的生产集聚，以及因企业集中且通过协作、分工和资源共享带来的集聚利益。韦伯的理论一直是区域科学和工业布局的基本理论，但他的理论在实际应用中有很大的局限性，忽视了社会因素和市场需求在工业区位选择中的作用，因而是抽象的、孤立因素分析的静态区位论。克拉克受配第经济思想的启发，提出了"配第－克拉克定理"，认为随着人均国民收入水平的提高，劳动力在产业间的分布状况是第一产业将减少，第二产业和第三产业将增加。

20 世纪 70 年代以后，保罗·克鲁格曼将数学模型和经济地理学结合起来，提出了空间经济理论，弥补了马歇尔和韦伯观点上的不足。他继承了马歇尔的观点，认为外部规模经济与产业集聚密切相关，引起了收益递增。克鲁格曼认为，不同的环境造成了产业集聚空间的多样化，而产业集聚的位置也有一定的历史偶然性。另外，克鲁格曼也强调了制度的重要性，认为制度创新与技术创新同样重要，技术创新提供了新的增长点，而制度创新则是良好发展的环境保证。克鲁格曼还是第一位把产业集聚与国际贸易

---

① 〔英〕马歇尔：《经济学原理》，朱志泰、陈良璧译，商务印书馆，1991，第 284 页。

因素联系起来进行研究的经济学家。他认为，各国贸易的成功在很大程度上是由地区产业分工和所达到的规模经济决定的。他将贸易理论和区位理论结合起来，用数学模型论证了产业集聚发生的机制，证明了产业集聚将促使制造业中心区的出现。泰勒尔在《产业组织理论》一书中曾利用超级博弈（重复博弈）论证实，在某种条件下集中将有利于默契合谋，成本的不对称造成了产出的不对称，使得集中指数上升，这使低成本企业获得了租金，从而增加了全行业利润。溢出效应（Spillover Effect）也称外部效应或外部性因素，其基本内涵是，在某一经济活动中，"根本没有参与的人得到可察觉的利益（或蒙受可察觉的损失）"。[①] 对于微观经济主体而言，如果外部效应带来了利益，称作外部经济或积极溢出；相反，如果外部效应带来了损失，称作外部不经济或消极溢出。经济发展过程中应尽可能充分利用积极溢出，及时克服消极溢出，实现工业区域经济协调发展。

迈克尔·波特认为，对不同产业经营环境影响最大、最直接的生产因素主要有四项——生产要素，需求条件，相关及支持性产业，企业战略、结构和竞争，形成了影响产业竞争优势的"钻石模型"（见图 2 - 4）。[②] 并进一步提出了"产业群"的概念，形成簇群论。波特从企业竞争力角度来说明产业集聚的现象，认为产业集群即在某一特定领域内互相联系、在地理位置上集中的公司和机构的集合，其成长动力因素有历史文化、需求刺激、上游产业或其他相关产业存在、新企业的创立、辅助机构、企业战略与结构、竞争和机遇。[③] "钻石模型" 主要从国际竞争的层面来考察产业的竞争优势，"钻石模型" 的逻辑框架和分析方法同样适用于区域层面。迈克尔·波特从竞争经济学和管理学的角度重述了产业集群理论。他认为，国家的竞争优势由产业竞争力决定，而产业竞争力高低则取决于国内是否具备有竞争力的产业集群。因此，产业集群是提升产业竞争力和国家竞争力的重要条件。

---

① 〔英〕詹姆斯·米德：《效率、公平与产权》，施仁译，北京经济学院出版社，1992，第302 页。

② 陆立军、于斌斌：《基于修正"钻石模型"的产业集群与专业市场互动的动力机制》，《科学学与科学技术管理》2010 年第 8 期，第 66 ~ 72 页。

③ 〔美〕迈克·E. 波特：《簇群与新竞争经济学》，郑海燕、罗燕明译，《经济社会体制比较》2000 年第 2 期，第 21 ~ 31 页。

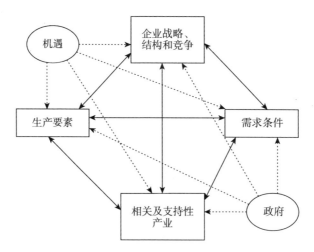

图 2 - 4 "钻石模型"的理论架构

通过地方政府和地域文化环境因素的外在驱动，加上内部四大驱动要素，形成一个强大的竞争优势系统，构成了修正后"钻石模型"的理论架构（见图 2 -5）。① 波特认为，集群包括一系列对竞争起重要作用、相互联系的产业和其他实体，还经常向下延伸至销售渠道和客户，并从侧面扩展到辅助性产品制造商，以及与技术或投入相关的公司，还包括提供专业化培训、教育、信息研究和技术支持的政府及其他机构。②

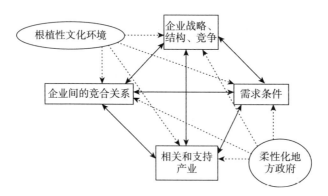

图 2 - 5 修正后"钻石模型"的理论构架

---

① 陆立军、于斌斌：《基于修正"钻石模型"的产业集群与专业市场互动的动力机制》，《科学学与科学技术管理》2010 年第 8 期，第 66 ~ 72 页。

② Porter, M. E. , "Clusters and the New Economics of Competition," *Harvard Business Review*, 1998 (98)：77 - 90.

三　工业化阶段理论

《新帕尔格雷夫经济学大辞典》认为工业化是一个过程，是制造业和第二产业在国民经济中比重及就业比重不断上升的过程。美国著名的发展经济学家 H. 钱纳里认为"工业化即是以各种不同的要素供给组合去满足类似的各种需求增长格局的一种途径"，提出工业化阶段以经济重心由初级产品生产向制造业生产转移为特征[①]，并对制造业内部结构升级转换进行了深入的研究，将制造业内部结构随人均收入增长而转变的过程划分为初级产品生产阶段、工业化阶段、发达经济阶段三个阶段六个时期。第一个阶段包括传统社会和工业化初期两个时期，工业以初级产品生产为主。第二个阶段包括工业化中期和工业化后期两个时期，工业化中期制造业由轻工业向重型工业迅速转变，即进入重化工业阶段，工业化后期第三产业逐步发展。第三个阶段包括后工业化社会和现代化社会两个时期，制造业在经济增长中的贡献相对下降。后工业化社会制造业内部结构以技术密集型为主导，现代化社会时期，智能密集型和知识密集型占主导。[②] 在这三大阶段，工业化发展的主要推动力量就是制造业，即制造业在国民经济中地位的提高意味着工业化的发展。杨杜认为，现实中的大多数企业成长的战略陷阱一般性地表现为"战略冒进"（A 点）和"战略保守"（B 点）两个相继又极端相反的节点（见图 2-6）。如果无法跳过第一个陷阱，那么企业就会夭折，长不大也活不长；而如果企业无法跳过第二个陷阱则无法实现蜕变，难以持续发展。[③] 工业化阶段理论作为衡量一个国家工业发展程度的重要标准之一，有助于发展中国家在工业化进程中找准自己的位置，更好完成工业化。因为一个国家的资源是有限的，将有限的资源发挥最大的效用，即实现工业特别是制造业资源的最优配置，将资源投入联系效应最强或较强的产业，进而产生最强的经济拉动作用，对经济的健康、可持续发展具有重大意义。

---

① 〔美〕H. 钱纳里等：《工业化和经济增长的比较研究》，吴奇等译，上海三联书店，1999，第 6 页。

② 王福君：《区域比较优势与辽宁装备制造业升级研究》，中国经济出版社，2010，第 18~19 页。

③ 杨杜：《企业什么时候容易"坏事"》，《企业管理》2000 年第 4 期，第 27~29 页。

特别是在工业化发展水平已经成为制约经济发展的重要因素时，结合东北地区实际情况，参照各种新添指标，准确定位东北地区工业化发展阶段，可为东北地区加快工业化步伐提供参考。

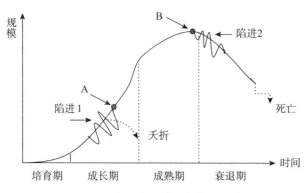

图 2 - 6　企业成长的两大战略陷阱

"雁行理论"是一种应用较为广泛、影响深远的产业经济理论，体现了随着国际产业转移后发国家相对比较优势的动态变化过程。1932 年日本经济学家赤松要（Kaname Akamatsu）在《我国经济发展的综合原理》一文中首次提出"雁行模式"（Flying Geese Paradigm），结合日本的工业成长模式，指出日本的产业发展通常要经历进口新产品、进口替代、出口、重新进口四个阶段并周期循环，这四个阶段呈倒 V 形，酷似飞行中的雁阵。胡俊文用"雁行理论"研究了中国制造业的战略选择，认为制造业应实施点、片、面、阵相结合的雁阵产业集群战略。分步实施，梯度推进，以产业龙头企业为核心，带动相关企业集聚，构成产业群，辐射周边城市，形成产业圈（经济圈），实现中国制造整体腾飞，进而成为世界制造中心（世界工厂）。① 综观产业全球化状况，"雁行"发展的格局已基本形成，发达国家、新兴工业化国家、大量发展中国家分别处在雁头、雁身和雁尾的位置，在价值链中分别占据高端、中端、低端不同环节。

按照"霍夫曼工业化经验法则"，即"霍夫曼定理"，工业化的发展过程从低到高会经历四个阶段。第一阶段是消费品工业在整个工业中占主导

---

① 胡俊文：《雁阵产业集群：中国现代制造业发展的战略选择》，《探索》2004 年第 3 期，第 78 ~ 81 页。

地位；第二阶段是资本品工业迅速发展，消费品工业优势地位逐渐下降，但这个时期仍以消费品工业为主；第三阶段是资本品工业和消费品工业比例基本持平，资本品工业以更快的速度发展；第四阶段是以资本品工业为主，消费品工业为辅。霍夫曼认为第四阶段已基本完成工业化①，即在工业化进程中霍夫曼比例（消费资料工业净产值与资本资料工业净产值之比）是不断变化的。工业化实际上就是以交通运输、钢铁工业等为代表的重工业化，是工业化进入中后期阶段后工业内部结构演变的最终结果。美国发展经济学家艾尔伯特·赫尔希曼（A. Q. Hirschiman）在 1958 年出版的《经济发展战略》一书中首先提出"联系效应"这一概念，认为产业之间的关系可分为后向联系（即一个产业同向它提供投入的产业之间的关系）和前向联系（即一个产业同购买其产品的产业之间的联系）。工业部门特别是资本品工业部门的联系效应较强，能起到最大的带动作用，为了使有限的资本产生最优效果，发展中国家必须将资本投向联系效应较强的工业部门进行工业化，实施"不平衡发展战略"。②

工业化过程伴随着工业化发展模式的转变，具体表现为：从开始阶段主要依靠资本和人力等要素投入来推动工业化发展，逐步转变到主要依靠技术进步和要素生产率提高促进工业化发展。③

四 经济增长与可持续发展理论

经济增长模型是通过对决定经济增长的因素之间量的关系的分析来寻求经济长期稳定增长，本书结合新古典经济增长模型来做理论铺垫。新古典经济增长模型是由美国经济学家索洛等人提出来的假设，假定只生产一种产品，使用两种生产要素（资本与劳动），规模收益不变，生产中资本与劳动的比例是可以变的，可以考虑技术进步的情况。新古典模型的公式是：

$$G = a\left(\frac{\Delta K}{K}\right) + b\left(\frac{\Delta L}{L}\right) + \frac{\Delta A}{A} \tag{2.6}$$

---

① 冯岩：《东北地区工业化道路和"再工业化"方向研究》，吉林大学博士学位论文，2010，第 59 页。
② 王秋菊：《东北振兴走新型工业化道路研究》，华东师范大学博士学位论文，2007，第 16 页。
③ 杜传忠：《转型、升级与创新——中国特色新型工业化的系统性研究》，人民出版社，2013，第 31 页。

在公式（2.6）中，G 代表国民收入的增长率，$\frac{\Delta K}{K}$ 代表资本增加率，$\frac{\Delta L}{L}$ 代表劳动增加率，a 代表经济增长中资本所作的贡献比例，b 代表经济增长中劳动所作的贡献比例，a 与 b 之比即资本与劳动的比例，$\frac{\Delta A}{A}$ 代表技术进步率。

这一模型的含义是决定经济增长的因素是资本的增加、劳动的增加和技术进步，资本 - 劳动的比例是可变的，从而资本 - 产量的比例也是可变的，资本 - 劳动的比例改变是通过价格的调节来进行的，如果资本量大于劳动量，则资本的相对价格下降，而劳动的相对价格上升，从而促使生产中更多地利用资本，更少地利用劳动，通过资本密集型技术来实现经济增长，反之，通过劳动密集型技术来实现经济增长。价格的调节使资本与劳动都得到充分利用，使经济稳定增长。这一模型认为，在长期中实现均衡的条件是储蓄全部转化为投资，如果储蓄倾向不变，劳动增长率不变，则长期稳定增长的条件就是经济增长率 $\left(\frac{\Delta Y}{Y}\right)$ 与资本存量增长率 $\left(\frac{\Delta K}{K}\right)$ 必须相等。[1]

1972 年罗马俱乐部发表了著名的研究报告《增长的极限》，明确提出"持续增长"和"合理的持久的均衡发展"的概念，认为应限制工业生产，大幅度减少地球资源消费量以维持地球上的平衡，即实现"零增长"。1987 年世界与环境发展委员会发表了《我们共同的未来》的报告，正式提出可持续发展概念，并以此为主题对人类共同关心的环境与发展问题进行了全面论述。将"可持续发展"定义为"既满足当代人的需要，又不对后代人满足其需要的能力构成危害的发展"。它丰富的内涵体现了以下几个原则：一是公平性原则，既包括本代人之间的公平，也包括代际公平；二是持续性原则，人类在进行任何经济活动的过程中，都必须充分考虑到资源和环境的承载能力，要适时调整自己的生产方式和生活方式，实现生态资源的永续利用和持续良好；三是共同性原则，可持续发展作为全球发展的总目标，所体现的公平性原则和持续性原则是共同的。[2] 1992 年通过的《21 世纪议程》成为第一份人类可持续发展的全球行动计划。在全球普遍认同的

---

① 梁小民：《西方经济学教程》，中国统计出版社，1995，第 330 ~ 334 页。
② 王伟中、郭日生、黄晶：《地方可持续发展导论》，商务印书馆，1999，第 33 ~ 37 页。

概念中，可持续发展理论的内涵主要包括：共同发展、协调发展、公平发展、高效发展、多维发展，以保护环境为重要内容，以实现资源、环境的承载能力与社会经济发展相协调为目的，实现生态环境－经济发展－社会和谐复合系统的持续、稳定、健康。

可持续发展要求通过转变发展模式，从发展源头上解决环境问题。制造业可持续发展要以产业进化理论为基础，借鉴现代经济学中产业发展阶段理论的研究成果，逐步加深对制造业发展模式转型的理论思考。罗斯托经济成长阶段理论认为，随着科技进步与生产力水平的提高，旧的主导产业带动整个经济发展的使命一旦完成将必然发生主导产业的更替。旧的主导产业衰退和新的主导产业形成，意味着产业结构的发展是动态的、渐进的。将不同的发展阶段与相应的主导产业划分为：传统社会阶段——以农业为主体，为起飞创造前提阶段——仍以农业为主体，起飞阶段——以纺织、铁路、建筑为主体，向成熟推进阶段——以钢铁、电力为主体，高额群众消费阶段——以汽车产业为主体，追求生活质量阶段——以服务业、城郊建筑业为主体。一国或地区制造业走向成熟标志着经济走向成熟，根据罗斯托对工业化进程的判断，东北地区制造业开始进入成熟期，制造业企业吸引了先进的技术成果，并有能力生产自己想要生产的产品，通用机械、采矿设备和造船工业等部门的发展可实现东北地区制造业的突飞猛进。然而罗斯托的理论忽略了多种经济发展模式存在的可能性，个别地区可以通过其他路径实现跨越式发展。20世纪90年代以来，可持续发展的研究主要集中在环境、地区经济等宏观领域，缺乏对某一产业的实证研究支撑。"资源诅咒性"理论告诉我们，资源丰裕型经济体的增长速度往往落后于资源匮乏型经济体。这种落后不仅体现在经济增长方面，而且体现在资源肆意开采和加工低效率方面。进入信息技术时代，必须保护环境、节约能源，引进绿色制造技术，走资源节约型发展道路和发展循环经济，从而提高制造业的整体竞争力。

第四节　关于制造业发展的理论述评

从区域经济学的视角看，区域制造业发展模式的形成、发展与转型建构只有放到全球化发展总体态势中进行研究才能凸显其鲜明的特色。马克思在《资本论》第一卷第一版序言中写道："工业较发达的国家向工业较不发达的国家所显示的，只是后者未来的景象。"① 他认为，作为19世纪工业较发达国家典型的英国，通过工业化实现由传统农业社会向现代工业社会的转变在很大程度上是具有一般意义的。马克思对制造业的分析主要涉及制造业部门获利、生产规模扩大和要素配置等方面，比较具有普遍性。通过信息化带动工业化，实现资本有机构成不断提高，推动制造业发展从粗放型向集约型转变，是一个相对的、连续的、动态的过程。西方学者主要结合工业化发展进程来描述制造业的发展阶段、发展环境、发展战略、制度变迁、发展路径等，比较直观形象。发达国家是伴随着工业革命和工业化进程的推进而兴起的，研究者从不同角度对制造业的研究进行了有益探讨。国外学者虽然对发达国家与发展中国家制造业的转型升级做了大量的分析和论证，而无论是马克思两大部类的增长规律、配第-克拉克定理、库兹涅茨法则还是罗斯托的主导产业转换规律，其本质均是通过考察整个经济体系中三大产业比重变动对产业结构乃至经济发展水平的影响进行分类和辨别。但涉及我国东北地区制造业转型的文献比较有限，多属于评价性结论，尚未有详细具体的研究。由于地域因素的影响，国内外学者在思想观念、文化环境、社会背景等方面存在差异性，很难全面了解东北地区工业变迁的具体历程，因此有必要深化对这一领域的研究。

　　一个区域制造业发展模式的形成与该区域经济的发展路径有紧密联系，区域经济发展路径随着时间推移不断发生改变，所以制造业也没有永恒有效的发展模式。西方经济学家认为制造业是工业化发展的主要推动力量，促使工业化水平由低级向高级不断跃进，并通过对制造业发展阶段、发展环境、发展战略、制度变迁、发展路径等方面的直观描述来划分工业化水平的不同阶段。在一定意义上讲，工业化创造供给，城市化创造需求。马克思主义有关资本主义现代化大生产的原理早已说明社会再生产的四个基本环节，即生产、分配、交换、消费，马克思所揭示的生产资料的生产和消费资料的生产相互协调的思想适用于一切人类社会。过剩是分配环节出

---

① 〔德〕马克思：《资本论》第1卷，中央编译局译，人民出版社，2004，序言第7页。

了问题，而我们目前却只在生产环节打转，需要结合城市化发展、收入分配调整等环节来协调解决制造业产能过剩的问题。制造业的发展模式转型不但要提升硬件能力，更需要提升软件实力。国外学者并没有对东北地区制造业发展模式和演变历程进行深入研究。然而东北地区作为中国的地理大区、经济大区，其制造业的转型升级对区域经济发展，乃至全国经济都将产生重要影响。东北地区制造业转型必须充分挖掘国内市场潜力，把发展的重心转移到推进制造业转型和技术升级上来，避免制造业锁定在低附加值、简单的劳动密集型、资源依赖型产业发展上。一些资源依赖型企业甚至面临资源枯竭的严峻挑战，在经济发展模式转换的过程中很难找到接替产业促使其创新，资源环境已无力承受"高消耗、高产出、高排放"的粗放型发展模式。东北地区制造业发展受到自然资源和能源供应的约束，这是制造业发展所面临的无法回避的矛盾。在研究东北地区发展模式转型问题时，必须结合前人已有的系统理论，对东北地区制造业所处的制度环境进行系统剖析，在此基础上提炼具有较低制度变迁成本的制造业发展模式转型的目标趋向，以提升东北地区制造业的核心竞争力。

众所周知，制造业为人类的生存和发展提供物质产品，是满足人类生产、生活的基础行业，同时也是国家经济发展的基石和国家竞争力的外在体现。制造业主要包括原料采购、产品设计制造、仓储运输、分配消费四个环节，每个环节都影响了制造业的发展水平。目前，中国制造业具有的比较优势大多集中在初始环节，也就是原料采购和产品制造环节。低廉的资源和劳动力成本造就了制造业粗放型发展方式，主要依靠投入大量生产要素获得超额利润。随着经济全球化和制造业全球转移，中国制造业出现了产能严重过剩、结构畸形、比较优势弱化等问题。国家虽然提出了制造业转型升级战略，但取得的成效不尽如人意。转型升级还停留在生产环节，依然重制造、轻研发，没有将转型升级理念深入贯彻到制造业整个流程中。目前，对东北老工业基地全面振兴的评价主要包括："稳中有进"和"相对落后"是东北全面振兴的总体态势，"企态优化"和"政府治理"是东北全面振兴的严重短板，"营商环境"是政府治理的突出问题点，"国企保增值"是东北企态优化水平提升的主要障碍，"扩大开放"是东北全面振兴的施政重点，"提振活力"是东北创新创业水平提升的关键。[①] 制造业转型升级不仅需要完善硬件配套设施，而且更加依靠软件支撑，即政府政策、科学技术和创新人才对转型升级的决定性作用。东北地区制造业转型升级必须充分利用国家产业政策，破除制度性障碍，对制造业的制度环境进行系统剖析，降低制造业转型升级中的制度变迁成本；促进科学技术在生产领域的运用，调整制造业结构；培育创新型人才，研发具有自主知识产权的生产技术，增加产品科技附加值，实现产品从低附加值向高附加值升级。在此基础上，提升东北地区制造业的核心竞争力，实现制造业发展模式转型，促进东北地区经济又好又快发展。

---

① 李凯等：《2016东北老工业基地全面振兴进程评价报告》，经济管理出版社，2017，第12～18页。

第三章 东北地区制造业发展模式
转型的逻辑阐释

东北地区从狭义上讲，包括辽宁省、吉林省和黑龙江省，即东北三省，土地面积 78.8 万平方公里，占全国的 8.21%。2003 年国家提出实施振兴东北地区等老工业基地战略。2006 年 6 月 6 日，温家宝主持国务院振兴东北地区等老工业基地领导小组第三次全体会议时强调，要"促进东北三省与内蒙古东部地区经济一体化"，进一步说明了继长三角、珠三角、京津唐之后的存量改革。2007 年由国家发改委、国务院振兴东北办组织编制的《东北地区振兴规划》，批复规划范围包括辽宁省、吉林省、黑龙江省，内蒙古自治区呼伦贝尔市、兴安盟、通辽市、赤峰市和北部的锡林郭勒盟也被纳入东北振兴规划范围，土地面积 145 万平方公里，总人口 1.2 亿[1]，构成了广义的东北地区。内蒙古东部五个盟市总面积 66.49 万平方公里，人口 1240 万，分别占内蒙古自治区总体的 56.2% 和 52.9%。内蒙古东部地区已提出打造东北"后花园"的设想，这无论对促进内蒙古东部地区发展还是振兴东北老工业基地都具有重要意义。[2] 需要说明的是，为了实现统计数据的连续性，除特别标注外，本书涉及数据统计的资料以狭义的东北地区为准。

制造业作为人类赖以生存的基础产业，其发展水平既是社会发展的重要依托和地区竞争力的集中体现，也是衡量国家或地区综合经济实力的重

---

① 程瑞华：《振兴东北首重体制机制创新》，《金融时报》2007 年 8 月 21 日。
② 周民良：《蒙东地区是东北的潜在"后花园"》，http://www.cnstock.com/index/gdbb/201009/882218.htm。

要标志。在制造业中，装备制造业居于中心地位。制造业规模的增长和产业升级对装备制造业发展形成的需求拉动效应是装备制造业发展的直接动力，有利于促进制造业创新能力的提高。发展模式是特定地区、特定产业在一定历史条件下形成的具有特色的发展路子，代表着一种过程和时段的实践性认识，强调的是实践中的规律，突出对社会存在和历史经验的总结与概括。改革开放 40 年，制造业对我国经济增长的贡献率始终占据重要地位，在"十二五"时期，东北地区仍处于工业占主导的发展阶段，在改革开放不断深化、经济发展方式加快转变、全球经济进一步一体化的攻坚时期，积极推进制造业发展模式转型，是实现东北老工业基地全面振兴的必由之路。作为东北地区支柱产业的装备制造业有着辉煌的发展历史，结合产业经济学、区域经济学等相关理论与东北地区发展实际，探讨东北地区制造业，重点是分析制造业发展模式的形成、发展、转型等逻辑系统的内在机理，以期为其他领域的制造业提供一定的借鉴。

第一节　历史沿革

一个区域的变革，只有从历史和现实的对比中把握，才能更加清晰。研究东北地区制造业发展模式转型问题，需要整体把握制造业发展模式形成的历史脉络。经过"一五""二五"时期的大规模经济建设，东北地区制造业主要依靠国家投资设立重点项目逐步发展壮大起来，制造业逐渐成为整个东北地区工业体系的支柱产业。东北地区制造业的快速发展为我国建立完整、独立的工业体系和国民经济体系奠定了坚实基础。东北地区制造业经过半个多世纪的发展，依托丰富的自然资源逐渐形成了以高投入、高消耗、高污染、低附加值为特征，以牺牲物质、环境及人力资源为代价，单纯追求产值增长的不可持续的发展模式。随着经济体制改革的不断深入和市场机制的日趋完善，一系列新兴工业逐步建立，由于传统的制造业发展模式已经不再适应市场经济发展的客观要求，东北地区制造业原有的诸多发展优势逐渐丧失，东北地区制造业的发展遇到了前所未有的困难。2014年以来，东北地区制造业发展形势异常严峻，由产业链上的优胜劣汰所引起的轰动性效应肆意蔓延，制造业发展的群体性焦虑日益显著。著名经济

学家郎咸平指出，制造业的整个产业链可分为 7 个环节，其中占利润 99%
的 6 个高利润环节由欧美控制，中国制造业处于产业链的最低端。东北地区
能否在新一轮经济结构调整和深化体制改革进程中抓住机遇，破除传统发
展模式的弊端，重振制造业雄风还有待确认。正是基于上述考虑，本节将
对东北地区制造业发展模式的历史沿革进行深入研究。

一　发展模式的形成条件

东北地区在新中国成立后逐步形成了相对完整的制造业基础体系，制
造业发展模式是在多种因素综合发挥作用的条件下形成的。"东北制造"特
指由于历史原因而形成的一种产业集聚现象。制造业只有在各级政府支持
下根据不同历史时期的区情，并遵循市场选择，才能形成具有地域特色的
发展模式。

1. 丰富的资源保障

东北地区有着雄厚的制造业基础，煤炭、石油等自然资源和农产品资
源相对丰富，曾是天府之地，形成了以钢铁、机械、煤炭、石油化工和建
材等工业为主的全国最大的重工业基地。原油产量占全国的 2/5，木材提供
量占全国的 1/2，东北三省同时也是全国著名的粮仓、林海和牧业之乡，商
品粮占全国的 1/3，内蒙古东部盟市毗邻东北三省，具有丰富的矿产资源优
势及独特的旅游资源优势。东北地区以原材料产品和装备类产品为主的工
业经济仍有较大的市场发展空间，蕴含着巨大的潜在优势。如辽宁省拥有
大连、营口等港口城市，可以充分开发利用丰裕的海洋资源，发挥地缘优
势建设地区性物流中心和先进制造业产业基地。同时，劳动力资源相对丰
富为东北地区制造业企业的可持续发展提供了永不枯竭的动力。2016 年，
全国及东北三省生产总值与第二产业增加值见表 3－1。同时，东北地区高
校、科研院所实力雄厚，知识储备、科技产业等优势突出，为大型制造业
企业实现技术攻关提供了有力的智力和科技支撑。另外，长白山、大小兴
安岭是东北地区乃至全国生态系统的重要天然屏障，为发展农业和保护生
态环境创造了巨大的经济价值和生态价值，为处在重工业加速发展阶段的
东北地区提供了重要的物质保障。

表 3 - 1   2016 年全国及东北三省生产总值与第二产业增加值及增长速度

单位：亿元，%

区域	GDP	增长速度	第二产业	增长速度
全国	744127.2	6.7	296236	6.1
辽宁省	22037.88	-2.5	8504.84	-7.9
吉林省	14886.23	6.9	7147.18	6.1
黑龙江省	15386.1	6.1	4441.4	2.5

资料来源：2016 年全国及辽宁省、吉林省、黑龙江省国民经济和社会发展统计公报。

2. 独特的地理区位

东北地区西、北、东南三面在二战后直接与当时的社会主义国家接壤，拥有良好的社会基础和十分有利的地缘环境。① 从地理区位来看，东北地区位于我国的松辽流域，地处东北亚区域地理几何中心，是新亚欧大陆桥枢纽，地域辽阔，与俄罗斯远东、朝鲜和蒙古国接壤，南与太平洋相连，在地缘方面具有相连大陆与海洋的优势，内蒙古东部地区是东北经济区通往俄罗斯、蒙古国及欧洲的通道，与东北三省在经济上有很强的互补性，对于拓展东北地区对外开放渠道起重要作用。而俄罗斯远东地区是全球现存的最大战略物资储备基地。如辽宁省丹东市位于辽东半岛开发区东南部鸭绿江与黄海的汇合处，地处东北亚的中心地带，是东北亚经济圈与环渤海经济圈的重要交汇点，是连接朝鲜半岛与中国及亚欧大陆的主要陆路通道，具有沿海、沿江、沿边的独特优势。东北地区应当成为对俄、朝开放的重点地区。不同国家具有不同的经济发展梯次，需求互补，尤其是近年来东北亚经济圈的形成和发展以及各国之间的经贸往来给东北地区制造业的发展振兴带来了良好的机遇。另外，东北地区具有相对完整的自然地理特征，是相对独立的地域综合体，沿边沿海的双向开放也为其加快现代物流业的发展提供了条件，为当前制造业发展模式转型提供了新的空间。如辽宁省是中国最早对外开放的沿海省份，已经形成了门类比较齐全、具有相当大规模的工业体系，开放型经济保持着良好的发展势头。

---

① 宋冬林：《东北老工业基地资源型城市发展接续产业问题研究》，经济科学出版社，2009，第 11 ~ 12 页。

3. 特定的历史积淀

由于我国在建立初期选择了计划经济体制，优先发展重工业的发展战略在东北地区产业发展中得到了积极贯彻，改革开放前，国家又给予东北地区大量投资，将东北地区建设成为我国工业化程度较高的地区。东北地区较早地建立了完整的工业体系，尤其是发展以装备制造业为主导的制造业产业集群，形成了全国最大的钢铁工业基地、石油工业基地和机械工业基地。东北地区逐步形成了资源依赖型、粗放增长型的制造业发展模式。20 世纪 90 年代初，辽宁省就曾提出老工业基地改造的设想，进入 21 世纪，东北地区在制造业方面经历了体制改革的增量优化和存量调整，已成为全国最大的重化工基地，在交通运输机械工业等领域具有突出的产业、科研和高技能人才等竞争优势。

4. 比较保守的人文传统

人文传统的继承更多体现在地区经济发展的主流文化上，作为地区经济发展软环境的核心和基础，人文传统对地区经济的推动作用不容忽视，人文传统、价值取向、行为选择及经济结果都直接影响一个地区的集体思想意识、区域经济的发展步伐和社会的全面进步。东北地区是一个移民社会，早期有一批"闯关东"的人来到东北拓荒，由于东北地区自然资源丰裕、气候环境宜人、农业发展条件好、开发时间短，人们存在小富即安的依赖思想，逐渐形成了比较保守的思想观念，市场经济意识和竞争意识较为淡薄，等、靠、要的传统思维定式与现代市场经济发展进程有所脱节。

5. 较好的产业集聚基础

随着产业集聚区建设的迅速推进，我国已经形成三大经济区和五小经济区区域经济发展大格局，如辽宁沿海经济带作为我国五小经济区之一具有独特的产业优势。作为辽宁工业第一支柱产业的装备制造业，不断克服国际金融危机等不利因素的干扰，快速实现逆势上扬。装备制造业占辽宁工业增加值的比重达历史最高水平。据统计，2009 年 1 ~ 5 月，全省装备制造业完成工业增加值 887.52 亿元，增长 18.1%；规模以上企业实现增加值占全省工业的比重由 2002 年的近 1/4 提高到近 1/3 达到 31.8%。[①] 东北地区

① 李春林、杨忠厚：《装备制造业占辽宁工业增加值比重达历史最高水平》，http://news.163.com/09/0714/08/5E60BNNF000120GR.html。

在核心制造技术方面，综合实力居国内前列。辽宁省装备工业产品门类众多，拥有飞机、造船、机车车辆、远洋运输船舶、机床、输变电设备、石化通用设备等门类，在全国十大钢铁联合企业中辽宁者占两个，造船业产能占全国的1/3，占世界的3% ~4%。吉林省以汽车、轻型客车及车用柴油发动机制造为主导，黑龙江省的铁路机车及铁路设备、轴承等均已形成不同程度的产业集聚。

二 发展模式的演进轨迹

东北地区经济发展经历了由移民开发所引发的自然经济、外国经济势力从渗透到控制所形成的经济、新中国成立后在传统体制下形成的高度集中的计划经济、过渡时期有计划的商品经济及进入20世纪90年代以后的欠发达市场经济五个阶段。[①] 东北地区的开发最早可以追溯到清朝末年，近代工业化历史则起源于19世纪二三十年代。[②] 东北地区制造业发展模式的形成与该地区的经济体制、资源禀赋、历史文化、区位优势等密切相关。根据钱纳里的工业化发展阶段划分标准，东北地区已经进入工业化加速发展时期，工业化正由中级向高级阶段过渡。[③] 从发展的历程看，产业结构演变的历史背景十分独特，东北地区制造业粗放型重工业化发展模式的演进轨迹大体可分为四个阶段，即准备阶段、恢复兴起阶段、曲折发展阶段、升级转型阶段。

1. 准备阶段（1860~1948年）

鸦片战争后外国势力进入东北地区，营口、大连等港口被迫开放，采掘业成为主导产业，吸收了大量的劳动力，大量中原地区移民涌入东北地区，奠定了东北地区产业发展与城市化的历史基础。伪满洲国期间，产业结构从单一的采掘业向采掘与加工工业结合的方向转变，初步形成了重工

---

① 刘洋、金凤君：《东北地区产业结构演变的历史路径与机理》，《经济地理》2009年第3期，第431~436页。

② 金凤君：《东北地区振兴与可持续发展战略研究》，商务印书馆，2006，第23~24页。

③ 戴永安、陈才、张昂：《东北地区经济发展的阶段划分及趋势》，《未来与发展》2010年第2期，第102~105页。

业生产体系，伪满洲国以后东北走上了重工业的发展道路。[①] 东北地区第一次大开发是从农矿业开始的，是一种对荒芜土地的广种薄收式的开发，为东北地区工业的兴起创造了条件。早期东北工业的开发是狂野的，起始于1881年，以吉林机器局的建立为标志。第二次大开发是以工矿业为主体的开发，重点是工业，"第一次产业开发五年计划"（1937～1941年）以矿工业为主。[②] 东北工业的大规模开发是从20世纪初开始的，其特点是注重以矿业、钢铁工业、电力为主体的重工业开发，以外国资本投入为主体的掠夺式开发，以东北人民的生命为代价的血腥开发。这段时间东北地区产业结构处于矿产资源开发与重工业发展初期阶段，以矿产资源的开发为主，是发展制造业的准备阶段。

2. 恢复兴起阶段（1949～1978年）

新中国成立后，百废待兴，生产和生活资料严重短缺，国家实施"一五"和"二五"重点投资和建设计划，采取优先发展重工业的赶超战略。依靠有计划地集中使用资源，克服了资源短缺对工业化的障碍。东北地区真正成为工业基地是在新中国建立以后，东北老工业基地的雏形是20世纪50年代初在日本侵略者掠夺东北资源所遗留的残缺不全的工业废墟上建立起来的，同时也是以苏联工业为模式、苏联技术为样板、苏联援建项目为骨干展开的，东北地区在20世纪50年代获得了特别密集的资源投入。长春建立了第一汽车制造厂，58项国家重点建设工程落户东北地区，奠定了新东北地区以重化工业为主的产业体系发展布局，国家逐步确立了东北地区作为"重工业基地"的地位。20世纪60～70年代是东北老工业基地发展的黄金时期，即"第二个五年计划"和"国民经济调整"时期，堪称国家工业化的发源地或基地。东北机械工业飞速发展，成为当时中国最大的机械工业生产基地。由于大庆油田的开发，东北地区的国家投资比重仍较高，接近全国基本建设投资的20%。[③]

---

① 李诚固、黄晓军、刘艳军：《东北地区产业结构演变与城市化相互作用过程》，《经济地理》2009年第2期，第231～236页。

② 孙乃民、王守安：《东北经济区的内在联系与合作开发》，学习出版社，2005，第4页。

③ 王倩、许梦博：《欧盟区域政策及其对中国东北老工业基地振兴的启示》，吉林大学出版社，2007，第135页。

由于我国在建立初期选择了计划经济体制，优先发展重工业的发展战略在东北地区产业发展中得到了积极贯彻，东北地区较早建立了完整的工业体系，产业发展不平衡现象明显，最初形成了通过优先发展重工业，带动其他产业协同发展的经济模式。在政府处于绝对主导地位的计划经济体制下，政府实施重化工业和机电工业的重点建设，使东北地区集中了全国基础工业和先进制造业的大量骨干企业和优质国有资产，形成了较发达的现代工业体系。这一阶段是新中国建立后到改革开放前的"重工业基地建设阶段"。从区域上来看，1952 年至 1978 年的重工业化过程在中国的三大区域尤其是东北地区普遍进行。从 1978 年的数据来看，三大区域尤其是东北地区呈现出明显的重型工业化特征。从轻重工业内部结构来看，轻工业以农产品为主要原料，说明东北地区的重工业化过程是在轻工业没有得到充分发展的基础上进行的。在重工业内部，包括采掘业和原材料工业在内的初级产品的生产占较大比重，说明中国当时重工业的技术结构和产品层次都比较低。能源、原材料比较丰富的东北地区自然成为重工业化时期发展的重点地区，东北地区轻重工业结构发生了重大变化（见表 3 - 2）。① 计划经济时期，在国家的重点扶持下，东北老工业基地已经成为功能较为完整的经济发展区。1978 年，东北三省工业总产值占全国的 16.9%。可见东北地区工业的发展在当时国民经济发展中发挥着重要作用。以东北地区制造业为代表的重化工业发展模式一方面实现了地区经济的快速发展，而另一方面也为此后很长一段时间内产业结构失衡埋下了隐患。

表 3 - 2　1952 年、1978 年中国各地区轻工业和重工业结构
（以工业总产值为 100）

单位：%

	1952 年各地区轻重工业结构						
	轻工业	以农产品为原料	以非农产品为原料	重工业	采掘业	原材料工业	加工工业
东部	73.1	55.5	9.8	26.9	2.6	8.4	12.1
中部	62.4	34.8	8.4	37.6	10.6	8.2	11.6

---

① 马子红：《中国区际产业转移与地方政府的政策选择》，人民出版社，2009，第 84～85 页。

续表

1952 年各地区轻重工业结构						
	轻工业	以农产品为原料	以非农产品为原料	重工业	采掘业	原材料工业	加工工业
西部	70.2	37.1	2.5	29.8	3.6	8.0	4.5
东北	46.5	37.5	9.0	53.5	11.3	19.5	22.7
1978 年各地区轻重工业结构						
	轻工业	以农产品为原料	以非农产品为原料	重工业	采掘业	原材料工业	加工工业
东部	46.4	26.9	13.9	53.4	4.5	18.8	28.1
中部	39.4	27.4	10.1	60.6	12.9	17.1	28.0
西部	37.9	28.2	8.9	62.1	7.6	20.4	32.4
东北	29.6	20.1	9.5	70.4	12.0	29.2	29.2

资料来源：张平：《中国区域产业结构演进与优化》，武汉大学出版社，2005，第159~161页。

3. 曲折发展阶段（1979~2002 年）

制造业发展模式转型是与东北地区工业化的演进和经济体制改革的推进相伴随的。改革开放前，我国总体上推行的是片面发展重工业的战略，在一定程度上导致产业结构和国民经济结构失调的情况下，奠定了我国重工业发展的重要基础。20 世纪 70 年代末进入体制改革阶段，东北地区形成了以能源、原材料、机械装备、化工、森工和军工等为主，门类齐全的工业体系，进一步奠定了东北地区作为我国重要的石油化工、钢铁、机床、汽车、电站成套设备、船舶、飞机制造等重化工制造业基地的基础。20 世纪 80 年代中后期以来，东北老工业基地普遍处于相对衰退状态。在计划经济时代，东北老工业基地一度处于"工业摇篮"的顶部。改革开放以后，在向市场经济体制转轨的过程中，区域间竞争日趋激烈，东北地区出现了经济相对衰退现象。2009 年广东省规模以上工业企业完成工业增加值 16148.58 亿元，吉林省规模以上工业企业完成增加值 2926.65 亿元，二者相差甚远。另外，从以服务业为代表的第三产业比重看，吉林省低于广东省 4.9 个百分点，可见，服务业尤其是生产性服务业的滞后，严重制约着东北地区制造业的发展。东北地区制造业由于长期依靠计划经济思想指导发展生产，在新的经济体制下，东北制造业遭受了前所未有的挫折。东北地区的发展速度特别是工业和经济总量的增长，在 20 世纪 80 年代以前就已经落后于全国平均水平和其他几个地区。[1]重工业优先发展模式实际上已难以为继，一系列历史矛盾和问题的积淀又成为改革开放后东北制造业陷入困境的远期动因。1978 年开始的扩大企业自主权改革最后演变为企业经营承包责任制，这一方面激发了承包者（即国有企业管理层）改善经营的积极性，另一方面也使得国有企业在不改变公有制主体地位的前提下，明确产权，允许私营企业发展。这一阶段，东北地区制造业发展以产品低附加值、简单加工型、跟踪模仿型、贴牌加工型等为主要特征，逐步形成了资源依赖型、粗放增长型的制造业发展模式，属于实现制造业低水平的规模扩张。东北老工业基地经历了较长时间的平稳发展之后开始逐渐老化，机器设备主要依靠进口，难以摆脱对外部核心技术的依赖，缺乏自主知识产权，装备制造业由此陷入了困境。尤其是 20 世纪八九十年代，由于背负沉重的社会包袱和巨大的沉没成本，加之体制与机制的僵化，传统产业调整举步维艰，制造业企业发展徘徊不前，工业经济效益下滑，大量工人下岗，普遍处于相对衰退状态，形成了所谓的"东北现象"。中共十六大正式提出振兴东北老工业基地的战略，倡导走新型工业化道路，为东北地区制造业的振兴带来了新的机遇。

4. 升级转型阶段（2003 年以来）

2003 年 10 月，国务院发布《关于实施东北地区等老工业基地振兴战略的若干意见》，标志着振兴东北老工业基地战略拉开序幕，中央通过落实国有企业改革和创新、调拨专项资金、减轻农业和农民负担、引进技术和人才等各专项政策，鼓励东北地区等老工业基地亏损企业转型改制，尽快实现扭亏为盈。中共十七大以来，我国提出要发展先进制造业必须实施由加工组装转型到核心竞争优势提升的发展战略。然而，区域产业结构没能适时地实现由基础重化工、低度加工型重化工向高度加工组装型重化工的过渡和升级。东北地区制造业长期以来以资源密集型为主，缺乏自主创新的发展动力、产业升级迟缓、改革成本高、专业人才争夺面临激烈竞争。制造业在促进经济增长的同时，迫切需要降低能源消耗和减少环境污染，要

---

① 丁四保：《"东北现象"：症结分析与出路的探讨》，《现代城市研究》2003 年第 12 期，第 6 ~ 9 页。

达到这个目的唯一的办法是促进制造业发展模式的转型。生产低价、低质、低档产品的制造业企业逐渐退出市场，制造业由传统资源高消耗型和劳动密集型向品牌化、优质化、高档化、高附加值产品方向转化，更多发展技术密集型、知识密集型制造业，逐步向工艺更新、质量提高、效率改进、自主品牌培育的产业链整合发展模式转型。

三　发展模式的运作实践

东北区域经济开发最早可以追溯到清朝末年，近代工业化则起源于 19 世纪二三十年代。就东北地区制造业而言，发展模式的形成与该地区的经济体制、资源禀赋、历史文化、区位优势等密切相关。在新中国建立初期，面对我国"一穷二白"的现实，东北区域经济以装备制造业为主导的发展模式为我国逐步建立工业体系起到了决定性作用。随着国家产业政策的调整以及沿海开放战略的实施，作为共和国"长子"的东北老工业基地的发展显得步履蹒跚，主要原因是所谓的"重、大、死"。"重"是指以重工业为中心的产业结构；"大"是指国有大型企业集中；"死"则表示市场没有活力。① 20 世纪 90 年代初，同东部沿海地区相比，东北老工业基地市场经济不活跃，开放政策实施落后，出现工业经济效益下滑、工业生产举步维艰的局面，东北制造业困境属于典型的体制转型期的阵痛。

按照国际货币基金组织（IMF）公布的数据，2010 年，中国的人均 GDP 达到 4382 美元，逐步进入工业化中后期。伴随着工业基地的形成，东北地区工业化步伐也随之加快。自改革开放以来，东北地区生产总值连续多年稳步提高。根据统计年鉴的数据，1979 年东北地区生产总值为 523.32 亿元，1989 年地区生产总值为 2026.05 亿元，1999 年为 8720.07 亿元，到了 2008 年地区生产总值达到 28195.66 亿元，2010 年达到 37090 亿元，和 1979 年相比，增长了 70 倍②，2012 年达到 50430.72 亿元（见表 3-3）。在工业化尚未完成的情况下，国民经济主要依靠制造业的牵引，东北地区制

---

① 王倩、许梦博：《欧盟区域政策及其对中国东北老工业基地振兴的启示》，吉林大学出版社，2007，第 131 页。

② 冯岩：《东北地区工业化道路和"再工业化"方向研究》，吉林大学博士学位论文，2010，第 44 页。

造业具有至关重要的作用。东北地区已经基本走完了工业化初期的道路，逐步向工业化中后期转型。2009 年辽宁、吉林两省单位工业增加值能耗虽然分别同比下降 6.95%、8.19%，但均低于全国同比下降 9%的水平。只有对东北地区制造业发展模式进行战略性调整，才能真正提升其自主创新能力，实现东北制造业的强劲和可持续增长。

表 3 - 3   东北地区生产总值

单位：亿元

年份	1979	1989	1999	2008	2010	2012	2014	2016
东北地区 GDP	523.32	2026.05	8720.07	28195.66	37090	50430.72	57469.81	52310.34

资料来源：东北地区各年份统计年鉴。

东北地区制造业长期以来以产品低附加值、简单加工型、跟踪模仿型、贴牌加工型等为主要特征，逐步形成了资源依赖型、粗放增长型的制造业发展模式，属于制造业低水平规模扩张；以低价资源、能源和劳动力生产低附加值的产品去占领市场，以求得企业的生存发展，其产品以满足国内市场需求为主；东北地区以重工业为主的粗放型发展模式对地区经济较快发展做出了重大贡献，但也带来了诸如环境污染严重、产业结构畸形等一系列深层次问题。20 世纪 90 年代初，辽宁就曾提出老工业基地改造的设想，进入 21 世纪，东北老工业基地振兴时机已经成熟。

中国物流与采购联合会发布的信息显示，2009 年 3 月中国制造业采购经理指数（PMI）① 开始高于临界点 50%（见图 3 - 1）。中国物流与采购联合会、国家统计局服务业调查中心 2016 年 1 月 1 日发布的数据显示，2015 年 12 月中国制造业采购经理指数为 49.7%，较 11 月上升 0.1 个百分点，此后在临界点下方窄幅波动，制造业下行压力依然较大。同月，非制造业商务活动指数为 54.4%，环比上升 0.8 个百分点。反映生产和需求状况的生产指数、新订单指数上升较为明显，产成品库存指数连续下降，当前经济

---

① 制造业采购经理指数是一个综合指数，是国际上通行的宏观经济监测指标体系之一，对国家经济活动的监测和预测具有重要作用。按照国际上通用的做法，由 5 个主要扩散指数加权而成。通常以 50%作为经济强弱的分界点，PMI 高于 50%时反映制造业经济扩张，低于 50%则反映制造业经济衰退。

运行呈现企稳回升迹象，2016 年有望迎来平稳开局。[①] 经历全球金融危机后，以重工业为主导的东北地区受国内外经济波动的影响不容忽视。因此，东北地区以重工业为主导的制造业发展模式难以应对国内外环境的挑战，不失时机地实行制造业发展模式转型，是提升地区经济总体实力的迫切需要。在风险与机遇并存的后危机时代，东北地区制造业传统发展模式正处于十字路口，需要运用多元化的思路及时做出调整，东北地区制造业成功实现发展模式的转型，既是东北经济走出停滞、徘徊，实现跨越式发展的关键，又是完成"十二五"规划战略任务、推动东北地区全面振兴的需要。

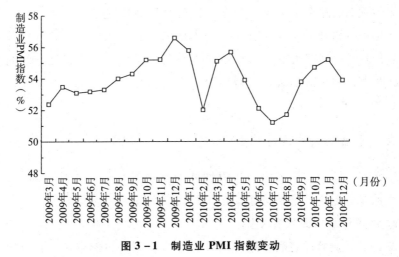

图 3 - 1 制造业 PMI 指数变动

说明：50% = 与上月比较无变化。

第二节 一般概述

一 发展模式的现行简介

根据钱纳里的工业化发展阶段划分标准，东北地区已经进入工业化加速发展时期，工业化正由中级向高级阶段过渡。[②] 制造业作为东北老工业基

---

① 《12 月 PMI 环比上升 0.1 个百分点，今年经济有望平稳开局》，《人民日报》2016 年 1 月 2 日。

② 戴永安、陈才、张昈：《东北地区经济发展的阶段划分及趋势》，《未来与发展》2010 年第 2 期，第 102 ~ 105 页。

地的主要支柱，虽然部分企业已积极为转型做准备，但绝大多数制造业企业仍然滞留在一个相对较低层次的发展水平上，是以获取价值链低端利润为主要增长途径的粗放型发展方式。东北地区制造业发展模式是在特定的历史机遇中，在东北地区的经济、政治、文化等特殊区情的"土壤"中产生的。结合调研组实地掌握的资料，可将东北地区制造业发展模式概括为：在不同经济体制影响下形成的，以高投入、高消耗、高污染、低附加值为特征的，以牺牲物质、环境及人力资源为代价的，单纯追求产值增长的不可持续的发展路径、运行机制及实践方式。东北地区制造业发展模式的特征主要表现为，过分强调制造环节，以重型装备制造业、化工业、汽车制造业、船舶制造业等资源密集型、资本密集型企业为主，导致对资源和环境的过度透支，碳排放量过多。虽然也经历了速度、结构、效益的周期性调整，但其发展模式仍难以摆脱高投入、高消耗、高污染、低附加值的粗放型色彩。

二　发展模式的现行分类

结合我国经济发展战略，代表性的制造业发展模式主要有以下几种，当然不同制造业企业可能同时采用几种发展模式。

1. 资源依赖型发展模式

制造业企业通过有利的地理区位和开采便利的自然资源，经过简单粗加工后形成生产装备制成品或中间产品的发展路径，我们称之为制造业资源依赖型发展模式。资源依赖型发展模式在东北地区较为普遍，这一模式与市场需求往往存在一定差距。东北地区重化工业结构本身需要物质和资源的长周期的高投入，制造业的发展主要建立在总量增长的基础上。如鞍山钢铁集团公司——"共和国钢铁长子"属于资源型内陆钢铁制造企业，是依靠鞍山地区铁矿石资源丰富而逐步发展起来的东北地区特大型国有制造企业。

2. 大规模定制生产发展模式

作为一种新型的产品制造模式，大规模定制生产即是将大批量生产与满足顾客个性化需要相结合的方式，能够生产出符合顾客共性要求的标准件并根据各个顾客不同的个性需求灵活地加以改造组装，然后形成完全令顾客满意的产品。在大规模定制之前，制造业的生产方式可粗略地分为两种：早期的定制方式与大批量生产。① 该模式采用比较多的一般是加工制造业企业，主要结合市场上需求方的订单制订企业的制造计划，原料采购、生产技术、服务流程等都按照主导企业需求提供配套产品及服务。

3. 产业集群化发展模式

东北地区制造业的比较优势是一种典型的集群经济。侯志茹将东北地区产业集群发展模式概括为原发型集群模式、主导企业链条型集群模式、园区板块型集群模式。② 区域制造业发展水平向"高、精、尖、新"方面密集化的趋势演进，通过技术创新来替代人力，提高企业生产的机械化水平。集群内部通常以大企业为核心，具有显著的地域相关性与本地根植性。依据"钻石"模型可将装备制造企业集群归纳为两种基本模式：以价值链分工为主导的产业集群模式和以整个价值链的竞争互补为主导的产业集群模式。装备制造业的产品复杂、集成度较高、技术含量高，核心制造企业规模优势明显，固定资产存量很大，生产系统复杂，而配套企业在单件产品的生产上具有一定的规模或技术优势。在以竞争互补为主导的产业集群中，制造企业之间是"竞争－合作"关系。③ 加强国有企业、民营企业、外资企业的交流，扩大省际经济合作，形成合力和优势互补，借助外力加快转型。产业集群是符合东北经济与社会发展特征的重要制造业发展模式，有利于利用集群内部的辅助产业和相关配套服务，获得协同经济效益。

4. 国际化导向发展模式

制造业国际化发展模式是制造业企业通过与国外企业进行合作，或者在国外设立分公司，以开发利用国际市场，形成具有国际竞争力的制造业发展模式，包括海外直接投资、海外品牌兼并与收购、贴牌生产、以"研发能力"为基础的全球化战略等主要模式。规模化与分工协作的不断发展是现代制造业发展的主流，扩大开放是增强制造业发展活力的重要途径。东北地区制造业企业要坚持全方位对外开放，多元化开辟国际市场，弥补

---

① 高峰、谭卫东：《制造业的革命——大规模定制生产》，《商业研究》2000 年第 6 期，第 136～137 页。

② 侯志茹：《东北地区产业集群发展动力机制研究》，东北师范大学博士学位论文，2007，第 137～141 页。

③ 王国跃、李海海：《我国装备制造业产业集群发展模式及对策》，《经济纵横》2008 年第 12 期，第 71～73 页。

本地区资源的不足。如远大国际铝业集团是以建筑幕墙、集成门窗、电梯制造、机电装备、环境工程和工业涂装为主导产业的大型国际化企业集团，以中国远大为依托，坚持以质取胜的经营理念实现了全球业务资源的整合和销售服务网络的辐射功能，开辟了以美国、日本为中心的高端市场，产品行销全球 130 个国家和地区。

5. 循环经济型发展模式

东北地区制造业企业综合实力比较雄厚，从企业成本和经济效益核算角度衡量，运用先进的生态环保技术，结合循环经济发展系统的运作机理，以"减量化、再利用、资源化"为原则，正确处理好资源、产品、废弃物之间的辩证关系。积极从环境承载能力与企业长远发展角度来进行权衡，尤其是在政府强有力的污染规制方面，部分企业是主动引入循环经济型制造业发展模式的，部分企业是被动接受的。循环经济型制造业发展模式的基本要求是资源消耗少、环境污染为零或最小、成本水平低、科技含量高、经济效益和生态效益好，以实现"低消耗、低排放、高效率"为目标。

三 发展模式的现行特征

1. 政府部门推动

由于东北地区经济多年来受计划经济的影响，经历了"一五""二五"时期后，东北地区制造业中国有经济仍占绝对优势，借助中央振兴政策的推动，积极出台振兴制造业的配套政策及支持项目，在招商引资、技术吸收、战略制定、转型发展等方面对东北制造业的发展起到了积极作用。国务院不失时机地先后批准将《辽宁沿海经济带发展规划》和《长吉图开发开放先导区发展规划》列入"国家发展战略"，同时又颁布了《关于进一步实施东北地区等老工业基地振兴战略的若干意见》，极大地带动了工业经济的快速企稳回升，为东北地区制造业发展模式转型调整注入了强大动力。同时，东北地区制造业发展模式的形成也是服务于国家和地区经济发展战略的产物。如从新中国成立初期的技术上仿制外国，但外形体现中国特色的老红旗，到如今在政府的积极扶持下，自主品牌逐渐崛起，技术上合作开发的一汽大众。改革开放给"红旗"重新进入市场带来机会，一汽通过完善质量重新开始"红旗"的研发和生产，自主品牌"红旗"已具备冲击我国中高端公务车市场的能力，深刻反映出东北汽车制造业的发展历程。

2. 国有企业为主导的重工业化

东北地区是新中国的老工业基地，受历史演进、国家发展战略、计划经济体制等因素的影响，以及地区经济、政治、文化等多重因素的叠加，面临国有经济的比重特"大"、重工业特"重"、历史包袱特"沉"等经济重负。在东北三省的工业结构中，重工业占的比重高达80%以上，具有鲜明的东北区域性特色。从空间布局看，呈"T"字形倒三角分布态势，底端经济综合发展能力强的地级市较多。① 重化工业产品收入弹性高，随着经济社会的快速发展，重化工业发展迅速，发挥出较强的前向关联和后向关联效应，促使其他工业部门的增长加速。② 东北地区作为我国重要的工业基地，拥有强大的重工装备制造集群，属于重工业早熟畸形发展模式。

"三群一带"是指辽中城市群、吉中城市群、东北北部城市群以及沿海城市带。自20世纪80年代以来，由于地区产业外向化程度比较低、体制转换缓慢、产业结构重化工比例较大、技术设备老化等原因，再加上国有经济及与之相适应的以行政手段配置资源的力量过于强大，东北地区已成为我国的"老工业区"，迫切需要实施针对老工业基地经济复兴的振兴战略。近年来，由于重化工业生产经营环境改善，东北地区以重化工业为主的工业结构并未发生实质性的变化。国家经济战略布局和东北地区的资源禀赋决定了东北地区的重工业偏重，重工业产值占工业总产值比重高，而轻工业偏轻。2008年全国轻重工业的比重为28.7∶71.3，轻重工业产值的比例为0.40，但东北地区仅为0.27。以上数据分析，可以看出东北地区工业化是在轻工业发展没有积累好足够的基础时，而提前发展重化工业的畸形发展模式，产业发展不配套，第二产业中装备制造业发展快、比重大，第三产业发展相对薄弱，工业结构中重工业比重大（见表3－4）③，这充分说明东北地区工业经济重工业的发展仍为主导。

---

① 刘艳军、李诚固、董会和、李如生：《东北地区产业结构演变的城市化响应：过程、机制与趋势》，《经济地理》2007年第5期，第433~437页。

② 殷醒民：《制造业结构的转型与经济发展：中国1978—1998年制造业的内部结构的调整》，复旦大学出版社，1999，第65页。

③ 冯岩：《东北地区工业化道路和"再工业化"方向研究》，吉林大学博士学位论文，2010，第60页。

表 3-4　东北三省轻重工业产值比

工业类型	2006 年	2007 年	2008 年
轻工业	18.6（%）	19.6（%）	20.9（%）
重工业	81.4（%）	80.4（%）	79.1（%）
轻重比	0.23	0.24	0.26

3. 资源依赖度较高

东北地区拥有丰富的铁矿石、森林、煤炭等资源，制造业以资源初级加工为主，过分强调制造环节，以重型装备制造业、化工业、汽车制造业、船舶制造业等资源密集型、资本密集型企业为主，导致环境透支、资源过度开采、碳排放量过多。黑龙江省是典型的"资源型经济"。2010 年中国人均 GDP 首次接近 4000 美元，按照国际标准，人均 GDP 达到 3000 美元以上，便开始进入工业化中后期。经历了 30 多年的快速发展，东北地区形成了依靠资源和劳动力的高投入、高能耗、高污染、低效益的"三高一低"粗放型发展模式，同时也消耗了大量自然生态资源，尤其是东北地区长期片面发展重工业，依靠投入扩大再生产，大量透支资源，造成了严重的环境污染。东北地区制造业发展模式以发展资源密集型产业为主，偏低的资源价格和低廉的环境成本是高耗能、高污染产业迅猛发展的"温床"，面临资源开发的瓶颈，快速增长的动态结构必然伴随着严重的缺陷——高脆弱性、低稳定性和不可持续性。虽然也经历了速度、结构、效益的周期性调整，但其发展模式仍难以摆脱高投入、高消耗、高污染、低附加值的粗放型色彩。钢铁等资源依赖型制造企业因高耗能、高污染、大量消耗不可再生资源而饱受诟病。尤其在近年来产能过剩严重、价格持续低迷的形势下，资源型制造业如何实现可持续发展是东北地区面临的一大难题。

4. 受计划经济体制影响较深

由于受计划经济体制影响较深，东北地区体制改革的进展迟缓，制造业发展缺乏应有的活力。由于传统体制及观念的滞后性，东北地区相应的政策、措施落实不到位或不配套，制造业发展缓慢，始终是"戴着镣铐跳舞"，其应有的潜力难以发挥。世界经济正在走出衰退缓慢复苏，而制造业始终是一个国家和地区经济发展的基础和支柱产业，要充分考虑从这一时代背景出发探寻新的发展道路。东北地区制造业发展模式的形成与调整都是在经济社会发展、变化和体制改革的过程中循序渐进地开展的，不同历史阶段的发展模式具有相对稳定性。

5. 呈现"橄榄形"发展格局

东北地区是国家的主要装备制造基地，制造业涉及不同的行业、不同性质的企业以及不同成长阶段，因而制造业发展模式体现出多样性的特征。装备制造业企业之间的竞争除了成本价格的竞争以外，最主要的是性能、质量、营销、品牌等各方面差异的竞争。笔者通过暑期深入东北制造业企业较为集中的相关地区调研发现，制造业企业在发展模式、人才引进、技术研发、资金融通、治理结构、产品营销、信誉保障、企业文化等方面的发展状况存在较大差异。如在企业发展模式上，选择专一模式或特色模式的企业多，选择联盟模式的少；劳动密集型企业多，资本密集型、技术密集型、知识密集型企业少；以国内市场为主（占总销售额的80%）兼顾国外市场（占总销售额的20%）的较少；多数企业会因产能过剩、恶性竞争、发现新的市场机会而考虑转型，一般会选择主业不变而进入新行业，选择彻底转变主营业务的企业相对较少。另外，订单式生产的制造业企业居多，缺乏单独的研发部门；个别企业生产的产品由于某些既得利益集团的干预使得节能降耗的好产品难以推广到市场，这既损害了企业利益，又难以保证让老百姓得到实惠。制造业发展模式的形成和转型不能一蹴而就，是一个渐进性的过程。"橄榄形"格局形象地说明了东北地区制造业发展模式的总体运营特征，沿着技术开发—生产—市场营销的结构无限膨胀，对研发和营销的投入少，对生产部分的投入多，集中绝大部分精力发展加工生产，抓住制造环节，而忽视了研发（产品科技创新、款式设计等）和营销（营销渠道、品牌塑造等）环节。

第三节　转型的动力机制

所谓动力，即推动事物运动与发展的力量，动力机制实质上就是利益机制，利益是推动制造业发展模式转型的最根本的因素。马克思认为，追求利益是人类一切社会活动的动因，"人们奋斗所争取的一切，都同他们的利益有关"。① "把人和社会连接起来的唯一纽带是天然的必然性，是需要和私人利益。"② 东北地区是当前国家经济发展中极具潜力的地区，土地面积占全国的1/7，有1亿多人口，东北地区在能源资源、环境承载、产业基础、科教人才等领域支撑能力显著，发展空间和潜力巨大。东北地区制造业是在中国市场经济飞速发展和世界制造业快速调整的时代潮流下求发展的，发展模式转型在很大程度上是基于自身发展需要而为之。纵观产业发展历程可知，制造业传统优势如区位条件、资源禀赋等发挥的作用日趋弱化，而信息技术的发展、市场需求结构的变化、企业家的创新精神、区域经济梯度转移效应的影响力日益凸显等新的关键因素，逐步驱动制造业发展模式的转型。

一　信息技术的发展

随着经济全球化和信息技术的发展，金融危机后国际资本"风险溢价"③降低，高新技术外溢④加快。据有关资料分析：R&D投入占销售额的1%的企业难以生存，R&D投入占销售额的2%的企业可以勉强维持，R&D投入占销售额的5%及以上的企业才有竞争力。目前发达国家R&D投入强度一般在5%至15%之间。⑤ 通过调查发现，辽宁省装备制造企业2003年R&D经费投入强度（R&D经费支出与销售收入的比例）平均为1.8%。整个东北地区制造业的R&D投入甚至更低，技术创新的扩散效应有待加强。在当前的形势下，制造业的发展已进入"技术为王"的时代，现代工业从来不把某一生产过程的现存形式看成合作的最后形式。因此，现代工业的技术基础是革命的，而所有以往的生产方式的技术基础本质上是保守的。随着生产的技术基础发生变革，现代工业通过机器、化学过程和其他方式使工人的职能和劳动过程不断地结合。这样，它也同样不断地使社会内部的分工发生革命，不断地把大量资本和大批工人从一个生产部门引向另一个生产部门。

---

① 《马克思恩格斯全集》第1卷，人民出版社，1956，第82页。
② 《马克思恩格斯全集》第1卷，人民出版社，1956，第439页。
③ 风险溢价即确定的收入与冒风险获得较高的报酬之间的差，风险与风险溢价成正相关关系。
④ 技术外溢是指外商投资、跨国贸易等对东道国相关产业或企业及上下游关联企业的技术创新产生的示范、刺激、推动、援助与带动效应。
⑤ 李京文：《全球化背景下的中国制造业发展战略研究》，中国财政经济出版社，2007，第207页。

因此，大工业的本性决定了劳动的变换、职能的变动和工人的全面流动性。[1] 信息化是提升我国制造业国际竞争力的重要支撑，以信息化带动工业化，改造和提高制造业信息化水平和系统集成能力，大大拓展制造业发展的广度和深度，通过技术结构的变化推动产业结构升级，从而推动东北地区制造业发展模式的转型。

二　市场需求的拉动

在传统计划经济体制下，东北地区制造业发展缺乏动力，尤其是装备制造业生产效率低下。市场机制主导地位确立之后，制造业发展空前强劲。随着经济的发展、人均收入水平的提高以及消费结构的不断变化和升级，市场需求从最初的生存性需求逐渐向发展型与享受型需求拓展。居民在舒适品和奢侈品上的支出比例逐渐上升，而这些基本上要依靠高端制造业和服务业生产来实现。可用产业需求收入弹性公式来说明，产业需求弹性即随着居民人均收入的变动所引起的某一产业产品需求量变动的比例。[2] 经济运行的市场化改革意味着制造业企业任何一种产品或要素的交易活动逐渐从政府主导转化为市场协调配置资源，通过外商直接投资和进出口不断改进技术，推动制造业产业结构升级。

$$Em = \frac{\left(\frac{\Delta Q}{Q}\right)}{\left(\frac{\Delta Y}{Y}\right)} = \left(\frac{\Delta Q}{\Delta Y}\right) \times \left(\frac{Q}{Y}\right) \tag{3.1}$$

Em 代表产业需求收入弹性的弹性系数，Em 一般为正值。当 $0 < Em < 1$ 时，表示市场发展型需求引起生产正常商品的设备大量增加；当 $Em > 1$ 时，表示享受型需求引起生产舒适品和奢侈品的设备大量增加。由于高储蓄、高投资、高出口、低消费、高增长的发展模式在我国已经持续了近 20 年，一旦中国的工业化、城市化基本完成，一旦中国的人口红利消失，中国经济必将转入新的发展阶段。进入 21 世纪，制造业传统的以数量扩张型为主的粗放型发展模式越来越不符合社会发展的要求，所生产的产品也越来越

---

① 〔德〕马克思：《资本论》第 1 卷，中央编译局译，人民出版社，2004，第 560 页。
② 王福君：《区域比较优势与辽宁装备制造业升级研究》，中国经济出版社，2010，第 59 页。

难以被消费者所接受。因此，在当前东北地区制造业发展的实践中，哪些发展路径应该弘扬、哪些发展路径应该舍弃、哪些发展模式应该发展创新，判断的标准在于是否符合科学性的原则。制造业发展的科学性原则主要体现为正确处理好资源、环境、顾客满意度与企业利润之间的关系。需求的变动包括需求量的扩张、需求内涵的日益丰富和需求结构的不断升级，驱动着制造业发展模式的转型。随着需求结构由数量满足型向质量体验型转变，制造业在调整结构的同时需要努力实现发展模式的转型。

三 企业家的创新精神

东北制造业振兴是一项系统工程，需要制造业企业全面实现创新。约瑟夫 A. 熊彼特认为，创新就是"建立一种新的生产函数"，即把一种从来没有过的关于生产要素和生产条件的"新组合"引入生产体系中去。熊彼特强调经济发展的主体是企业家，把企业家看作"创新"、生产要素"新组合"以及"经济发展"的主要组织者和推动者。企业家精神主要体现在五个方面：企业家的首创精神，企业家的成功欲望，企业家甘冒风险、以苦为乐的精神，企业家的精明、理智和敏捷，企业家的事业心。[①] 总体而言，创新突出体现在首次被引入商业贸易活动中的那些新产品、新工艺、新制度或新设备。经济学家的研究证明：富国与穷国的主要区别在于资源配置方式不同。而任何一个国家最稀缺、最宝贵的资源都是企业家才能[②]，特别是企业家的创新精神。东北地区工业化已进入中后期，因此，工业化和城市化并举并逐步向城市化为主导转移是未来经济发展的方向。城市化的投资重点应从经济类基础设施向经济类和社会类基础设施并重转变，并最终转到以社会类基础设施为主的路径上。在市场供求、价格和竞争机制的作用下，企业之间、行业之间追求技术进步和产品创新的热情高涨，造就了一批具有全球视野、适应现代市场竞争环境的知名企业家。2016 年 1 月 1日，沈阳市首次评选表彰十位"功勋企业家"，荣获沈阳市"功勋企业家"称号的包括东软集团股份有限公司董事长刘积仁，沈阳鼓风机集团股份有

---

① 张培刚、张建华：《发展经济学》，北京大学出版社，2009，第 244 页。
② 张维迎：《什么推动中国经济高增长》，《企业家天地》2007 年第 12 期，第 32～33 页。

限公司董事长苏永强，沈阳机床（集团）有限责任公司董事长、党委书记关锡友，沈阳新松机器人自动化股份有限公司总裁曲道奎，盛京银行股份有限公司董事长、党委书记张玉坤，沈阳远大企业集团董事长康宝华，中国辉山乳业控股有限公司董事局主席兼首席执行官杨凯，特变电工沈阳变压器集团有限公司董事长叶军，北方重工集团有限公司董事长、党委书记耿洪臣，中兴－沈阳商业大厦（集团）股份有限公司董事长、总经理刘芝旭。① 辽宁省委副书记、沈阳市委书记曾维指出："面对振兴发展的新形势、新要求，要看到企业是推动沈阳创新改革的核心力量，表彰功勋企业家有助于进一步弘扬创造、创新、奉献、责任的企业家精神，积极营造尊重、爱护企业家，主动为企业经营发展服务的社会氛围。"随着社会分工的不断细化，新行业、新业态不断出现，知识型、科技型、创新型企业家越来越多，企业家创新精神在制造业企业生产经营过程中创造出更大的价值，大大提高了资源配置效率，推动了制造业发展模式的革命性转型。

四　振兴东北的政策扶持

自 2003 年党中央做出实施东北地区等老工业基地振兴战略的重大决策以来，10 多年时间，东北地区经济实现了较快增长，老工业基地改造收到了明显成效。党中央、国务院出台的一系列针对性极强的支持政策和战略举措，为东北地区内在潜力的有效释放和迸发创造了极其重要的软环境。政府的产业政策导向对资金进入制造业领域、新技术的运用和制造业产业标准的提升都起到了十分重要的作用。2003 年国务院《关于实施东北地区等老工业基地振兴战略的若干意见》的下发，拉开了东北振兴的序幕。以国有企业改革为重点的体制机制创新取得重大突破，多种所有制经济蓬勃发展，经济结构进一步优化，自主创新能力显著提升。实践证明，中央实施振兴东北地区等老工业基地战略的决策是及时的、正确的。2009 年国务院批准《辽宁沿海经济带发展规划》等地区规划上升为国家战略，2009 年9 月国务院再次发布了《关于进一步实施东北地区等老工业基地振兴战略的若干意见》，为全面推进东北老工业基地振兴提出了 28 条意见。产业振兴

---

① 刘勇、毕玉才：《沈阳市首次评选表彰"功勋企业家"》，《光明日报》2016 年 1 月 2 日。

政策涉及固定资产折旧、所得税减免、再投资退税、税项扣除、科研开发费用扣除等方面。同时，在国家立项的重点工程及重点项目中，政府将优先采购国内较为成熟的专用设备，从重点工程的设备需求来看，冶金装备、高端机床及复合加工中心等的受益程度较为明显。国务院近年来通过的装备制造业调整振兴规划为财税、信贷、风险补偿等提供了若干政策支持，为东北地区制造业发展模式转型奠定了良好的基础。2014年8月8日，国务院下发了《关于近期支持东北振兴若干重大政策举措的意见》，提出支持东北地区开展工业化与信息化融合发展试点，用信息技术改造提升制造业。2015年12月30日，中共中央政治局召开会议审议通过《关于全面振兴东北地区等老工业基地的若干意见》，提出争取再用10年左右的时间，将东北地区打造成全国重要的经济支撑带，具有国际竞争力的先进装备制造业基地和重大技术装备战略基地。这不仅是推进东北地区等老工业基地全面振兴的迫切现实要求，也是实现区域经济社会协调发展的重大战略举措。

五　区域经济梯度发展效应

东北老工业基地毗邻俄罗斯、韩国、日本等国，现阶段这些国家正在推进产业调整，目标转移主要锁定在中国。东北老工业基地具备空间开发、产业配套能力、科技研发等优势，将成为承接产业辐射的节点。东北振兴要与其他的经济区密切合作，和国内外先进发达地区结合起来，用外力加速东北老工业基地振兴。只要将东北的沿海沿边优势和腹地的巨大产业优势充分发挥出来，东北老工业基地的全面振兴必将打开新局面，迎来新一轮的发展高峰。随着区域间竞争日趋激烈，区域工业结构趋同可能会导致地区之间不能按比较优势进行合理分工，不同地区间的制造业受危机影响程度不同，复苏的势头也有很大差别。国际装备制造业转移呈现五大趋势：跨国公司成为国际装备制造业转移的主体，高新技术装备制造业成为转移的重点领域，兼并、收购成为转移的重要形式，中国成为接受转移的重要国家，产业内价值链分解逐渐取代传统的产业间分工。① 相对于东南沿海地

---

① 王福君：《区域比较优势与辽宁装备制造业升级研究》，中国经济出版社，2010，第49~50页。

区，东北地区的发展步伐滞后。2008 年，从广东、吉林两省的工业总产值和重工业占本省 GDP 比重看，广东省重工业比重为 59.3%，吉林省高达74.4%，两省均进入以重工业为主导的增长周期（见表 3 - 5）。东北地区制造业仍处于世界制造业产业链的中下游，出口的大多数是技术含量低、单价低、附加值低的"三低"产品，却大量进口高技术含量、高附加值和高价格的"三高"产品。东北三省共同面临传统体制僵化、产业结构老化、国企包袱沉重、国有资产闲置、人才外流、地区整体经济衰退等一系列问题，高新技术产业发展较慢。外向型经济发展使得东南沿海地区与东北地区在招商引资等方面展开激烈竞争，产业体系的要素特征也由前一阶段的劳动、资源密集型向资金、技术密集型过渡。① 现阶段，东北地区不失时机地转变制造业发展模式，积极吸引和承接多种形式的产业扩散，特别是吸纳东南沿海地区富有创新活力的资本扩散，是提升地区经济总体实力的迫切需要。

表 3 - 5　广东省和吉林省三次产业结构（2008 年）

单位：亿元，%

产值比较	广东省		吉林省	
	指标	比重	指标	比重
地区生产总值	35696.46		6424.06	
第一产业	1970.23	5.5	916.70	14.3
第二产业	18402.64	51.6	3064.63	47.7
工业	15272.84	42.8	2491.28	38.8
轻工业	6212.16	40.7	638.58	25.6
重工业	9060.68	59.3	1852.69	74.4
第三产业	15323.59	42.9	2442.73	38.0

资料来源：广东省统计局，吉林省统计局统计公报。

第四节　运作趋向

随着经济全球化的进一步推进，国际经济竞争的焦点已经从产品制造

---

① 刘洋、金凤君：《东北地区产业结构演变的历史路径与机理》，《经济地理》2009 年第 3 期，第 431 ~ 436 页。

转移到国家或企业的研究与开发创新能力上，世界装备制造业发展呈现分工全球化、产业集群化、制造信息化和服务网络化的新趋势。[①] 近年来，随着全球经济一体化进程的不断加快，网络技术和电子商务的广泛应用，人类已从工业经济时代跨入了知识经济时代。根据国际经验，一个国家的服务业占国民经济的比重达到75%，即标志着实现工业化。2016年，我国服务业占国民经济的比重达到51.6%，工业化进程仍将为未来经济增长提供动力。"十三五"规划纲要提出，改造提升制造业，发展先进装备制造业，支持企业技术改造，增强新产品开发能力和品牌创建能力，增强产业配套能力，淘汰落后产能，促进制造业由大变强。

一 专业化分工协作不断加强

从演进阶段来看，当前我国的工业化已经进入中后期，进入知识技术密集型重化工业与生产性服务业交融发展的阶段，东北地区经济社会发展正处在"黄金期"，同时也是从传统产业向现代产业转型的关键时期。随着经济发展逐步呈现重工业化、高加工化、高技术化、高知识化的趋势，在科技进步和市场机制的作用下，国家之间、地区之间经济相互渗透、相互依赖和相互作用的趋势日益明显，制造业组织结构体系越来越复杂和多样化，形成了许多中小制造业企业集群，直接的生产制造环节越来越被低端化，价值链高端逐渐向产前、产后转移。产业结构的长期演进趋势不是由第一产业向第二产业再向第三产业迭次为主的一次过程，而是在第一产业比重长期下降的同时，第二产业比重呈现多次由低到高再低的循环发展过程，第三产业也呈现多次由高到低再高的循环发展过程。[②] 在经济社会不断转型和全球金融危机的影响下，产业升级和增长方式的转变意义重大。当前，随着制造业企业成本的大幅度上升，信息技术的发展改变了传统制造业的生产手段，专业化经营部门大量涌现，在制造业领域专业化分工协作不断增强。东北地区依托装备制造业整机制造能力强的优势，制造业的发

---

① 刘平：《中国装备制造业国际竞争力研究》，中国财政经济出版社，2006，第28~29、53~58页。
② 赵儒煜：《"后工业化"理论与经济增长：基于产业结构视角的分析》，《社会科学战线》2013年第4期，第46~60页。

展不断呈现出服务化趋向，从制造业分离、服务型制造、服务业转移、制造业转移等方面，推进经济转型升级。民营制造业企业在某一专业化分工领域与大型企业开展合作谋求新的发展空间，也在经历危机后的痛苦转型。制造业生产产品的工艺流程不断优化，分工更加精细，这迫切需要提供全方位、综合性、全程的现代营销网络组织，满足东北地区制造企业生产中所需的多种专业服务。

二　制造业战略联盟开始涌现

任何地区的制造业发展都不能完全建立在资源消耗和低劳动力成本的比较优势之上，必须以动态的技术变迁和产业升级为基础，否则这种发展就会失去应有的意义。由于信息技术的推动，从 20 世纪八九十年代开始，国际制造业由实体制造向虚拟制造转变，信息化、虚拟化趋势显著。现代制造技术正朝着自动化、智能化、柔性化、集成化、精密化、微型化、清洁化、艺术化、个性化、高效化方向发展，逐步形成高效率、柔性化的先进智能制造系统。[1] 电子商务在一定程度上对制造业企业各环节产生了革命性的影响，它运用 Internet 来拓展要素市场和消费市场，采购原材料以及销售成品或服务采取全新交易模式，大大减少了流通环节并降低了交易成本。激烈的国际竞争和科学技术的飞速发展，各种智能化的生产设备和先进的管理系统集成促进制造业战略联盟开始涌现，借助与联盟内企业的合作，实现资源共享、信息交换、承接外包等交互式合作，获取本企业缺乏的技术、信息和知识，获得规模经济的同时分担风险与成本，并创造制造业企业间协同创造效应，提升了企业整体竞争力和经济效益。制造业战略联盟的兴起也是东北地区制造业发展模式的运作趋向之一。

三　绿色低碳理念已成共识

绿色发展和可持续发展是当今世界的时代潮流，生态文明概念的提出是对工业文明的深刻反思，又称为绿色文明或环境文明，有力地推动着人

---

[1]　张明龙：《中国制造业发展模式转型研究》，《学习与实践》2008 年第 7 期，第 49～53 页。

类传统思维方式及生产、生活方式的变革与转型。[①] 可持续发展经济学将世界分成经济、社会、生态三维系统，经济发展目标主要包括小康、和谐与两型社会（即十六届五中全会提出的"资源节约型"与"环境友好型"社会）。目前，我国仍处于重化工产业阶段，产业结构调整任务依然艰巨，高能耗、高污染的产业所占的比重还比较大，产能过剩问题依然没有得到解决。结合东北地区制造业发展绿色低碳经济的 SWOT 分析框架（见表 3 - 6）来看，作为一种新经济业态，蓬勃发展的绿色低碳产业正改变着"东北制造"昔日"傻大黑粗"的形象，同时，世界绿色低碳产业的快速发展为东北地区制造业发展模式转型提供了新的契机。

表 3 - 6　东北地区制造业发展绿色低碳经济的 SWOT 分析框架

	优势（S）	劣势（W）
	●新能源、新材料等新型低碳产业快速兴起 ●以资源、劳动密集型为主的传统制造业逐步向技术、资本密集型产业转型 ●节能减排已得阶段性成效	●产业结构调整成效不高，升级转型需要较长时间 ●能源消耗增速较快，消费结构有待优化 ●技术创新能力整体有待提升
机会（O）	●发展低碳经济成为东北地区制造业可持续发展的趋势 ●政府陆续出台一系列鼓励和推进低碳经济发展的优惠政策和措施	
威胁（T）	●东北地区节能减排形势依然严峻 ●科技创新型高层次人才相对稀缺 ●单一追求 GDP 增长的绩效考核阻碍低碳经济的发展	

　　早在 2005 年温家宝在政府工作报告中就明确提出中国要大力发展循环经济。2011 年，全球回归制造业，全球化、高科技化、信息化、服务化、集聚化、绿色化是制造业未来的发展趋势。就数控机床来看，其经历了数字控制、直接数字控制、计算机控制，到如今开始发展虚拟机床和绿色机床等。东北地区节能减排等政策法规成效逐步凸显，从资源消耗型经济向资源节约型经济转变，今后的发展必须将节能减排、低碳环保技术引入企业的生产经营活动中，通过节约能源、保护环境为实现制造业的可持续发展奠定基础。在自然灾害频发和高碳排放时期，实现制造业生产的低碳化

---

① 郭强：《新发展方式研究》，中国时代经济出版社，2010，第 114 页。

发展已成各方共识。在"后金融危机"时代，碳排放量不仅成为衡量人类社会经济发展方式的新标识，而且也正在成为经济全球化时代发达国家新的"绿色壁垒"。实施绿色制造已成为东北地区制造业企业实现可持续发展的关键，同时需要解决好绿色制造战略实施的动力机制、激励机制、知识管理、废物回收再利用等一系列关键性问题。发展低碳经济与东北地区制造业发展模式转型、调整产业结构、降低资源和能源消耗和实现可持续发展的目标具有一致性。制造业的绿色低碳化是东北地区制造业发展的大势所趋，绿色制造是以保护环境、合理利用资源为目的的现代制造模式，绿色制造促成了循环型生产理论的发展。2015年3月24日，中央政治局会议审议通过《关于加快推进生态文明建设的意见》，将"新四化"的概念提升为"协同推进新型工业化、城镇化、信息化、农业现代化和绿色化"，"绿色化"概念首次上升至国家战略层面。十八届五中全会提出绿色发展的理念，也是要逐步探索出一条不同于发达国家传统工业生产模式的新发展道路。东北地区在推进工业化进程中要充分利用现代技术，对传统制造业进行生态化改造。

四　开放式创新系统正在形成

党的十九大报告指出，我国经济已由高速增长阶段转向高质量发展阶段，正处在转变发展方式、优化经济结构、转换增长动力的攻关期，必须坚持质量第一、效益优先原则，以供给侧结构性改革为主线，推动经济发展质量变革、效率变革、动力变革，提高全要素生产率，着力加快建设实体经济、科技创新、现代金融、人力资源协同发展的产业体系。[1] 随着知识经济的迅速兴起，世界经济进入创新密集时代，与制造环节密切相关的流程管理、供应链管理越来越重要，而这与知识创新密切相关。制造业是一个大国永远不能消亡也不该衰落的产业，否则，将失去技术创新的载体，导致整个国家失去竞争力。因此，向现代体系转型升级，绝不是放弃传统工业而另搞一个标新立异的产业体系，而是坚持走新型工业化道路，形成

---

[1]　习近平：《决胜全面建成小康社会，夺取新时代中国特色社会主义伟大胜利——在中国共产党第十九次全国代表大会上的报告》，人民出版社，2017，第30页。

体现新型工业化性质的产业体系。① 在中国经济进入新常态的背景下，中国制造开始努力转型升级，已经有越来越多的中国制造企业瞄准了全球市场。信息技术的广泛应用推动了制造过程中隐性知识的显性化，"高精尖细"的"智造"水平越来越显示出良好的市场竞争力。随着工业化、城镇化的不断发展，当一个企业应用信息技术进入成熟期时，需要将各个独立运行的系统连接到一起，而真正意义上的区域经济是以开放式创新系统和产业关联度作为基本条件的。经济全球化的出现使得制造业出现了生产全球化、消费全球化、服务全球化和研发全球化的趋势。我国的制造业整体还处于产业链的较低端，随着振兴战略的实施，东北地区制造业的发展对新技术、新产品研发和创新有更大的需求，产学研合作显得尤为重要。制造业企业在发展过程中更加注重产品的技术含量，掌握相关产品的关键制造技术，提高产品竞争力。2011 年 11 月，辽宁省作为试点面向中小企业主推出高等教育培训项目，开设中小企业经营管理自考专业并颁发中小企业经理人证书，采用"岗、课、证相融通，教、学、用一体化"的新型人才培养模式，将中小企业管理者培养成实用型复合人才，促进中小企业尤其是中小制造业企业持续、健康发展。

---

① 金碚：《国运制造：改天换地的中国工业化》，中国社会科学出版社，2013，第 373 页。

第四章　东北地区制造业发展模式的现状透视

东北地区是在计划经济体制下建立起来的经济协作区域，是一个比较完整的经济地域单元，已成为产业内在关联度较高的区域。一种模式的优势也往往会变成该模式的致命缺陷，东北地区制造业在改革开放后遭遇了日趋严峻的挑战，随着市场经济的逐步确立和完善，区域内部产业结构不断优化，经济合作得到进一步加强与整合，整个东北地区的经济实力与竞争力得到不断优化和提升，但制造业发展模式仍然存在不容忽视的问题，亟待调整改进。结合 SWOT 分析框架（见表 4-1），进一步探讨东北地区制造业发展模式存在的问题及原因，以探寻发展模式转型的机遇和优势。

表 4-1　东北地区制造业 SWOT 分析框架

		优势（S）	劣势（W）
		• 政府配合 • 实体支撑 • 科教人才 • 基础设施 • 区位优势	• 后发地位 • 制度瓶颈 • 创新困境 • 管理水平 • 对外开放 • 生态环境
机会（O）		• 全球"危"中有"机" • 国际产业转移 • 振兴战略机遇	
威胁（T）		• 体制性障碍 • 国内竞争 • 国外竞争	

第一节 存在的问题

东北地区整体与俄、日、韩相邻，有着雄厚的制造业基础，东北相应成为功能相对完整的经济区。改革开放以来，东北地区制造业面临结构性调整成效不高、技术创新动力不足、资源环境透支过度、国有企业比重过高、民营经济发展相对缓慢、区域竞争能力不强等问题。东北地区拥有得天独厚的自然资源以及与之相匹配的先天地域优势，在国家振兴东北老工业基地战略的大力支持下，东北地区经过多年发展已经成为我国重要的装备制造业产业基地。东北地区拥有大量的高素质技术工人和科研机构，生产的产品行销世界各地，制造业的整体实力正在快速提升。但东北地区由于形成了资源依赖型、粗放增长型发展模式，制造业发展后劲略显不足。同时，制造业生产集中度低、发展模式粗放、环境成本过高、产品技术水平低、创新能力弱、产品附加值低等突出问题制约着东北地区制造业的转型升级进程。东北地区制造业产生这些问题的原因是多方面的，包括经济政策、思想意识、经济运行机制和管理体制等，而科学分析东北地区制造业现行模式存在的问题是有效解决东北问题的关键。21世纪以来，东北地区制造业发展模式进入了一个新的嬗变期，遇到了新的问题和发展阻力，面临新的挑战和考验，体制性、结构性等深层次矛盾有待进一步解决。

一 结构性调整成效不高

尽管我国经济已呈现出恢复性复苏的良好迹象，但经济企稳回升的态势尚不稳固，有较多不确定、不可持续因素，开始迈入后危机时代。在当今由金融危机引发的全球经济调整背景下，制约中小企业发展的问题尤其是融资难的问题依然突出，中小型生产企业的发展经营陷入了低谷甚至倒闭，举步维艰。特别是在后危机时代，全球经济结构从严重失衡过渡到逐渐均衡，经济发展正经历速度与结构、效益的周期性调整，结构性和体制性问题并存，主导产业趋同是东北地区经济发展缓慢的重要因素之一。东北地区是新中国工业的摇篮，"一五"时期的156个重点项目中58项在东北，逐步形成了以装备业为主的资本密集程度较高的产业结构。但是，制造业整体发展趋同现象日渐严重，分散化经营、产业低水平重复建设明显。东北制造业缺乏发达的产业分工体系，专业化协作程度低，特别是装备制造业中场产业规模较小，配套和支持产业发展滞后，传统资源型产业丧失比较优势。当前，东北地区制造业发展进入了工业化中后期加速发展阶段，经济结构过"重"，采掘业、重型制造业比重太大，由于"羊群效应"的存在，盲目效仿导致一些企业出现比例较高的产业同构现象。整个地区的经济发展基本靠工业来支撑，工业所占比重远远高于全国三次产业结构比例关系中的工业比重。[①] 如 1978 年辽宁为 70.9%，这差不多是世界上最高的比重，黑龙江为 61.0%，吉林为 52.4%，都不同程度地高于全国平均数（48.6%）。在工业结构中，重工业与矿产业（采掘业）比重高而增加值比例过低，是一种独特的比较畸形的工业结构。[②] 20 世纪 90 年代后半期到 21 世纪初制造业产品价格不断下降，生产能力迅速增强，消费增长比投资增长慢，必然导致生产过剩的时代提前到来，企业恶性竞争。不合理的产业结构使得原材料及初、中级产品多，产业链条短，存在传统资源型产业比重过高与地区资源面临枯竭的问题。改革开放以来，东北地区工业结构虽有变化但本质上还是传统工业模式，产业结构不合理和产能过剩是转变经济发展方式过程中的突出问题。在全球金融危机的影响和冲击下，产业结构不合理的程度更加凸显并日趋严重。具体表现为电器机械制造、通用设备制造等行业都存在不同程度的产能过剩和重复建设。

东北地区的制造业门类比较齐全，包括冶金、机器制造、石油化工、煤炭电力、建材轻纺、森林农牧等行业。在冶金工业中，既有黑色金属工业，又有有色金属工业；在机器制造业中，既有汽车、飞机、船舶、火车等交通设备制造，又有动力、机床、矿山设备等机械制造；在电力工业中，既有水电，又有火电；在石油工业中，既有原油开发，又有石油加工；在煤炭工业中，既有煤炭开采，又有炼焦化学工业；在化学工业中，既有基本化工原料生产，又有医药化学、日用化学等。

---

① 孙乃民、王守安：《东北经济区的内在联系与合作开发》，学习出版社，2005，第 67 页。
② 本书编写组：《振兴东北大视野：战略经纬》，中共中央党校出版社，2004，第 14 页。

首先，从钢铁工业来看，钢铁工业是东北地区的传统工业，也是最具优势的工业，其生产能力强，门类产品齐全，钢铁产量居全国前列。其中，鞍钢是东北钢铁工业的核心，是全国最大的铁矿区，被誉为中国的"钢都"；本溪是东北第二个钢铁冶炼中心，生产的铁以质量好、含磷低而闻名全国，是中国铸造生铁的重要基地。此外，还有齐齐哈尔、大连、抚顺的特殊优质钢生产厂，吉林铁合金厂，通化钢铁厂等企业。

其次，从有色金属冶炼工业来看，东北地区富含铜、铅、锌、铝、金、银等有色金属矿物资源，有色金属冶炼工业十分发达，主要有沈阳、抚顺、小兴安岭等大型有色金属开采、生产和冶炼基地。同时拥有世界最大的镁矿床——大石桥镁矿，以及全国最大的锦西杨杖子的钡矿。

再次，从机械制造工业来看，新中国成立后，东北地区重点发展机械制造业，形成了沈阳、大连、长春、哈尔滨、齐齐哈尔五大机械制造中心。其中，沈阳承担大型矿山机械、冶金设备、机床和轴承等机械生产，比较著名的有沈阳重型机器厂和第二机床厂；大连主要进行海洋船舶、机车车辆制造生产，特别是大连造船厂已经有一百多年的历史；长春是全国著名的汽车生产基地，有一汽、轻轨客车制造厂等大型汽车生产企业；哈尔滨则以动力机械制造闻名中外，建有三大动力机厂，如哈尔滨电机厂、哈尔滨汽轮机厂、哈尔滨锅炉厂，被誉为"动力之乡"；齐齐哈尔则是机床生产基地，主要从事大型机床设备生产，最具代表性的有第一、第二机床厂与第一重型机器厂。总体来看，东北的机械制造业属于东北最为发达的产业，其产值一直居于东北工业总产值的第一位。

最后，从能源工业来看，东北地区能源工业主要包括三大部分。一是煤炭工业。东北地区的煤炭资源极为丰富，分布广泛，且北部多于南部。辽宁省是重要的煤炭资源大省，其中沈阳、铁岭、抚顺、本溪等地都是煤炭盛产地区，是辽宁省主要的动力煤基地。煤炭品种多种多样，但焦煤产量占总产量的1/2左右，其余为长焰煤、褐煤和无烟煤。二是石油工业。东北地区一直是全国的能源基地，从20世纪50年代开始就为新中国建设提供了丰富的能源，到了60年代，大庆油田的成功开发，更加奠定了东北地区石油大区的地位。自此，中国石油工业发展揭开了新的一页，中国摘掉了

"贫油国的帽子"。东北的石油产量一直居全国首位，时至今日，东北地区满足了全国 2/5 的原油需求。三是电力工业。东北地区的电力工业以煤炭火力发电为主，其次为水力发电，还有少量的石油发电。早在 1908 年沈阳就出现了火力发电，而水电以 1943 年丰满水电站的建立为标志，至今已有 70 多年的历史。

产业结构不合理，是东北地区经济发展缓慢的重要因素之一。当前，制造业企业存在散、软、小的问题，由于市场监管环境宽松，需求旺盛，长期以来，制造业产业结构、企业布局结构不尽合理，盲目扩大规模、趋同性比较严重，产业低水平重复建设明显，市场化程度较低等结构性问题一直没有得到很好解决。但问题是繁荣掩盖了矛盾，耽误了经济转型。低端产品产能过剩，存在恶性竞争，而科技含量高、附加值大的产品相对短缺，产品核心技术开发能力不强。另外，行业之间、企业之间和产品之间的专业化分工协作水平低，使东北地区制造业规模效益差，难以满足买方市场条件下，用户对商品多品种、高质量、个性化、低成本、短交货期的需求。[①] 自振兴东北老工业基地战略实施以来，相关优惠政策和投入虽然大大促进了东北经济的发展，但并没有根本解决东北地区的工业技术装备老化、产业结构不合理问题。

另外，东北地区经济内部三次产业结构仍不合理。1978 年，东北经济区第一、二、三产业结构的比为 20 : 64.3 : 15.7，第二产业在地区生产总值中占主导，第三产业比重过小，产业结构极不合理。2007 年东北地区人均 GDP 为 2860 美元，三次产业比为 17.8 : 45.8 : 36.4，2008 年三次产业比为 12.4 : 52.3 : 35.3。由于城市化水平一直滞后于经济发展水平，第一产业基础薄弱，在 GDP 中的比重呈现持续下降的态势；第二产业内部结构失衡，重工业比例偏高，高技术产业发展不足；第三产业发展滞后，但处于缓慢上升的过程之中（见表 4 - 2）。2010 年各省统计公报显示，辽宁省生产总值中三次产业构成为 8.9 : 54 : 37.1，吉林省为 12.2 : 51.5 : 36.3，黑龙江省为 12.7 : 49.8 : 37.5，东北三省的产业结构仍然需要进一步调整。

---

① 徐充：《比较与借鉴：长、珠三角洲发展模式及东北经济振兴》，吉林人民出版社，2010，第 187 页。

表 4 – 2   1978 年、1992 年、2004 年、2007 年东北地区三次产业结构

单位：%

第一产业				第二产业				第三产业			
1978	1992	2004	2007	1978	1992	2004	2007	1978	1992	2004	2007
20	16.6	19.3	17.8	64.3	49.8	44.5	45.8	15.7	33.6	36.2	36.4

资料来源：国家统计局相关年份统计公报。

产业结构存在深层次的矛盾，其中之一是外需增速出现下降、产能过剩问题突出。辽宁省历年统计年鉴数据显示，2000 年至 2014 年辽宁省经济增长以第二产业为主[①]，第二产业在全省 GDP 中所占比重自 2004 年以来呈上升趋势。随着国家进一步提出经济发展方式转变和产业结构调整升级，部分行业、岗位对求职者的专业化要求越来越高、越来越细，但东北地区人力资源供给结构的调整滞后于经济发展，仍无法满足制造业发展模式转型的市场需求。东北地区绝大多数企业是国有大型重化工企业，在计划经济时代的统一规划下，产业安排上具有一定的自然随机性，致使产业分布不合理，制约了产业内上下游企业的分工合作和产业联动发展。再加上地域性差距，产业链上下游的联系不紧密，企业间合作较少，无法形成有效的互动和促进。即使有少部分距离较近的企业能够进行一定的交流合作，但局限于单纯的企业集聚或产品的供给关系，没有就产品的开发、生产等进行深度合作，没有形成专业化分工，无法产生有效的规模效益。

二 技术创新动力不足

东北地区装备制造业始终未摆脱技术引进型模仿创新的模式，一直在"引进—落后—再引进"的怪圈中徘徊，制造业企业技术创新的内在动力严重不足。近年来，全国高新技术产业增加值占制造业增加值的比重呈逐年下降趋势，而占 GDP 的比重则逐年上升（见图 4 – 1）。脱离信息化，中国制造向中国创造转变不过是纸上谈兵。如假设企业的生产函数 $Y = AF(K, L)$，其中 Y 是产出，A 是技术进步，K 是资本，L 是劳动力，A 在生产函数中的作用

---

① 王必锋、王厚双：《辽宁省生产性服务业发展的 SWOT 分析》，《中国管理信息化》2009 年第 7 期，第 73 ~ 77 页。

是：增加劳动要素的边际产量，或者增加资本要素的边际产量，或者同时增加资本和劳动要素的边际产量。从某种程度上，信息化发展滞后、设备老化、技术装备滞后、自主创新能力较弱、产品结构与市场需要严重错位，代表了整个东北地区制造业所面临的发展困境。在制造业领域对材料技术的研究还不够，比如基础工业的薄弱导致生产不出精密坚硬的基础产品道具，无法生产高精度的母床，也无法生产高质量的车床、机床。我们能够设计出最好的电路芯片，却无法制造出来，因为基础工业薄弱。东北地区产业升级过程中遇到的最突出问题是自主创新能力不强，中青年技术工人稀缺。国内外集群研究学者基本达成共识，创新集群（innovative cluster）是产业集群的发展趋势和方向。[①] 然而东北地区制造业科技创新能力不足，原始创新与集成创新匮乏，尚未形成拥有自主知识产权的技术创新体系，难以形成现代化的产业集群效应和产业整体发展的合力。

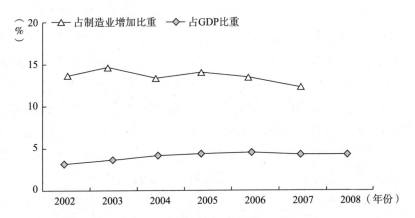

图 4 - 1　高新技术产业增加值占制造业增加值及 GDP 的比重（2002～2008 年）
资料来源：国家统计局等编《中国高技术产业统计年鉴（2009）》。

东北装备制造业缺乏创新活力，人力与资金投入不足，严重制约着制造业内在自生能力的形成。资源配置效率低，以企业为主体的科技创新体系还不健全，技术创新体系不完善。在国际贸易活动中，东北地区制造业企业大多数只能获得微薄的劳动力辛苦费，这种利益分配不公的最根本原因在于东北缺乏核心技术以及"全国销售网络"这一当代全球化生产经营

---

① 张元智、马鸣萧：《产业集群：获得竞争优势的空间》，华夏出版社，2006，第 98 页。

的高级要素。在制造技术领域，我国的产品制造技术只有美国和日本的1/3，没"芯"是突出的例证。长期以来，东北地区受计划体制影响较深，制造业企业缺乏先进的经营管理理念，机器设备大多依赖单纯从国外进口，导致企业自主创新能力受到抑制并弱化，进而缺乏核心技术和自主知识产权，知名品牌凤毛麟角。进入20世纪90年代以后，处于产业链中游的制造环节是价值创造的"洼地"，与研发、营销等环节所获得的经济收益相差甚远。经济学原理的"微笑曲线"①（见图4-2）说明，在发达国家产业发展早期，研发、制造、营销的附加值相差不大，是一条较为平坦的曲线；当前由于制造功能的进入壁垒较低，已经形成全球竞争态势，附加值降幅相对较大，因此形成所谓的微笑曲线。东北地区制造业企业没有自主发明的高新技术专利，无法形成独立自主的优势品牌，在市场竞争中处于弱势地位。东北地区制造业企业在发展的过程中也加大了对技术创新的投入，期望发明自己的专利技术。但是由于自身利润、市场占用等诸多限制因素，许多制造业企业不具备自主创新能力，即使是重点支柱型企业其创新能力也不足，导致了制造业的核心零部件和材料依赖引进。比如，船舶产业的整体配套设备装船率只有15%左右。过低的产品配套率意味着产业链短小和产品附加值较低，其结果就是东北地区制造业不断向市场输入大量的初级产品甚至是原材料等低附加值的产成品，与此同时还不得不引进高附加值的工业必需品。低出高进压缩了制造业的利润空间，企业过低的利润无法支持新工艺的引进使用，进一步削弱了制造业产业的技术创新和应用。

东北地区在建国初期走在了时代前沿，积累了雄厚的科技实力，培养了大量高素质的专业技术工人。但由于社会经济和高新技术的发展，自身技术投入不足等原因，东北地区的制造业生产技术发展缓慢，自主创新能力较低，制造业技术更新换代周期较长，很多产品因为技术含量低而无法满足市场的需求。东北地区制造业的设备陈旧，有近50%的设备超期服役或接近报废，东北地区制造业的技术装备水平不仅比发达国家同行业的先

---

① "微笑曲线"是我国台湾宏碁公司董事长施振荣先生最早提出的，进一步说明制造业的价值链有三个主要环节，即研发设计、加工制造和市场营销。在这三个环节中，两头的附加值较高，中间环节的附加值较低，形成了一条两头高、中间低的"微笑曲线"。因此，要提高附加值，就要努力走向"微笑曲线"的两端。

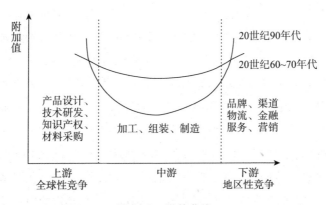

图 4 - 2　微笑曲线

资料来源：李善同、高传胜、薛澜：《中国生产者服务业发展与制造业升级》，上海三联书店，2008，第 2 页。

进水平落后 20 年左右，而且落后于国内沿海发达地区，生产的产品难以达到高精尖的技术水平。东北地区正处于工业化与市场化快速发展的阶段，但制造业仍然延续以大量物资消耗为代价的传统发展模式，处于产品价值链的下游，主要靠利用廉价的劳动力从事低附加值的组装加工获得较少利润，如沈阳飞机制造公司就承担波音 737 水平尾翼制造。大企业大而不强、产业链条短，小企业小而不专、产品粗而不精，再加上发展模式粗放、战略规划短视，研发资金投入较少且缺乏创新动力导致核心技术受制于人，东北地区制造业长期处于微笑曲线中段，在全球价值链上受控于人，在市场竞争中很难摆脱困境。很多装备制造企业在新一轮扩大生产能力的过程中存在重主机轻配套、重产品轻零部件的生产惯性，导致制造业企业创新动力不足。随着公司的重组和企业发展的提速，原有人才储备已不能满足企业发展的需要，尤其是经营管理和专业技术两支队伍，急需补充新鲜血液。目前，东北地区制造业的生产技术特别是关键技术主要依赖发达国家，高层次人才匮乏。企业一方面自主研发的积极性不强，拥有自主知识产权的技术较少，技术相对于资金和人才更为缺乏；另一方面缺乏对国外先进技术吸收再创新能力，没有掌握新产品开发的主动权。企业自主创新和技术装备水平不高，使得一些资源消耗低、环境污染少、技术含量高、经济效益好的项目无法投资，制约了东北地区制造业发展模式的转型。

　　首先，与沿海发达地区相比，东北地区制造业企业在技术和产品创新上还比较落后，与世界先进水平相比更是处于末端，特别是在专利技术拥有量上东北地区所占比例甚小。目前，政府引导研发投入的资源分配、路径选择、方向，将研发投入的形成机制与实现机制人为地进行了行政分割，不利于科技研发成果转化，导致科技创新能力与科技吸收能力不协调发展。[①] 全国统计数据表明，在钢铁企业中具有技术代表性的连轧技术和连铸专利中，外国企业分别拥有48%和43%的占有率。长期以来，我国制造业的技术开发都处于引进、学习西方先进技术的过程中，希望通过积累经验进而培养形成自主创新能力。但东北地区对引进技术再消化吸收的重视程度严重不足，绝大多数属于固化引用，没有尽力去消化吸收，更谈不上技术的再创新。这种"重引进、轻消化、缺创新"的做法，是中国钢铁行业的三大软肋，使我们陷入"引进—落后—再引进"的恶性循环，资源、能源、环境等方面的压力越来越大，企业效益急速下降，全行业处于亏损状态。这也是我国作为世界第一产钢大国，但在世界钢铁行业中腰杆却不硬的主要原因。[②] 生产技术创新能力低下，成为东北地区制造业发展的短板，也是我国制造业普遍存在的问题。

其次，东北地区制造业企业受计划经济体制的影响，长期倾向于只与政府机构保持纵向、封闭的联系，很少进行企业间横向和产业链纵向的联系与互动，习惯于单打独斗，缺乏与他人共享社会关系网络所带来的创新聚合效应。虽然众多制造企业在地理区域内集中，但是在生产上相对独立，企业之间各自为战，在生产技术、市场信息和管理制度等方面没有深度联系与合作。

再次，东北地区制造业的创新能力弱，还表现为创新主体作用缺失和创新基础薄弱。从创新投入和产出指标来看，企业已经成为技术创新的主体，但是东北地区制造业企业的主体创新效应不强，有待进一步释放。技术创新还没有成为制造业企业获得利润的主要手段，也没有成为企业的主要竞争力。

---

① 曾繁华等：《创新驱动制造业转型升级机理及演化路径研究》，《科技进步与对策》2015年第24期，第45~49页。
② 刘勇、毕玉才：《世界第一产钢大国为啥腰杆不硬》，《光明日报》2016年1月3日。

三　资源环境透支过度

长期以来，东北地区制造业过于依赖要素投入，以发展重化工业为主，科技创新能力不强，已经不能适应制造业智能化发展的新趋势。2010 年 10月，中国首超日本成为全球第二大工业制造国，在获得经济加速增长的同时，也日益行进在资源消耗和环境污染的可承受边缘。2006 年中国消耗了世界上 40% 左右的煤炭、50% 左右的水泥、60% 左右的钢铁和 70% 左右的油气，却只创造了占世界 5% 左右的 GDP，单位 GDP 能耗在世界平均水平的 5 倍以上。[①] 东北地区以重化工业为主的资源型制造业增长过猛，与节能环保之间的冲突或将长期存在，造成自然资源与能源资源的紧张和环境的过度破坏，制造业可持续发展面临严峻的生态环境挑战，要素制约更加严峻。东北地区资源开发长期呈现重生产轻生活、重工业轻生态的状况，生态经济和循环经济的理念没有得到真正落实。原材料及初、中级产品多，产业链条短，重化特征明显，重工业产值占工业总产值比重过高，高新技术产业规模较小。资源精深加工工业发展滞后，黑龙江省"原"字号产品的加工程度仅相当于全国平均水平的 1/5。

东北地区制造业企业采取"资源—产品—废弃物"单向线性发展模式，单位 GDP 所消耗的能源还比较高，付出了较大的能源、环境代价。东北地区旧体制残余势力仍然制约着制造业节能减排的快速推进。作为资源耗费型生产组织，对生态环境的破坏主要表现在以下几个方面。一是经济社会发展与环境保护、资源利用不和谐，掠夺性开发、重复性建设较为普遍。例如，某些地方政府在政绩驱动和投资指标压力下，盲目开工重复建设，不仅破坏了生态环境，而且还浪费了大量资源，使有限的要素不能充分发挥应有的效益。二是传统的高能耗、高污染的行业比较多，森林资源总量持续下降，水土流失严重，产生了严重的负外部性。东北地区的煤炭、森工产业发展艰难，辽宁煤炭产量逐年下降，伊春森工基地可采林木只剩下1.7%，需整体转型，发展接续产业。三是增长模式粗放，资源的稀缺导致

---

① 《中国制造业首超日本，成为全球第二大工业制造国》，http://www.022net.com/2010/10 -
8/423629183127339.html。

部分企业持续发展的链条出现断裂，可持续发展后劲不足。自然资源优势使资源的开采和加工业成为东北地区优先发展的产业类型，长期资源开发与利用所积累的环境透支问题比较突出。当前，东北地区制造业企业仍存在思想认识不到位、责任不明确、措施不配套、政策不完善、投入不落实、协调不得力等问题。东北地区目前在第二产业内部将实现由重基础工业向重加工工业的转型，由于过度竞争、恶性竞争、资本替代劳动、技术进步等因素的影响和制约，运营模式粗放，制造业最终产品价格难以同步上涨，对东北地区传统制造业发展模式提出了新挑战。全球经济一体化和知识经济时代的来临，要求我们尽快实现产业结构的高级化。据世界银行测算，环境污染给中国带来 3.5% 以上的国内生产总值损失，企业产生的污染 70%来源于制造业。东北地区产业结构调整缓慢、企业设备和技术老化问题严重。2009 年单位国内生产总值能耗下降 10.08%，节能减排的形势更加严峻。东北地区工业废弃物排放量占全国的比重较高，三废排放对当地居民的生活环境和经济社会发展都造成了严重危害。①

东北地区工业化进程中呈现出重化工业发展的趋势，但大量的投资趋向于产业链中靠近能源原材料的初端。2008 年黑龙江省单位 GDP 能耗同比下降 4.75%，吉林省单位 GDP 能耗同比下降 5.02%，辽宁省单位 GDP 能耗同比下降 5.11%，均低于 2008 年全国单位 GDP 能耗同比下降 5.20% 的水平。2009 年辽宁省单位工业增加值能耗同比下降 6.95%，吉林省单位工业增加值能耗同比下降 8.19%，均低于全国单位工业增加值能耗同比下降 9% 的水平，资源开采与环境透支过度问题在东北地区需要引起足够的重视。从世界工业化发展的演变规律来看，工业化进程与资源环境的关系符合倒 U形理论，东北地区正处于工业化中期向后期过渡阶段，恰位于倒 U 形的转折点（图 4-3 中的 A 点）附近，经济发展到了一定的水平，工业占据主导地位，工业结构以资源密集型、高密度加工业为主，对资源的消耗、生态环境的破坏达到顶点，工业化进程加速推进与资源环境约束的矛盾引发的

---

① 冯岩：《东北地区工业化道路和"再工业化"方向研究》，吉林大学博士学位论文，2010，第 66 页。

后果开始凸显。① 自然资源是一把双刃剑,一方面为东北地区主导产业形成和经济增长奠定基础;另一方面使地区长期锁定于发展与自然资源密切相关的产业,制约着主导产业的更替、产业结构的优化升级和地区经济的持续增长。东北地区资源环境已无力承受制造业"高投入、高消耗、高排放"的发展模式,自然资源和能源供应的瓶颈是东北制造业发展面临的主要问题。

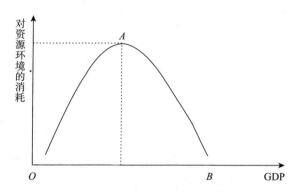

图 4 - 3　工业化进程中经济增长与资源环境消耗的倒 U 形曲线

　　协调好企业发展与能源、环境的关系是经济发展不可或缺的条件,具体表现在以下几个方面。一是发展过度依赖于资源优势。东北地区作为新中国成立之后工业发展的重要基地,其工业类型大部分属于资源投入型,工业发展需要大量资源。经过长达半个多世纪的过度开采,东北地区的许多资源,如有色金属、煤炭、石油、木材、铁矿石等已无明显优势,有的甚至临近枯竭,突出表现在原来以丰富资源为发展动力的城市,如鞍山、抚顺、本溪、吉林、延边、大庆、鹤岗、双鸭山等已经无法继续依靠资源优势形成竞争优势,而且这种资源型城市的发展都是以资源为依托,城市间产业相互联系不多或者同为相似产业,没有形成集群式发展,生产集中程度不够,规模效益较低。二是配套服务供给不足。东北地区的核心企业大都是重化工企业,且生产设备相对庞大,更新换代缓慢,并沿用传统生产技术,生产效率较低,在全国经济整改中并没有得到系统性改造,企业

---

① 方发龙、周江:《西部地区生态文明建设与经济增长的博弈分析与对策》,《开发研究》2009 年第 4 期,第 55 ~ 58 页。

的失衡发展也导致了制造业相关配套能力薄弱。东北地区制造业以"高投入、高排放、低产品附加值"为标志的传统发展模式并未发生根本性改变。东北地区作为资源型的工业基地，其自然资源的优势助推了制造业的发展速度，制造业已成为东北地区的支柱性产业，是提升东北地区综合竞争力的重要基石。在取得经济发展成就的同时，资源消耗和环境污染也日益加重，且由于全球经济结构的深度调整，国际环境时刻变化，东北地区制造业面临着发展与环境恶化的矛盾。首先，制造业链条短，资源消耗大。东北地区为了追求发展速度，整个制造业产业结构不合理，大部分制造业企业都是从事加工、组装工作，少有的产成品也以原材料、初中级产品为主，产业链相对较短，产品附加值较低，缺少深度开发的可能性，资源精深加工发展严重滞后。其次，资源环境压力日益加大。以牺牲资源为代价的快速发展使制造业面临日益严峻的资源环境约束。东北地区作为以重化工业为主的资源型制造业大区，在资源利用的历史中呈现出重生产轻生活、重工业轻生态的状况，导致在高速发展的过程中环境污染和经济发展的冲突长期存在，发展后期资源的过度消耗和环境的严重破坏给制造业发展模式转型带来了巨大的挑战。

四　国有经济比重过高

东北地区集聚了全国很大一部分工业资产存量和大中型骨干企业，拥有众多关系国民经济命脉的战略产业和骨干企业，是我国重化工业的重要基地。东北地区拥有巨大的存量资产，2003年东北三省国有及国有控股企业4187户，占全国的10.2%，国有及国有控股企业资产13241亿元，占全国的14.9%。个别省份国有经济占整个国民经济的比重达60%，高出全国平均水平近10%。大多数国有企业集中在传统产业，国有经济及与之相适应的以行政手段配置资源的力量过于强大，受计划体制影响较大，市场化程度低。面临"锁定效应"问题，如果没有发生重大的技术革命，基础设施、机器设备等耐用消费品使用年限普遍在30~50年，一旦投入就不可能轻易废弃。在计划经济环境中，由于国有企业具有不断扩张的倾向，重型制造业已有相当大的规模基础，但制造业的整体水平落后，处于发展困境之中并普遍患有"投资饥渴症"。老工业基地的衰落实质上是国企所代表的单一所有制的衰落。2009 年，东北地区大多数国有及国有控股工业企业普遍不景气，东北三省国有及国有控股工业企业总资产贡献率与全国相比，辽宁省较低，吉林省和黑龙江省已超过全国的比重（见表 4－3）。东北地区企业结构转型滞后，缺乏合作、关联意识，重复、分散、趋同现象较为普遍，国有企业的装备和技术老化，产业链条零碎，组织结构设置不合理，重复投资、市场集中度低等问题比较突出。

表 4－3　2009 年东北三省国有及国有控股工业企业的基本情况

单位：亿元，%

主要指标	全国	辽宁	吉林	黑龙江
国有及国有控股工业企业资产总计	215742.01	13453.32	4780.21	6080.25
国有及国有控股工业企业总资产贡献率	11.29	7.63	15.22	19.56
国有及国有控股工业企业工业成本费用利润率	6.73	1.96	5.95	17.50
国有及国有控股工业企业资产负债率	60.30	65.38	61.91	56.62

资料来源：《中国统计年鉴（2010）》。

五　民营企业发展缓慢

东北地区制造业经营不善的深层次原因与民营经济发展严重滞后密切相关，此外还有市场主导意识的缺失与现代市场经济制度的冲突。在东北地区，民营经济支持不力、环境不优的状态已较普遍。在 30 年的发展历程中，第一代企业家逐步退出商业舞台，处于新老交替的阶段，如何让企业管理层平稳过渡并保持企业的可持续发展是民营制造企业面临的一个重要问题。东北地区的工业重心在地级市，县级工业十分薄弱，县域经济不发达也是一个重要方面。近年来，随着"民工荒""招工难"等现象的出现，东北地区制造业领域用工成本大幅度上涨，原材料和能源价格上涨，人民币持续升值，新劳动法实施，对部分处于产业链低端的民营制造业企业的发展是最大的挑战。同时由于区域发展体制机制还没有完全理顺，城乡收入分配制度、社会保障制度和财税机制改革等进展缓慢，传统体制及观念滞后，相应的政策、措施不到位或不配套，民营经济发展不充分，原创能力弱，发展活力不足。民营企业由于经济实力较为薄弱、技术较为落后、产品比较单一，难以占有较大的市场份额。

由于东北地区经济对国有经济和重工业产生了严重的路径依赖,大量同质企业在市场价格上恶性竞争。民营经济大多具有较高的市场敏感度和较强的逐利能力,东北地区民营工业企业偏向重工业的产业选择导致其发展陷入困境。进入21世纪以后,由于面临激烈的市场竞争环境,中小型民营企业在东北经济板块上难以破土而出,进而影响产业结构的合理配置。规模民营企业偏少,依然沿用家族式管理模式,产权单一、封闭,缺乏发展潜力。有相当大一部分企业已经数年没有开发新产品,加上资源高耗、发展模式转型不及时,面临生存困境。2009年东北三省私营工业企业工业总产值与东南沿海地区相比相差甚远(见表4-4)。

表4-4 2009年各地区私营工业企业工业总产值

单位:亿元

省份	黑龙江	吉林	辽宁	江苏	浙江	广东
总产值	1140.54	2487.60	10184.97	24897.78	17804.88	12448.37

资料来源:《中国统计年鉴(2010)》。

吉林省的民营经济从1978年开始起步,2005年规模以上民营企业数量仅占全国平均水平的1/2,不足发达省份的1/8。2009年东北三省私营工业企业占规模以上工业企业总产值的比重相对于东南沿海省份仍然较低(见表4-5),2009年江苏省规模以上民营工业总产值占全省规模以上工业总量的70%,民营经济增加值占全省GDP的52.6%,吉林省为48.4%。

表4-5 2009年私营工业企业占规模以上工业企业总产值的比重

单位:%

省份	辽宁	吉林	黑龙江	浙江
比重	36.18	35.25	15.62	43.34

资料来源:《中国统计年鉴(2010)》。

吉林省民营经济增加值占全省地区生产总值的比重由2006年的35%提高到2010年的49.2%,而浙江省民营经济增加值占全省地区生产总值的比重2006年已达62.9%。东北地区民营企业尤其是中小型民营企业主要靠民间的自有资金投资兴业,由于传统体制观念束缚、行政职能机关效率低下、与民营经济有关的倾斜政策出台较晚、投融资环境较差等因素的影响,民营制造业企业的发展明显滞后于东南沿海地区。

六　区域竞争能力不强

一个区域的制造业是否充满竞争力关键看其产业部门的专业化程度，规模经济和分工协作对制造业的生产效率和经济效益有很大影响。东北地区制造业发展存在一定地域上的企业集聚，但大都处于集而不群的状态，主要是由于没有形成相互关联、相互依存、有效发展的企业网络和专业化分工体系。计划经济遗留的陈旧管理体制惯性依然存在，企业负债率高、"路径依赖"现象在一定范围内依然普遍存在。东北制造业存在政企不分、经济效益不佳、发展方式粗放、产品结构和企业结构配置不合理、大量落后产能亟待淘汰、综合竞争力不强等问题。目前东北地区制造业没有世界尖端的核心技术，在全球市场竞争中没有打出自己的特有名牌，绝大多数制造业企业都是承接国际加工组装业务，在制造产业价值链中处于低端。东北地区制造业以发展资源密集型产业为主，一些高新制造业产成品虽然是利用国内的资源进行低成本生产，但是以高昂价格卖给国内市场，而外国制造业企业却以此降低了生产成本获得了超额利润。

改革开放以后，东北地区出现了经济相对衰退现象，横向比远落后于全国平均水平，且差距还在拉大。1978～2008年，全国工业增长了79.86倍，与改革开放前30年相比提高了49.6倍，而东北工业同期只增长了42.55倍，仅比改革开放前提高了11.54倍。在东北三省中，吉林省工业增速最高，达到61.76倍；辽宁其次，为42.35倍；黑龙江最低，仅为34.26倍。① 2009年广东省的GDP是辽宁省的2.86倍，是吉林省的6.36倍。东北地区经济总量和增速与长三角地区（包括上海和江浙两省）、珠三角地区（以广东省的数字为代替）、环渤海地区（包括北京、天津、河北和山东）相比存在不足，在经济总量、开放程度、科技创新能力乃至综合竞争力等方面与上述地区存在较大差距。2008年，从广东和吉林两省的工业总产值和重工业各占本省GDP的比重看，广东省重工业比重为59.3%，吉林省高

① 陈耀：《我国东北工业发展60年：回顾与展望》，《学习与探索》2009年第5期，第40～45页。

达74.4%。2009年广东省规模以上工业企业完成工业增加值16148.58亿元，吉林省规模以上工业企业完成增加值2926.65亿元，二者相差甚远。另外，从以服务业为代表的第三产业比重看，吉林省低于广东省4.9个百分点，可见，生产性服务业发展滞后严重制约着东北地区制造业发展模式的转型。2003年、2004年、2005年和2006年，东北三省GDP总量占全国当年GDP总量的比重分别为9.6%、9.3%、8.7%和8.6%，只相当于广东省当年GDP总量的80.3%、77.1%、76.6%和58.3%，而且呈逐年下降趋势。因此，不失时机地实现制造业发展模式转型是提升地区经济总体实力的迫切需要。这些问题使东北地区的转型升级刻不容缓。

我国制造业虽然取得了较快发展，但总体技术水平较低，在很大程度上依赖于资源和能源的高投入。全球金融危机后，欧美发达国家经济复苏乏力，未来几年中国制造业企业可能持续面临外需疲软、人民币升值、国际摩擦不断增加的不利环境。[①] 东北地区制造业以传统发展模式分享国际分工收益的难度日益加大，制造业发展模式面临转型的巨大压力。中国的经济发展已然告别过去粗放的高速增长阶段，正在进入高效率、低成本、可持续的中高速增长阶段，应着眼于保持中高速增长和迈向中高端水平的"双中高"目标，推动发展调速不减势、量增质更优，实现中国经济提质增效升级。2014年以来，东北经济遭遇到前所未有的挑战，东北地区各省份生产总值与第二产业增加值增速下滑明显，都低于全国增长速度（见表4-6），辽宁、吉林、黑龙江的GDP增速分别为5.8%、6.5%、5.6%，列全国后五位，其中辽宁增速为近22年来最低，为全国倒数第三。东北地区需要努力破解"东北之困"，推动中国东北地区的新一轮振兴。2015年上半年辽吉黑三省GDP增速分别为2.6%、6.1%和5.1%，经济下行压力较大。上半年与第一季度相比，辽吉黑三省规模以上工业增加值、固定资产投资、财政收入增速等指标开始回升或降幅收窄，总体开始向好的方向转变。2015年前三季度，辽宁、吉林、黑龙江GDP增速分别为2.7%、6.3%、5.5%，仍列全国后五位，辽宁垫底。

---

① 工业和信息化部电信研究院：《2014年中国工业发展报告》，人民邮电出版社，2014，第172页。

表 4 - 6　2014 年全国及东北三省生产总值与第二产业增加值及增长速度

单位：亿元，%

区域	GDP	增长速度	第二产业	增长速度
全国	636463	7.4	271392	7.3
辽宁省	28626.6	5.8	14384.6	5.2
吉林省	13803.81	6.5	7287.26	6.6
黑龙江省	15039.4	5.6	5591.8	2.8

资料来源：2014 年全国及辽宁省、吉林省、黑龙江省国民经济和社会发展统计公报。

第二节　转型滞后的原因

E-works 与 IBM 的联合调查发现，中国制造业转型迫在眉睫，原因是原材料价格上涨，以及金融危机的影响、市场竞争激烈、订单压力凸显、人力资源成本上涨、产品创新不足，此外还包括资源短缺、节能环保责任加重以及合规的压力。[①] 东北地区第二产业内部结构失衡，重工业比例偏高，高技术产业发展不足，低附加值产品居多，在国际产业链中处于低端位置。下文结合东北地区制造业发展实际进一步分析制造业发展模式转型滞后的原因。

一　制造业本身固有的缺陷

东北地区制造业发展的先天不足（创新能力不足、市场竞争较弱）和后天失调（资源消耗大、环境污染重）问题具有很强的内生性。由于发展历程不同，东北地区制造业同国内外发达地区相比有自己的特点。

1. 目标上的模糊性

19 世纪后半期的中国并不是我们通常意义上说的弱国，而是一个衰败中的强国（见表 4 -7）。从 1820 年到 1978 年，150 多年的时间我国从占全球经济总量的 33% 变成了 1.6% 。其中一个重要原因是几次科技革命以及由

---

① IBM 智慧时代 点 "十" 成金 制造企业转型在线调查报告：《从 "制造" 到 "智造"，中国制造业如何获取竞争优势》，https://www -31. ibm. com/smb/cn/industries/manufacture/。

此引发的工业革命我们都没抓住。① 推动人类社会不断发展和国家强大的力量离不开制造业的发展，早期中国工业化赶超战略面临继发性后发劣势递增及路径依赖的问题，以致经济赶超战略不可持续。

为了克服后发劣势，实现工业化的赶超，新中国成立后积极借鉴苏联重工业化发展模式。改革开放摒弃了苏联模式，引入东亚模式，通过积极参与全球分工，缩小了与发达国家的技术差距。然而，由于教条地模仿，忽视了具体的国情，发展战略脱离实际，经济发展遭受挫折。② 东北地区受此影响较为明显，制造业企业形成了一味"等、靠、要"的固有思维且存在严重的路径依赖，人们的观念没有转变到发展市场经济上来，这已成为阻碍东北经济发展的深层枷锁。受传统竞争观念的束缚，东北地区制造业企业认为"同行是冤家"，竞争对手之间不可能合作，缺乏合作竞争理念。东北地区制造业企业由于长期受计划经济体制下企业生产经营活动全靠政府行政指令的传统思维定式影响，与现代市场经济发展进程有所脱节。同时，发展环境改变企业没有对自身发展战略及时做出纠偏，出现了制造业企业对自身发展目标缺乏正确定位的困境，违背了市场经济优胜劣汰的法则。在对外贸易上过度依赖国外技术和品牌，进而形成了依附性的制造业产业结构，导致贸易条件长期恶化，技术差距固化，全球金融危机的肆虐进一步加剧了东北制造业转型的压力。

表 4 - 7　中、日、英、美四国 GDP 与制造业产量所占百分比

单位：%

比较项目	年份	中国	日本	英国	美国
GDP 占世界的比例	1870	17.3	2.3	9.1	0.9
	1900	11.0	2.6	9.0	15.8
制造业产量占世界的份额	1860	19.7	2.6	19.9	7.2
	1900	6.2	2.4	18.5	23.6

资料来源：aalc. xmu. edu. cn/jingpinkc/hqy/wlkc/01. ppt。

---

① 胥和平：《经济危机与中国特色自主创新道路》，《时事报告》2009 年第 5 期，第 14 页。
② 王文龙：《后新自由主义、后东亚模式与新东亚模式比较》，《国外社会科学》2009 年第 3 期，第 38~45 页。

2. 自主创新能力薄弱

随着世界产业的转移，大量产业工人从事服从于机器需要的工作，琐细的分工使大多数工人缺乏自主创新能力。"分工中片面的专门化越来越畸形发展，从而破坏了人的类本性"①，导致员工无意为企业积极主动创新。劳动力短缺和劳动力成本进一步上升将成为一种长期趋势，靠低工资、拼资源的制造业发展模式已经走到了尽头，廉价劳动力时代即将结束，企业转型发展迫在眉睫。自主创新能力薄弱，引进国外产品和技术时对消化吸收重视不够，重复引进现象严重。据国家相关统计数据，制造业技术对外依存度高达50%～60%，出口产品依赖贴牌。产品"过剩"与"短缺"并存，市场急需的技术装备和产品严重短缺，缺乏核心技术和自主品牌已成为制约东北制造业发展的重要因素。东北装备制造业面临很多问题，如研发投入低、集成和工程能力低、关键技术和零部件依赖进口、低水平重复建设、市场分割等，都与缺乏大企业、大集团有很大关系。大企业转型主要有依靠自身积累、设立新企业和整合现有企业三条途径。依靠自身积累是任何企业都不能忽视的途径，设立新企业对于一些行业和地区形成骨干企业具有重要作用。但是，企业依靠自身积累成为大型骨干企业需要较长的时间，新设立的企业在技术、人才、经验等方面很难发挥骨干作用。

制造业企业往往通过合资办厂实现"借鸡下蛋"，但我们非但没有"合"到具有国际竞争力的核心技术，还将巨大的国内市场拱手相让，致使合资品牌日益"去本土化"和"空心化"。如果没有自主核心技术的支撑，即便"合"到了品牌，对于我们而言也是有名无实、墙外之花。如德国大众，在中国合资生产的汽车只占全球产量的14%，但其80%的利润来自中国。东北地区相关省份2009年高等院校R&D经费配置、研究机构R&D经费、工业企业R&D经费投入呈现不平衡性（见表4-8），也影响了东北地区技术研发和实验并转化为生产效益的周期。在生产技术与创新方面，东北地区制造业企业将生产技术转化为具有市场竞争优势技术的效率低下，且创新的能力有待提高。很多装备制造企业在新一轮扩大生产能力的过程中，急功近利，低水平引进，粗放扩张，自主创新能力弱，技术过度依靠引进，

① 〔匈〕卢卡奇：《历史与阶级意识》，杜章智等译，商务印书馆，1999，第162页。

消化吸收技术的能力不足。只能聚集在产业链和价值链的中低端，存在重主机、轻配套，重产品、轻零部件的生产惯性，大中型制造业企业用于消化吸收的经费支出与技术引进费用之比大致为 0.2∶1，对技术消化吸收的投入不足。资金缺乏和技术落后是阻碍东北地区制造业技术创新战略实施的主要因素。

表 4-8 2009 年东北相关省份 R&D 经费情况

2009 年按地区分全日制普通高等院校 R&D 经费情况			
省份	辽宁	吉林	黑龙江	内蒙古
R&D 经费（万元）	238643	122404	196233	20007
2009 年按地区分研究机构 R&D 经费情况			
省份	辽宁	吉林	黑龙江	内蒙古
R&D 经费（亿元）	31.19	16.55	20.6	5.31
2009 年按地区分工业企业 R&D 经费情况			
省份	辽宁	吉林	黑龙江	内蒙古
R&D 经费（亿元）	165.4	33	62.7	39.1

资料来源：《第二次全国科学研究与试验发展（R&D）资源清查主要数据公报》（第 2、3、4 号），http://www.sts.org.cn。

3. 产业结构过重

产业发展和企业改革是东北振兴的主体与关键。在产业结构方面，东北地区经济增长高度依赖第二产业特别是工业的扩张，服务业发展相对滞后；在要素投入结构方面，经济增长高度依赖低成本资源和生产要素的高强度投入，科技进步和创新对经济增长的贡献率偏低。[1] 2001~2004 年东北地区及辽宁、吉林、黑龙江三省的工业总产值增长了近 1 倍，但在工业总量规模的扩张中，重工业所占比重有增无减，2004 年东北地区轻重工业的比重为 17.57∶82.43，与 2001 年相比，重工业所占比重上升了 1.48 个百分点，比 2004 年全国重工业占工业总产值的比重高 15.9 个百分点。[2] 东北地

---

[1] 余洋：《转变发展方式关键在实现包容性增长》，《南方日报》2010 年 10 月 11 日。
[2] 鲍振东：《中国东北地区发展报告（2006）》，社会科学文献出版社，2006，第 170 页。

区由于国有经济与重工业比重过高（见表4－9），轻重工业产值比不协调（见图4－4）。

东北地区作为我国重要的装备制造业基地，是近代工业起步较早的地区，被誉为新中国工业的摇篮，发展制造业拥有得天独厚的竞争优势。但是随着改革开放的深入，东北地区制造业的发展速度减缓，市场竞争力明显下降，与东南沿海地区的差距日益扩大，这与东北地区自身的开放程度有关。东北地区制造业多属于资源型产业，对自然资源的需求旺盛。虽然俄罗斯和蒙古国拥有丰富的自然资源，能够为东北提供大量的生产资料，但由于出口政策的限制，无法为东北地区输送大量原材料。而日本和韩国不愿意看到中国强大，所以不可能满足东北地区制造业发展对先进技术设备和管理制度的需求。因此，对于东北地区而言，边境贸易无法成为支撑经济发展的重要动力。所以，东北地区无法与周边国家形成进、出口优势，限制了对外开放程度。目前，对于东北装备制造业而言，抵御风险能力薄弱的症结仍在于尚未改变粗放型发展模式。林毅夫曾提出以下理论思考：发展中国家企业所要投资的产业常常具有技术成熟、产品市场已经存在、处于世界产业链内部等特征，因而全社会很容易对有前景的产业产生正确共识，在投资上出现"潮涌现象"导致产能过剩。[①] 东北地区工业企业大而不强，由于受计划体制残余的影响，企业改革相对滞后，产业集中度低，具有较强国际竞争力的大企业少；固有的、片面追求规模数量的粗放型发展模式，在经济运行中仍然保留着强劲的扩张冲动惯性。2010年，东北三省单位GDP能耗均高于全国平均水平，制造业"重型化"发展特征依然没有改变，东北地区大型装备企业基本上是加工组装型的，在技术研发能力、工艺技术和服务等方面与跨国公司存在较大差距。东北制造业存在产业层次低、可持续发展能力不强、接续产业趋同等问题，在发展中存在重速度轻效益、重数量轻质量、重外延扩张轻内涵发展的状况，产业优化升级任务依然艰巨。

---

① 林毅夫、巫和懋、邢亦青：《"潮涌现象"与产能过剩的形成机制》，《经济研究》2010年第10期，第4～19页。

表 4 - 9 东北地区轻重工业产值比

省份	工业类型	1985 年	1990 年	1995 年	2006 年	2007 年	2008 年
辽宁	轻工业（%）	29.5	29.6	24.4	17.1	18.0	18.0
	重工业（%）	70.5	70.4	75.6	82.9	82.0	82.0
	轻重比	0.42	0.42	0.32	0.21	0.22	0.22
吉林	轻工业（%）	36.5	39.5	29.1	21.5	22.3	24.7
	重工业（%）	63.5	60.5	70.9	78.5	77.7	75.3
	轻重比	0.58	0.65	0.41	0.27	0.29	0.33
黑龙江	轻工业（%）	33.5	33.6	32.0	17.2	18.5	19.9
	重工业（%）	66.5	66.4	68.0	82.8	81.5	80.1
	轻重比	0.50	0.51	0.47	0.21	0.23	0.25

资料来源：冯岩：《东北地区工业化道路和"再工业化"方向研究》，吉林大学博士学位论文，2010，第60页。

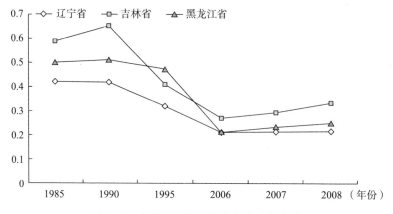

图 4 - 4 东北地区轻重工业产值比例变动

资料来源：冯岩：《东北地区工业化道路和"再工业化"方向研究》，吉林大学博士学位论文，2010，第60页。

二 政府管理的职能错位

区域经济的发展具有市场一体化的整体性、市场互补的非均衡性、市场的政府协调性。制造业的发展受益于区域内政府的政策指导和协调管理，但制约东北地区制造业科学发展的体制机制障碍依然较多，迫切需要管理模式转型，地方政府管理职能应突出以提供公共产品和服务为中心。

1. 行政干预过多

东北地区长期以来受传统计划经济体制的影响比较深，计划经济烙印严重，各级主管部门的官僚思想在一定范围内依旧存在。法制观念不强，一些政府职能部门和领导肆意干涉企业的生产经营活动以及内部管理，短期行为严重，搞政绩工程多，研究长远发展项目少。地方政府干预企业经营的问题比较突出，出现了有增长无发展的局面。在项目引进和企业的扶持工作中，一些政府权力部门独揽独断，形成了地方政府"跑步前进"的计划经济模式，不注重项目建成后服务以及生产条件的配套工作，地方政府"一管就死、一放就乱"的现象在一定程度上仍然存在。部分职能部门将自身的公共服务曲解为与服务对象之间的供需交易，进而产生寻租行为。地方政府没有正确处理好政府与市场、政府与企业的关系，重数量、轻质量，导致一系列不当行为。为了发展经济，各地采取"互相残杀"的招商引资政策，使土地、水等资源以及各类矿产资源价格也严重扭曲。按照美国学者波特的钻石理论，一个国家或地区之所以在某种产业的国际竞争中崭露头角，取决于生产要素、需求条件、相关支持性产业、企业战略与结构、同业竞争和政府支持六大要素。由于市场体系不够完善和市场机制不够健全，制造业转型难以获得政府提供的充沛财政金融支持和技术支持。东北地区要充分发挥企业在市场经济中的主体作用，地方政府不应过多干预企业的具体活动，在这方面要坚持有所不为。由于政府主导下的过度进入、重复引进和退出困难，制造业企业投入要素配置和产业集群效率有待提升。

2. 公共服务缺乏

进入后危机时代，由于东北企业面临更大的外来投资减少和内需不足的双重压力，在选择国内外竞争中具有现实或潜在优势的产业作为政策支持的重点时，地方政府的作用是不容忽视的，通过出台相关扶持政策，为经济发展搭建高效的公共创新服务平台，为技术创新提供有利的法律、制度环境，在这方面必须有所作为，但东北地区省域之间的工业更新改造新增固定资产资金存在较大的不平衡（见表4-10）。当企业效益低下时，地方政府不能充分发挥其社会职能，导致城市的综合服务功能减弱，阻碍传统产业及时退出。特别是资源型产业的资产具有专用性强的特点，其退出的沉没成本较大，不利于东北地区制造业发展模式的转型。同时，必须大力发展劳动密集型产业，以完成工业化与城市化的历史任务。但是在城乡之间、地区之间、部门之间设置了一道无形的屏障造成了劳动人事僵化，严重地制约了劳动力的合理流动。政府的一项重要职能是构建一个"社会安全网"，近年来"民工荒"现象日益突出与政府提供的公共服务不足密切相关，在制造业企业提高员工工资待遇的同时，政府部门需要为广大务工人员提供职业教育培训，建立用工企业与劳动力之间的信息沟通机制，引导企业逐步形成并完善以人为本的企业文化、营造更加人性化的工作环境，加快健全务工人员子女教育等方面的社会公共服务体系。20世纪90年代中期以来，由于传统体制下大量隐性失业的公开化，以及产业结构优化升级所带来的结构性失业，东北地区城市失业现象日趋严重。同时，还面临产品市场、发展潜力等方面的门槛，需要政府的大力扶持。

表4-10　1981~2000年全国及东北三省工业更新改造新增固定资产及在全国的比重

单位：亿元，%

地区	1981~1985年		1986~1990年		1991~1995年		1996~2000年	
	金额	比重	金额	比重	金额	比重	金额	比重
全国	794.91	100	2395.77	100	5668.73	100	5918.03	100
辽宁	77.60	9.76	233.34	9.74	454.28	8.01	413.13	6.98
吉林	26.00	3.27	76.43	3.19	132.52	2.34	111.07	1.88
黑龙江	47.10	5.93	107.94	4.51	202.08	3.56	201.34	3.40

资料来源：王倩、许梦博：《欧盟区域政策及其对中国东北老工业基地振兴的启示》，吉林大学出版社，2007，第141页。

3. 职能转换滞后

虽然国家将振兴东北地区等老工业基地作为国家战略提到了前所未有的高度，先后出台了《中共中央国务院关于实施东北地区等老工业基地振兴战略的若干意见》、《国务院关于进一步实施东北地区等老工业基地振兴战略的若干意见》（即"33号文件"）指导东北地区等老工业基地振兴的综合性政策文件，通过了《节约能源法》、《清洁生产促进法》和《低碳经济法》等，与此同时，不断加大节能减排整治力度和基础设施建设的投资，但具体职能部门的政策转换到执行需要一个过程，政策的效果不可能立竿见影，存在时滞效应，政府职能转型不到位制约了东北地区制造业发展模式的转型。东北目前依然缺乏有效的市场协调制度，地方政府只为发展本地区经济负责具有狭隘性，存在集权体制的路径依赖。东北经济倘若继续沿用传统制造模式，今后在国际竞争中可能被效率低下、不可持续的传统模式"锁定"。东北地区受计划经济体制的巨大惯性、行政体制变革的复杂性及政府职能转变的滞后性的影响，政府和企业的行为边界至今仍未彻底分开，这已成为国有企业改革和制造业转型的最大障碍，也是市场化的最大障碍。

三　制度因素的长期困扰

东北地区工业建设与经济体制的变革经历了不同的历史时段，在时间—过程向度呈现出显著的时序特征。在当前的经济社会结构转型中，一方面生产力飞速发展、经济潜力不断发掘，另一方面原有的制度系统缺乏活力、渐趋僵化。制度的预期与结果、供给与需求的偏差，在东北地区表现得尤为明显。[①] 由于没有良好的制度基础，体制性、结构性等深层次矛盾仍然突出，制度性障碍是东北地区制造业长期低迷乏力乃至亏损的主要原因。当今时代，资源型老工业基地面临的最大问题仍然是可持续发展。制度创新和技术创新是东北地区制造业发展模式转型的"鸟之两翼、车之两轮"。

1. 观念的滞后

诺思的制度变迁理论认为，一国的经济发展一旦走上某一轨道就会在往后的发展中得到自我强化，即制度变迁具有路径依赖性。人们的思想观念和价值取向还处在由计划经济向现代市场经济的转变之中，难以摆脱吃惯"计划经济偏饭"的固有思维方式，导致改革开放以后，在认识和处理企业在市场经济条件下的生产经营和发展问题时往往出现偏误，不能主动面向市场抢夺有限的资源，这是当前东北地区制造业面临的诸多矛盾中最主要的方面。东北地区由于物产资源丰富，人们的思想观念和价值取向受计划经济时期的大锅饭、大包干思想影响，依旧存在且缺乏出去闯荡的意识，还处在由传统

---

① 关晓丽、刘威：《振兴东北老工业基地的制度分析》，《马克思主义研究》2008 年第 5 期，第 43～47 页。

向现代的转变之中，对市场经济思想接受程度较低，制造业企业的企业文化、管理体制、技术创新、财务会计、营销策略等，都受到长期以来形成的传统观念的制约。在经济转轨初期，东北地区政府对市场在某种程度上出现了一定的替代，是权力和资本相结合形成的一种过渡性制度安排，但将之固化、强化并作为经济发展模式则会束缚制造业企业管理者的创新精神、扭曲资源配置，容易导致资源利用的低效率和寻租行为，这有悖于市场化改革的目标。东北地区传统体制在此积淀过大，在计划经济下发展制造业表现出的惯性优势，使东北地区制造业淡化主体能动思维，制造业市场化改革进展迟缓。另外，从某种意义上说，思想的不够解放致使民营企业难以真正享有与国有企业同等的国民待遇，阻碍了制造业企业多元化的发展渠道。

2. 体制的束缚

东北地区率先向计划经济体制过渡，同时也是市场机制配置资源最晚进入的地区。例如，资源环境价格造成机制改革滞后，转变高能耗、高污染的经济增长方式缺乏市场基础；由于历史的原因，东北地区装备制造业企业大多为国有独资或者国有控股企业，明显存在体制与机制难以适应市场经济发展要求等问题，现行体制影响了东北地区制造业集群发展的进程，难以适应包容性增长和科学发展的要求。计划经济的僵化体制使我国与世界的差距明显拉大，30余年的国家计划经济体制形成的东北重工业基地的特点难以与市场经济体制接轨。东北地区的体制改革相对经济社会发展严重滞后，巨大的潜力和优势难以发挥出来，改革主要"对下不对上"，导致政府体制僵化、行政效率不高、创新动力不足，直接影响东北地区制造业的健康发展。不同部门的制造业企业创新资源相互封闭，先进科研设施及研发成果使用效率不高，社会共享机制没有真正建立起来，进入了科技投入越多，研发创新能力越小，产业扩张越快，自主创新的能力反而越低下的怪圈。[①] 由于长期积淀的体制性矛盾及行政部门的利益纠葛，东北地区制造业转型面临条块分割、部门掣肘、资源分散、政策冲突等体制"瓶颈"，制造业企业的创新能力、创新资源等受制于不同部门利益，在创新资源共

---

① 隋映辉：《创新型城市建设：战略态势制约因素与发展思路》，《管理学刊》2010年第10期，第28~33页。

享、产业联盟、科技合作、财政税收、管理体制机制建设上无所适从。东北地区面临企业负担重、技术创新滞后、研发投入不足、科技成果转化率低等问题，必须加快体制机制创新，彻底根除体制性障碍，推进产权多元化。

3. 制度创新缺乏

在产权制度不清晰、法律制度不完善、市场规则不健全的情况下，丰裕的自然资源会带来"资源诅咒"的困境。制度创新、技术创新、管理创新是东北地区制造业面临的紧迫任务，企业没有制度创新作保障，技术创新、管理创新便缺少持久的内在动力。当前，多元化、多层次的东北地区资本市场制度仍未建立，尤其在制造业领域，缺少以投融资方式创新为特征的风险投资监管制度，缺少以知识产权为重要特征的产权激励制度。我们以企业制度和企业文化为两个主要向量，加上制度与文化各自结构、功能的强弱两个变量，把企业管理模式划分为以下五种基本形态：强制度—强文化模式，强制度—弱文化模式，弱制度—强文化模式，弱制度—弱文化模式以及均衡模式（见图 4 - 5）。中小制造企业以家族企业为主，大都存在内部管理不规范的缺点，其组织行为不是依据市场规则，而是依据伦理规范，维系企业生存和发展的不全是利益关系，在很大程度上取决于成员之间的情感和信任关系，不仅缺少应有的规章制度而且财务相对混乱，必须从过去家族式的管理模式中反思发展中的问题，积极向现代企业管理制度转变。

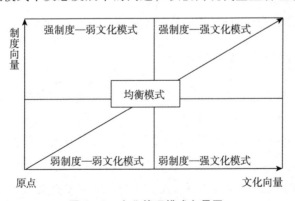

图 4 - 5　企业管理模式向量图

东北地区作为老工业基地，计划经济体制存在时间最长、根基最深，传统的计划经济意识根深蒂固。尽管我国实行市场经济已 20 多年，但是在东北地区计划经济的意识形态仍然具有强大的惯性作用，特别是政府对企业的生产经营活动依然存在严重干预，主要表现为政府按照自己的意图干涉企业的内部事务，包括组织机构、人事部署，甚至是经营方向，美其名曰是为了帮助企业改革，实现企业现代化转变，实际上就是计划经济中的官本位思想。同时，地方政府过度依赖企业，希望企业的发展能够吸纳更多的就业人口，促进经济增长，完成相关经济战略目标。因此，东北地区的地方政府在不了解制造业企业自身生产经营状况和市场需求的情况下，制定的制造业发展战略不符合各省省情，更未充分考虑将东北地区作为一个整体进行产业集群发展布局，导致地区内制造业产业结构趋同，低水平重复建设严重。不仅如此，部分地方政府为了政绩或贪图虚名，追求"大集团"式的行业发展，利用行政手段迫使企业进行联合、改组、兼并等本属于企业自己的经济行为。这种"抓壮丁"式追求集团化大企业的做法，并不能达到产业集群目标。地方政府为了让这些大集团在市场竞争中保持优势竞争力，积极为企业跑项目、拨贷款，甚至给予盲目的政策支持，把本属于企业和市场的职责一并代劳。在这种思想指导下的政府行为给制造业的发展造成了极大的困扰。

东北地区制造业企业由于长期受计划经济体制下企业生产经营活动全靠政府行政指令的传统思维定式的影响，与现代市场经济发展进程有所脱节，产生了"等、靠、要"的僵化思想，企业特别是国有企业对政府存在很强的依赖心理。尤其是在市场开拓和产品定位中，过分依赖政府相关部门的行政指令，"坐等"政府颁布有利于企业自身的政策从而建立竞争优势。

四 接续产业发展后劲不足

东北地区制造业普遍集中在低价值创造的加工制造环节，处于微笑曲线较低端。在东北地区，制造业企业存在散、软、小，生命周期短，稳定性差等缺点，由于市场监管不到位，结构问题一直没有得到很好解决，制造业企业结构不尽合理，产业结构单一、盲目扩大规模、趋同性比较严重，员工素质不高，市场化程度较低。愈演愈烈的全球金融危机使得外部市场需求大幅减弱，对制造业企业的影响首当其冲。当前，制造业已步入高成本时代，企业核心技术缺失、创新能力较低、工业创意相对落后的状况较为普遍，现代生产性服务业发展严重滞后，缺乏配套生产能力，产业链发育不完整且难以实现有效整合，不仅弱化了东北地区制造领域上下游行业间的关联性，而且严重制约了东北制造业的生存与发展空间。一些资源依赖型制造业企业面临原材料价格上涨、用工短缺等难题，大都处于半停产状态。据《中国行业年度报告（2004）》分析，中国 1000 家最大企业中，依靠资源型企业尤其是重化工业企业来发展经济在东北地区尤为明显（见表 4 – 11）。东北地区由于改革步伐缓慢、市场化程度低、政策不完善、诚信体系不健全等因素阻碍了制造企业的服务外包，削弱了生产性服务业与制造业互动发展的能力，导致接续产业发展后劲不足。2010 年黑龙江省和吉林省，经济增长主要依靠第二产业（见表 4 – 12），资源环境已无力承受"高消耗、高产出、高污染"的粗放型发展模式，面临资源枯竭困境，传统制造业企业在其发展模式转换的过程中很难找到接替产业促使其创新。部分制造业企业在社会经济转型中染上了急于求成的"浮躁"心态，往往选择投机进而影响新产品的研发，严重制约着东北地区制造业持续稳定发展。2003 年，国家提出了"振兴东北"战略，2013 年，东北三省的 GDP 翻了两番多，年均增速达 12.4%，高于同期 10.5% 的平均增速近 2 个百分点。但这 10 年东北两位数的增长是拼投资、拼能源、拼土地实现的，东北三省产业结构的单一性和畸形并没有根本性的改观。经过 10 年振兴之后，东北地区经济骤然减速，长期以来东北地区以重工业为主导的产业结构已经显现出"增长的陷阱"，东北地区制造业接续产业发展后劲不足。

表 4 – 11　中国 1000 家最大企业在东北地区分布

东北地区资源型企业个数及主营业务收入统计数据			
区域	1000 家最大工业企业中资源型企业个数（家）	资源型企业个数占本地区入围企业总数的比重（%）	资源型企业主营业务收入（千元）	资源型企业主营业务收入占本地区入围企业主营业务收入综合的比重（%）
东北地区	35	36.84	385667208	46.32
东北地区重化工业企业数量及主营业务收入统计数据			
区域	大中重化工业企业数量（家）	重化工业企业数量占本地区入围企业总数的百分比（%）	重化工业企业主营业务收入（亿元）	重化工业企业主营业务收入占本地区入围企业主营业务收入总和的百分比（%）
东北地区	69	72.63	7523	90.35

资料来源：赵晓、张文卿：《中国 1000 家最大企业的区域分布分析》，《宏观经济研究》2005 年第 11 期，第 38~43 页。

表 4 – 12　2010 年黑、吉两省三次产业对 GDP 增长的贡献率

单位：%

地区	第一产业	第二产业	第三产业
黑龙江	5.0	63.1	31.9
吉林	3.0	67.1	29.9

资料来源：2010 年黑龙江省、吉林省国民经济和社会发展统计公报。

第三节　转型的现有基础

世界各国的工业化进程一般都是以产业结构及工业内部结构的加速转换为重要特征。东北地区拥有丰富的自然资源、雄厚的工业基础和众多科技人才，具有巨大的发展潜力。工业化的过程就是随着技术进步和生产社会化程度的提高，不断淘汰衰退产业，加强传统产业的技术改造，实现主导产业的合理转换，扶持和引导新兴战略产业，提高产业结构作为资源转换器的效能和效益的过程。① 东北地区制造业目前正处于从发展阶段向转型与升级阶段转化的关键时期，经济形势的发展已经为制造业发展模式转型提出了客观要求，并创造了必要条件。

一　国家振兴战略的推动

2003 年政府工作报告提出了支持东北地区等老工业基地加快调整和改造的思路，2003 年 10 月中共中央、国务院正式下发了《关于实施东北地区等老工业基地振兴战略的若干意见》，2003 年 12 月振兴东北地区等老工业基地领导小组成立，2006 年国家将东北三省作为税改试点区域，以包括装备制造业在内的 8 个行业为试点。2007 年国务院部署资源型城市可持续发展规划，于 2009 年 5 月 12 日发布了《装备制造业调整和振兴规划（2009 – 2011 年）》（国发〔2009〕111 号），2009 年 8 月，原则通过《关于进一步实施东北地区等老工业基地振兴战略的若干意见》。针对资源、环境和劳动力成本提高的严峻形势，东北地区各级政府通过财政补贴引导企业自主创新，推动传统产业向高端升级。实施东北振兴战略以来，东北老工业基地

---

① 李悦：《产业经济学》，中国人民大学出版社，2004，第 215 页。

初步走上了内生驱动、良性发展轨道，重新焕发出生机和活力。

新中国建立以来，我国总体沿着动态的均衡—非均衡—协调发展的路径演进，东北地区作为老工业基地的代表具备成为我国第四个经济增长极的条件。改革开放以来，我国制造业发展战略可分为两个阶段：第一个是"粗放型外延式"发展阶段，以劳动密集型和资源密集型的轻工业为主的制造业得到飞速发展；第二个是2006年后走新型工业化道路的发展阶段，主题是自主创新、可持续发展、追求效益和提高竞争力。[①] 振兴东北战略实施以来，东北地区加快了经济发展方式由依靠数量扩张向注重质量效益转变的步伐，2009年国务院批准《辽宁沿海经济带发展规划》和《中国图们江区域合作开发规划纲要——以长吉图为开发开放先导区》上升为国家战略，东北腹地经济迅速崛起，对外开放不断扩大，带动了包括丹东港在内的辽宁沿海港口的发展。2009年，《装备制造业产业调整和振兴规划》出台，强调了振兴装备制造业所依托的10项重点建设工程及基础保障，为东北地区制造业尤其是装备制造业的健康有序发展带来了机遇。东北地区处于成本低廉、市场广阔、社会稳定的大环境，正在成为世界制造业新一轮产业转移的首选地。国家实施必要的振兴政策，将东北地区建设成为我国乃至亚洲最大的重型机械装备制造业基地，加快东北地区制造业发展模式的转型，对国民经济和社会发展具有重要的经济和政治意义，有利于提高我国产业和企业的国际竞争力，维护社会稳定和产业安全。尤其是东北重大技术装备自主化成果显著，大型铸锻件、特高压输变电设备等都处于国内和国际先进水平。2004年，东北三省规模以上工业企业共完成增加值4869.6亿元，增长19.7%，引进外资增幅达到80%以上。2004~2006年，东北三省规模以上工业完成增加值分别增长19.7%、16.6%和18.2%，分别高出全国当年增速3.0个、0.2个和1.6个百分点。2010年，东北三省规模以上工业增加值同比增长17.6%，与2009年相比增加2.1个百分点。实施振兴东北老工业基地战略以后，东北地区经济持续快速发展，增长速度都在11%以上，但增速较不稳定（见图4-6），2003年以后东北地区生产总值增长速度均高于全国增长速度。

① 孙林岩：《中国制造业发展战略管理研究》，清华大学出版社，2009，第391页。

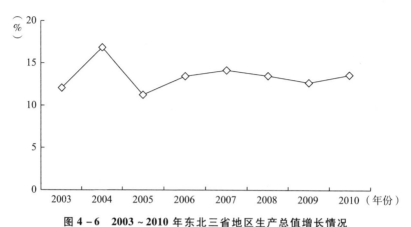

图 4 - 6 2003 ~ 2010 年东北三省地区生产总值增长情况
资料来源：国家发改委东北振兴司东北地区历年经济形势分析报告。

国家实施东北地区等老工业基地振兴战略及一系列政策措施的陆续出台，促进了东北地区经济社会的快速发展。2004 年，东北三省地区生产总值比上年增长 12.3%，增幅高出全国平均水平 2.8 个百分点。2009 年辽宁、吉林、黑龙江三省地区生产总值同比分别增长 13.1%、13.3% 和 11.1%，三省固定资产投资同比分别增长 30.5%、29.4% 和 37.1%；内蒙古东部地区生产总值同比增长 22.27%，固定资产投资同比增长 30.61%。[①] 辽宁省 2010 年统计年鉴显示，2009 年辽宁省各地区按主要行业分，全社会固定资产投资合计 12292.59 亿元，投入制造业的合计 4637.55 亿元，是所有行业里投入最多的。同时，大力发展高新技术产业和装备制造业，采用高新技术改造传统产业，培育发展接续产业，促进产业升级和再工业化。据国家发改委东北振兴司司长周建平介绍，2003 ~ 2013 年东北三省的地区生产总值年均增长 12.2%，经济总量由 2003 年的不足 1.3 万亿元增加至 2015 年的 5.8 万亿元以上。当前，随着我国开始发展如新能源动力汽车制造业、装备制造业等新一轮重化工业，东北地区制造业在发展战略性新兴产业方面迎头赶上，有条件着力培育并发挥"优势产业增长极"的辐射、带动和协调作用。国内外流动资本向重化工业的核心领域挺进，进一步发挥重化工业对社会经济的拉动作用。东北地区振兴规划强调促进区域共同发展，首次

① 鲍振东、曹晓峰：《中国东北地区发展报告（2010）》，社会科学文献出版社，2010，第 2 页。

提出优先发展"哈大经济带",努力打造"沿海经济带",加快形成以线串点、以点带面的东北区域发展新格局的思路。① 在中国经济战略转型及各级政府的大力扶持下,2010 年东北三省实现地区生产总值 37090 亿元,同比增长 13.6%,2010 年吉林省 GDP 同比增长 13.7%。建设长吉图开发开放先导区上升为国家战略,将大大促进东北制造业"走出去"与"引进来"的发展步伐,振兴战略实施以后的 7 年间,辽宁省地区生产总值年均增长13.2%,"十一五"期间年均增长 14%。沈阳经济区被列为"国家新型工业化综合配套改革实验区",是国内乃至东北亚地区发展条件较优越的工业型城市密集区,城市经济带、城市经济圈、城市经济共同体的形成与发展,以调结构、转方式为主线,以工业化和城市化为主攻方向,必将极大地推动东北地区工业经济的全面振兴。2016 年 4 月,《中共中央国务院关于全面振兴东北地区的若干意见》公开发布,这是当前和今后一个时期加快老工业基地全面振兴的纲领性、战略性文件。2016 年 11 月,为支持东北地区积极应对经济社会发展面临的突出困难和挑战,国务院出台了《关于深入推进实施新一轮东北振兴战略　加快推动东北地区经济企稳向好若干重要举措的意见》。此外,《东北振兴"十三五"规划》和《推进东北地区等老工业基地振兴三年滚动实施方案》开始实施,为加快推进东北老工业基地全面振兴提供了重要保障。

二　比较完整的工业体系

东北地区是我国近代工业起步较早的地区之一,这里"拥有丰富的铁矿、煤炭、木材、石油、有色金属等自然资源,拥有相对密集的铁路网和已初步形成的钢铁、煤炭、机械、化学等重工业生产体系",② 是我国重要的原材料工业基地。东北地区装备制造业在产业、资源、技术、科研和技能人才队伍等方面具有一定的基础,具有从制造轻薄短小到重厚长大产品的全套产业基础和丰富人才,应定位为以重大成套装备生产为特色的我国重大装备制造业生产和研发基地,重点支持重大成套设备制造、交通运输

---

① 姜四清:《解读东北地区振兴规划》,http://news. nmgnews. com. cn/xam/article/20071113/163 304_2. html。

② 鲍振东:《中国东北地区发展报告 (2006)》,社会科学文献出版社,2006,第 2 页。

设备制造、基础产品和关键性装备制造及光电子等高新技术装备制造业。①
区域集中度高、地域分布比较集中、装备制造业集群初步形成，为东北地
区制造业发展模式转型提供了起跳势能和能力。如辽宁装备制造业在新中
国建立后获得了长足发展，建立了门类比较齐全、基础比较雄厚的装备制
造工业体系。改革开放以来，东北制造业飞速发展，以机床、机车、动车
为代表的东北重工业在全国乃至世界都具有较强的竞争力。近年来，辽宁
省装备制造业发展较为迅速（见表4-13）。东北地区比较完整的工业体系
已经形成规模，集群优势日益显现。目前东北地区处于工业化中后期加速
发展阶段，高端装备制造业作为七大战略性新兴产业之一必然推动东北地
区制造业的快速调整和发展模式的转型。2008年，东北地区工业增加值增
速为16.3%，较东部地区高4.5个百分点；2010年东北地区的工业增加值
比上年增长17.8%，工业发展速度明显加快。

表4-13 辽宁省装备制造业历年情况比较

单位：亿元，%

		2005 年	2006 年	2007 年	2008 年
增加值	全省工业	3108.44	4141.22	5393.76	6603.1*
	装备制造业	732.15	1089.44	1570.28	1894.0*
	占全省比重	23.55	26.312	29.11	28.7*
	全国装备制造业	20201.85	25925.16	33301.39	–
	占全国比重	3.62	4.2015	4.72	–
资产总计	全省工业	11902.12	141400.89	17034.52	20060.91
	装备制造业	3225.73	4046.32	5368.86	6564.73
	占全省比重	27.10	28.611	31.52	32.72
	全国装备制造业	68506.53	81281.6	101440.5	125309.06
	占全国比重	4.71	4.98	5.29	5.24
利润总额	全省工业	355.98	449.75	852.67	658.19
	装备制造业	75.29	127.78	255.75	315.65

---

① 金凤君、张平宇、樊杰等：《东北地区振兴与可持续发展战略研究》，商务印书馆，2006，
第139页。

续表

		2005 年	2006 年	2007 年	2008 年
	占全省比重	21.15	28.414	29.99	47.96
利润总额	全国装备制造业	3614.36	4896.35	7122.41	9153.48
	占全国比重	2.08	2.61	3.59	3.45

注：2009 年出版的辽宁统计年鉴和中国统计年鉴均未提供工业行业增加值数据，表中 2008 年增加值数据（带星号）摘自统计公报，表中数据均为当年价格。

资料来源：曹晓峰等：《2010 年辽宁经济社会形势分析与对策》，社会科学文献出版社，2010，第 70 页。

东北地区工业区位优势突出，各省份都有自己的优势工业体系，如以鞍钢为主体的钢铁工业体系，以大庆油田为主体的石化工业体系，以长春一汽为主体的汽车工业体系，以内蒙古东部五盟（市）畜牧业为主体的畜产品加工体系，以吉林省为主体的医药工业体系，以辽宁省和黑龙江省为主体的装备制造业体系。[①] 经过多年的建设和发展，东北老工业基地已成为中国主要的工业集聚区之一，形成了哈尔滨、长春、沈阳、大连等区域工业中心。东北地区聚集了北方重工、沈鼓集团、一汽、哈飞、大连机床等一大批重点骨干企业及配套企业。2010 年，东北三省工业经济运行态势良好。规模以上工业增加值同比增长 17.6%，比 2009 年高出 2.1 个百分点，重点装备制造企业盈利水平也明显提升。[②] 可通过发挥市场机制对资源配置的决定性作用来实现东北地区内部三省一区的资源共享、优势产业互补、人力资源有序流动的区域合作体系。东北地区工业增加值总体企稳回升：2009 年辽宁省完成工业增加值 6841 亿元，同比增长 3.60%；吉林省完成工业增加值 2927 亿元，同比增长 17.4%；黑龙江省完成规模以上工业增加值 2905.5 亿元，同比有所下降；内蒙古东部地区完成工业增加值 1283.65 亿元，同比增长 27.89%。[③] 在新一轮经济周期调整中，东北老工业基地呈现出实体经济基础坚实、抗风险能力较强、回旋余地较大的发展优势。

[①] 孙乃民、王守安：《东北经济区的内在联系与合作开发》，学习出版社，2006，第 105 页。

[②] 东北振兴司：《2010 年东北地区工业经济运行态势良好》，http://dbzxs.ndrc.gov.cn/zxzx/t20110318_399956.htm。

[③] 鲍振东、曹晓峰：《中国东北地区发展报告（2010）》，社会科学文献出版社，2010，第 6 页。

三 关联度较高的主导产业

在计划经济体制下，东北地区建立起经济协作关系使该地区成为我国内在关联度较强的经济合作区之一。东北地区已经形成了以冶金、机械、汽车、化工、能源为支柱的重化工业集群。主要有以数控机床、鼓风机、工程机械等为代表的装备制造产业集群，以汽车、发动机为代表的汽车及零部件产业集群，以大化工、精细化工、药品为代表的医药化工产业集群。东北地区相关省份的经济之间有一定的互补性，辽宁省拥有优良的港口和雄厚的工业基础，吉林省汽车工业和化工产业发达，黑龙江省森工、石化工业发达以及内蒙古东部地区矿产资源丰富，为整个东北地区制造业的振兴创造了条件。东北装备制造业在成套设备、船舶、智能化仪器仪表、汽车、数控机床等支撑国民经济技术升级的重大装备制造业及零部件工业方面具有较大优势。骨干企业集中且若干企业是全国行业中的巨人，一批大型装备产品代表着我国相关行业的最高水平。在辽中南都市经济区和中部产业集聚带中，大型装备制造业可以得到原材料供应和能源等基础工业及相关机械制造业的配套和支撑。[1] 在资源整合基础上，沈阳铁西坚持提高产品附加值和技术含量，引导企业不断向系列化、规模化、成套化方向发展，突出重点企业产品升级。经过调整改造，沈阳铁西区实现了创新资源向优势装备企业集中的目标，区内有沈鼓、机床、远大、北方重工等八个占地70万平方米以上的企业。沈阳铁西区以北方重工、沈鼓等大型重点企业为龙头，着力建设十大装备基地，通过联合重组使技术创新等生产要素进一步向优势产业集中。金融危机对东北制造业发展的影响同样是结构性的，对与工业化进程密切联系的交通运输设备等装备制造业并没有影响，而且其在危机情况下发展得更快，装备制造业长期向好的趋势尚未改变。

四 日趋合理的产业结构

改革开放以来，东北地区加快了产业结构调整的步伐，三次产业结构

---

[1] 金凤君、张平宇、樊杰等：《东北地区振兴与可持续发展战略研究》，商务印书馆，2006，第131页。

调整呈现出第一产业比重趋于下降，第二产业比重稳中有降，第三产业比重快速提升的演进趋势。目前，东北经济区已经逐步改变了工业比重过大，第三产业明显不发达的局面。东北地区第一、二、三产业结构比重总体还是在向合理方向发展。如 1978 年为 20.0∶64.3∶15.7，2009 年中国宏观经济信息显示，东北三省第一、二、三产业增加值分别增长 3.7%、15.1% 和 11.7%，三次产业的比重为 12∶50∶38，第二产业由 64.3% 降到 50%，但仍占据一半。与 1978 年比较，第三产业取得了快速发展，三次产业结构的比例关系得到了明显的改善。改革开放后，受国家相关政策的影响，第三产业获得迅速发展。[①] "十一五"期间，我国工业的增加值保持了年均 13.5% 以上的增长速度，东北地区生产总值 2010 年同比增长 13.6%（见表 4-14），辽宁、吉林、黑龙江三省分别同比增长 14.1%、13.7% 和 12.6%，分别比 2009 年高出 1.0 个、0.4 个和 1.5 个百分点。当前一段时期"民工荒"所形成的倒逼效应，进一步推动东北地区坚持以结构调整为主线，积极推进优势主导产业升级，产业结构日趋合理，有利于实现东北地区经济平稳健康发展。

表 4-14 "十一五"期间全国及东北三省地区生产总值及增速

单位：亿元，%

年份	全国		东北三省	
	GDP	增速	GDP	增速
2006	216314	12.7	19715	13.5
2007	265810	14.2	23373	14.1
2008	314045	9.6	28196	13.4
2009	340507	9.1	31078	12.7
2010	397983	10.3	37090	13.6

资料来源：2006~2009 年数据来源于历年《中国统计年鉴》，2010 年数据来自各省份及国家统计公报。

从东北三省三次产业增加值构成情况看（见表 4-15、表 4-16），东北地区的工业化进程，特别是重化工进程并没有结束，且处于工业化中后期。按照"配第-克拉克"定律，随着经济的发展和技术的进步，劳动力

① 孙乃民、王守安：《东北经济区的内在联系与合作开发》，学习出版社，2006，第 109 页。

逐渐从第一产业流向第二、三产业,产业转移主要在第二产业并能较好地反映区际产业转移的程度和效果,使就业构成和产业增加值构成呈现出第一产业不断下降,第二、三产业不断上升的趋势。[①] 产业转移,实质上是企业进行区位选择的结果。东北地区产业结构调整的重点是使农村剩余劳动力顺利地转移到第二、三产业上来。

表 4 - 15   1978 ~ 2010 年东北三省产业结构变动情况

单位:%

年份	吉林			黑龙江			辽宁		
	一产	二产	三产	一产	二产	三产	一产	二产	三产
1978	29.3	52.4	18.3	23.5	61.0	15.6	14.1	71.1	14.8
1995	26.9	42.5	30.6	18.6	52.8	28.6	14.0	49.8	36.2
2003	19.3	45.3	35.4	11.3	57.2	31.5	10.3	48.3	41.4
2010	12.2	51.5	36.3	12.7	49.8	37.5	8.9	54	37.1

资料来源:各省份历年统计公报;刘艳军等:《东北地区产业结构演变的城市化响应:过程、机制与趋势》,《经济地理》2007 年第 3 期,第 433 ~ 437 页。

表 4 - 16   2006 年东北三省三次产业增加值构成情况

单位:% ,位

地区	第一产业	第二产业	第三产业	第二、三产业比重在全国的排序
辽宁	10.6	51.1	38.3	9
黑龙江	11.9	54.4	33.7	14
吉林	15.7	44.8	39.5	20

资料来源:根据《中国统计年鉴(2007)》有关数据整理。

五 实力雄厚的创新资源

东北地区资金、技术和信息等"主导资源"丰富,在改革开放以后获得快速发展。东北地区以自然资源为主的资源禀赋已成为一种依附性资源,制造业发展模式的转型只有借助新的技术和应用才能实现。受国内外经济环境的影响和体制机制等多种因素的制约,东北地区制造业必须加快创新,

---

[①] 马子红:《中国区际产业转移与地方政府的政策选择》,人民出版社,2009,第 95 页。

以期在新的国际经济环境下提高国际竞争力，在国际分工中占据主动。工业设计是发现需求，开拓市场的新的竞争力。面对新的发展环境，东北地区等老工业基地的制造业唯有从头到脚仔细规划和全面实施"科技创新"的发展战略，才能顺利完成产业转型升级，突破产业发展瓶颈，走出产业发展困境。2003 年 11 月，国家发改委通过了振兴东北的 110 个项目，总投资额达 610 亿元。东北地区拥有雄厚的科技实力和较好的产业技术工人储备，通过加大制造业企业技术改造力度，加快产业项目建设步伐，从源头上促进结构优化升级，生产效率普遍提高，为制造业发展模式转型奠定坚实基础。2009 年 12 月，以企业发展需求和各方共同利益为前提，以提升吉林省新能源汽车研发能力为宗旨，成立了由吉林大学、一汽集团公司、中科院长春应化所等 23 家科研生产单位组成的"吉林省新能源汽车产业联盟"，充分代表了吉林省研发和制造新能源汽车的最高水平。通过吸引海内外优秀创新人才、开展技术创新来实现产业创新，引领创新型经济的发展，为"东北制造"注入新的元素。2010 年公布的中国冶金产品实物质量"金杯奖"获奖名单中，鞍钢股份公司生产的船体用结构钢板、彩色涂层钢带、冷轧低碳钢板和钢带、集装箱用热连轧钢板和钢带等六种产品榜上有名。其中船体用钢板获得中国钢铁工业协会 2010 年冶金产品实物治理最高奖——"特优质量奖"。[①] 这些荣誉的取得不仅使"鞍钢制造"的实物治理受到行业的高度肯定，同时也为鞍钢巩固和扩大品牌影响力奠定了坚实的基础。东北地区有能力打造国家级先进装备制造基地和重要能源原材料基地，建成国家向北开放重要桥头堡和枢纽站，形成国家重要的生态屏障。

目前，我国正处于由传统产业向新兴产业转换之际，与此同时，一批新兴产业应运而生。因此，从产业发展的程度来看，我国传统产业与战略性新兴产业并存。一方面，我国不断调整产业政策，促进国有企业逐渐退出具有市场竞争性的领域。随着我国产业政策的调整，传统产业创新出现崭新局面。由于某些领域市场竞争机制的引入，市场竞争进一步推动其他相关因素发挥作用。例如，面临市场竞争的压力，许多企业加强基础性研究、自主研发、协同创新、引进技术等。这些因素推动我国产业创新向着

---

① 金荣生：《鞍钢 6 种产品捧得"金杯奖"》，《辽宁日报》2011 年 4 月 7 日。

市场导向型和技术导向型发展，市场在产业创新中的导向性作用越来越突出。另一方面，我国通过实施一些切实可行的产业政策，去挖掘产业的后发优势，探索前沿边际产业，以促进传统产业的升级与多元化。供给侧结构性改革通过供给与需求两方面发力，化解供给与需求之间的结构性矛盾。习近平总书记在 2015 年 11 月 10 日主持召开中央财经领导小组第十一次会议时发表重要讲话，首次提及供给侧结构性改革，指出着力解决产能过剩，生产消费脱节，有效供给不足，体制机制、科技创新等原有发展动力乏力等问题是当务之急，必须使新经济、新产业政策、新的企业组织方式成为新的发展动力。

第五章　东北地区制造业发展模式
转型的理性思考

事物的发展具有阶段性，正如恩格斯所说："每一个阶段都是必然的，因此，对它发生的那个时代和那些条件来说，都有它存在的理由；但是对它自己内部逐渐发展起来的新的、更高的条件说来，它就变成过时的和没有存在的理由了；它不得不让位于更高的阶段。"① 改革开放以来，东北地区制造业企业部分出现倒闭破产，这是制造业在转型过程中必然出现的混沌局面，或称"产业危机"。人类历史表明，每一次大的经济危机都会伴随科技的突破，进而推动产业革命，形成新的经济增长点。

第一节　转型机理

一　发展模式转型的重要意义

产业是一个国家或地区国际经济竞争力的最终体现，制造业的发展不仅是区域性经济发展的问题，更关乎世界各国的经济发展。当今世界正处于以成本为中心和以创新为中心共同竞争的时代，制造业竞争力既和企业竞争力紧密相连，又和国家竞争力密切相关，是联系企业竞争力和国家竞争力的纽带。当前我国经济已融入全新的产业链竞争时代，东北地区制造业面对的已不再是企业或者产品的单一竞争格局，发展环境更为复杂，制造业发展模式转型已是当务之急。面对"十二五"发展的黄金时期，完成

---

① 《马克思恩格斯文集》第 4 卷，人民出版社，2009，第 270 页。

从简单加工的初级"制造"到全面整合产业链上下游的"智造",科学合理的发展模式至关重要。东北相关省份地缘相近,发展程度接近,地区经济发展不仅受多方面因素影响,而且也需经过一个逐渐发展的阶段。东北地区经过改革开放40年已有了较大发展,目前农村发展进入了第三次改革的关键时期。不同社会阶段、不同国情,制造业所扮演的角色、担当的作用也不一样,但最终的发展目标是确定的,那就是要推动地区乃至全国经济的发展。

2010年,我国制造业产出首次超过美国,我国成为世界第一制造大国。但创新能力弱、产业结构不合理、产业链高端缺位、能源消耗大、环节污染严重等问题,严重制约着我国制造业的发展。欧美国家纷纷提出"再工业化"战略,美国制订了"先进制造业国家战略计划",德国2013年推出了"德国工业4.0战略",各国都在积极寻找促进经济增长的新出路、继续抢占未来制造业的主导权。[①] 长期以来,由于美国的虚拟资本严重膨胀甚至脱离其现实资本运动,整个链条上某一节点出现断裂致使风险集中爆发,导致金融危机。而且危机如"蝴蝶效应"一样迅速演变成了一场全球性动荡,使得我国沿海一带的外向型制造业企业蒙受了巨大的经济损失,进一步出现了"民工荒""技工荒"现象,这已成为未来制造业发展的"瓶颈"。此次危机尽管复苏之路可能漫长与曲折,但经济复苏的苗头与拐点已经显现,从这一角度看我们可以认为中国经济开始迈入后危机时代。[②] 樊纲曾概括了后危机时代的五个趋势:第一,世界主要发达国家的消费率将会降低,储蓄率将会提高;第二,回归实业;第三,市场竞争越来越激烈;第四,低碳经济将是一个新的增长点;第五,新兴市场国家将在危机之后占据市场空间的更大比重。[③] 金融危机以来,全球经济失衡是一个客观事实,推动世界经济再平衡成为各国的共同使命。全球经济再平衡是一个循序渐进的长期过程,引发了新贸易保护主义抬头、人民币升值压力加大、

---

① 孙英兰:《"中国制造2015":拉开"制造强国"大幕》,《瞭望新闻周刊》2015年第51期,第19页。

② 孔令锋:《两次金融危机时期中国经济格局的比较分析与政策启示》,《当代财经》2009年第12期,第10~16页。

③ 樊纲:《后危机时代的五个趋势》,《理论学习》2009年第8期,第45页。

发达国家重归制造业、我国制造业转型升级压力加大等一系列连锁反应。①总体而言，世界经济已停止下滑，呈现出恢复性复苏的良好迹象，但我国经济企稳回升的态势尚不稳固，有诸多不确定、不可持续因素。东北地区制造业的迅速发展已成为后危机时代世界经济复苏的重要引擎，东北地区制造业发展模式的成功转型将为我国乃至世界经济增长提供强有力的支撑。特别是后危机时代，制造业企业能否探寻到适合自身的发展路径是国民经济能否持续健康发展和国际竞争力能否提升的关键所在。

二 发展模式转型的基本原则

1. 科学发展原则

科学发展观是区域科学发展的航标或思维方式，在选择制造业发展模式时，必须摈弃以往为发展经济不惜牺牲环境的不可持续发展模式及理念，坚持运用科学发展的方法解决发展进程中出现的问题，改革开放 40 年来，由于制度安排等原因，把经济增长作为一切工作的出发点和目标，以 GDP为中心的增长主义倾向突出，各地区所有制度安排与政策实施的最终目标都是经济增长，东北地区也不例外。因此，面临新的发展环境，我们必须选择新的原则，即由经济增长原则转化为以经济社会全面、协调、可持续发展为标志的科学发展原则。发展模式的选择具有一定的历史性和时代性，作为工业主导部门的制造业发展模式首先要把握经济发展的战略性原则，邓小平同志讲过：发展才是硬道理。东北地区制造业发展模式转型应该从以产品为中心转为以客户为中心，协调消费者与企业发展的关系。一种模式成功与否关键在于是否能推动某一地区、某一产业的科学发展。

2. 环保性原则

随着经济规模的不断扩大，能源、资源、生态环境对经济增长的约束逐步加大，我国经济社会发展开始从工业化主导转向城市化主导、从中高碳经济转向低碳经济，环保理念已深入人心。生态工业是一种更加注重生态效率、注重污染治理和资源保护的工业发展新模式，因此，作为重工业

---

① 工业和信息化部电信研究院：《2014 年中国工业发展报告》，人民邮电出版社，2014，第170～174 页。

发展基地的东北地区必须改变高消耗、高污染的传统制造业发展模式，从过去资源依赖为主的粗放型发展模式转化为资源、环境相协调的集约型、节约型、生态型发展模式，逐步形成以自然资源为基础与环境承载力相协调的环保型制造业发展模式。在机遇与风险并存的后危机时代，工业经济的发展如果以破坏资源环境为代价，必然要受到自然的严惩。制造业发展要以保护资源和生态环境为前提，体现环保理念、发展绿色制造、强调循环经济，把制造业企业生产的废弃物和产品对环境的影响降到接近于零的程度，促进人与自然和谐发展。

3. 动态性原则

任何事物都是不断变化发展的，制造业的发展模式也要适应国际国内经济社会的变化，正如马克思在《资本论》中指出的，"不同的生产领域经常力求保持平衡，一方面因为，每一个商品生产者都必须生产一种使用价值，即必须满足一种特殊的社会需要，而这种需要的范围在量上是不同的，一种内在联系把各种不同的需要量连结成一个自然的体系；另一方面因为，商品的价值规律决定社会在它所支配的全部劳动时间中能够用多少时间去生产每一种特殊商品。但是不同生产领域的这种保持平衡的经常趋势，只不过是对这种平衡经常遭到破坏的一种反作用"。① "社会内部的分工越不受权威的支配，工场内部的分工就越发展，就越从属于一人的权威。因此，在分工方面，工场里的权威和社会上的权威式互成反比的。"② 由于东北地区经济资源和要素禀赋的变动，在制造业发展模式转型过程中，要寻找符合产业发展规律的发展模式。

4. 实效性原则

制造业企业要提升竞争力，不能仅局限于对企业内部的价值链进行优化，而且需要把企业置于整个产业的价值链上，注重实效性。讲求实效既是制造业发展模式实践运用的出发点，也是其落脚点。制造业发展模式如果没有有效机制，就不能发挥它的有效功能，就难以提高制造业整个系统

---

① 〔德〕马克思：《资本论》第 1 卷，中央编译局译，人民出版社，2004，第 412 页。
② 〔德〕马克思：《哲学的贫困》，中央编译局译，人民出版社，1964，第 130～131 页。

的运作效率。传统的制造业发展模式往往只注重经济增长与创造利润，而忽视了对经济和社会环境带来的综合影响。同时，实效性原则还要求制造业部门相关负责人在培育并运用某一种发展模式的实践中，以最少的时间和精力、采取最佳的方法来取得理想的发展制造业应该达到的效果。

三　发展模式转型的几种方式

随着市场调节的逐步深化，东北地区等老工业基地处于艰难的转型期，根据资源型经济的地域差异与发展特点，东北地区的制造业发展模式需要适应新的国内外形势并做出相应转型，结合不同工业区制造业发展实际，采取"置换转型"、"并行转型"、"升级型转型"、"结构性转型"和"规避转型"等转型方式。

1. "置换转型"

以沈阳铁西区为典型，成功实施"东搬西建""腾笼换鸟"① 等复兴战略，采取以产业置换替代和主导产业转移为主的转型模式，重点培育和发展整装设备制造业、高新技术产业，改造提升钢铁加工、冶金等传统主导产业，着力打造一个崭新的生态工业园区。通过技术创新与体制创新，促进新型主导产业的发展，沈阳铁西区制造业企业改造转型的进程就是新型工业化的进程。

2. "并行转型"

以内蒙古通辽市的科左后旗为例，一方面实施项目牵动战略，加快与东北地区重点城市产业发展的有效对接，增强工业经济发展后劲。先后引进实施了中国南车风电装备制造和风电维修服务基地等工业项目，壮大优势主导产业。另一方面鼓励和支持企业调整结构、深挖潜力，发展下游加工业延长产业链条，建立起资源深度加工和利用的产业群。加强工业集聚区建设，打造工业经济集群发展平台。实行技术创新与引进相结合，促进传统产业技术改造与新兴主导产业壮大。推动资源节约和要素集聚的产业

---

① "腾笼换鸟"是经济发展过程中的一种战略举措，把现有的传统制造业从目前的产业基地"转移出去"，再把"先进生产力"转移进来，以实现经济转型、产业结构的优化升级。

集群发展模式，提高了工业经济整体运行质量和效益，实现了主导产业升级与结构调整优化并行发展。

3. "升级型转型"

制造业企业可以利用贴牌生产积累的国外企业的先进经验和技术，向原始设计制造商以及自有品牌生产转型升级。在产品生命周期中，主要体现为工业中间品（原料和半成品），如汽车配件、化学中间品等。制造商通过采用新技术、新材料、新工艺，实现装备升级、产品升级、客户升级、功能升级，由初级产品供应者成为国际化的高端制造者。赢利能力的提升不仅能抵消外部环境带来的压力，还能为今后发展构建差异化的竞争能力。英国学者 Humphrey 和 Schmitz 提出了产业价值链升级的四种方式，具体升级方法如表 5-1 所示。[1] 一般来讲，制造业发展模式升级型转型主要表现为旧产品增加新功能、引入新技术、配套新服务等。天则经济研究所研究员冯兴元指出，升级型转型包括连续性升级和跳跃式升级。前一种是指制度、技术变化不大，是比较缓慢连续的升级，是主动温和型转型；后一种是由于受很多因素的困扰，企业被迫转型，属于被动激烈型转型。

表 5-1　产业链升级方式

升级方式	具体升级办法
产品升级	通过引进新产品或提升已有产品的效率来达到超越竞争对手的目的
工艺流程升级	通过重新组织生产系统或引进先进技术，提高价值链中加工流程的效率
功能升级	重新组合企业内各种经济活动以提高附加值，获得新的功能或放弃已有的功能，增加经济活动的技术含量
跨产业升级	企业将从一产业获得的能力应用到另一新产业，移向新的价值链

资料来源：陈晓永：《河北省临港产业竞争力提升路径研究——基于创新型集群的视角》，《河北经贸大学学报》2011 年第 2 期，第 84 页。

4. "结构性转型"

结构性转型主要是针对最终产品制造企业而言，如鞋服、食品等生活必需品制造商。他们的转型更多的是创建自有品牌，跻身市场，通过满足

---

[1]　陈晓永：《河北省临港产业竞争力提升路径研究——基于创新型集群的视角》，《河北经贸大学学报》2011 年第 2 期，第 82~86 页。

顾客需求和建立品牌价值来获取更高回报，我们称之为"结构性转型"。①
通过结构性转型，提升东北制造的技术含量、品牌服务价值和低碳、环保、
循环经济运作模式的竞争力。

5."规避转型"

以黑龙江省鸡西市为例，结合资源禀赋特点，采取以传统产业技术改
造和延伸转化为主的规避转型模式。重点发展后加工和精细化工产品，延
长传统产业的产品链，培育新的增长点，促进传统产业升级替代。努力形
成产业接续和产业集聚效应。重点引进、开发和推广现代化技术工艺与设
备，建立现代化矿产采选企业，提高矿产资源的综合利用率，减少矿产开
采对土地、植被的破坏和对环境的污染。

无论采取何种转型思路，最终都应实现东北地区制造业逐步从资源密
集、能源密集向技术密集、知识密集转变，从资本和劳动力要素驱动发展
模式向知识要素驱动发展模式转变，从主要利用国内资源、高度自给自足
向充分利用国内和国外两种资源、两个市场转变，最终从高增长、高能耗、
高污染的不可持续发展模式向高增长、低能耗、低污染、改善环境的可持
续发展模式转变，实质是从要素驱动的增长转向知识驱动的增长。知识要
素是具有可替代性的，对环境、生态是友好的，知识要素驱动的发展模式
是可持续发展的战略运行机制。结合东北地区制造业实际，更多的是采取
升级型转型方式，我们主张根据不同时期的发展约束，出综合拳。国内已
有经济学家提出要防止制造业转型的"大跃进"方式，东北地区制造业占
GDP 比重较大，牵涉到收入分配和就业等重大民生问题，应采取主动吻合
的方式将转型可能带来的社会冲击降到最低。

四　发展模式转型的目标取向

中国最早是从事劳动密集型产业链低端产品生产制造的，东北地区也
不例外，在某些环节仍旧相对低端。东北老工业基地现已进入工业化的中
后期，正处于由传统工业化向新型工业化转型的过程中，要重振重化工业

---

① 薛金山：《中国制造业转型路径与阶段性探讨》，《中国机电工业》2010 年第 10 期，第 90 ~
91 页。

优势，必须实现"再工业化"，改变粗放型经济增长方式，依靠科技进步提升工业发展质量和效益。石油化工、钢铁、有色金属冶炼、重型机械制造等重化工业作为东北的基础产业，无疑具有很大优势。[1] 然而迅猛的制造业发展态势却难掩固有发展模式的尴尬，东北地区现行的制造业发展模式正处于一个十字路口，需要我们及时做出调整。全球危机体现为传统发展模式之危，科学发展模式之机。要充分利用国际金融危机的契机，合理利用低碳经济形成的倒逼机制，加快东北制造业发展模式转型。制造业要想从危机中成功转型，必须根据微笑曲线思路向高附加值的环节过度，或是向上抓住开发与原材料环节，或是向下抓住终端市场与品牌溢价。

　　制造业发展模式的转型具体要落实到微观层面，即制造业企业的经济运行层面。关于我国制造业企业的发展对策，学者多从制定实施"振兴制造业专项计划"、发挥产业集聚效应、推进区域经济一体化进程、加快制造业企业技术创新、加大政策支持力度、实施"腾笼换鸟"战略等方面提出相关建议。总体来看，现有研究大多基于短期视角分析制造业企业发展问题，笔者认为后危机时代的重点在于经济的可持续发展。东北制造业发展模式的转型最终目的就是要把微笑曲线两头进一步强化，一方面是技术研发上要有更多的自主知识产权，另一方面就是通过市场营销把品牌做大做强。制造业转型意味着需要在发展中适时调整、寻找适合当下环境的发展道路。通过上述分析，东北地区制造业发展模式的转型需要升级型转型和结构性转型的动态组合，避免落入"比较优势陷阱"。制造业发展模式的转型要符合全球制造业发展的趋势和中国已进入重工业化阶段的国情，必须与企业所处的时代和发展阶段相协调（见表 5-2），与其所处特定地区的区情相适应。"再工业化"是东北地区工业化的发展模式，将技术改造与制度创新结合起来，是发挥东北老工业基地比较优势的必然选择。[2]

　　东北地区制造业发展模式转型的主要目标是构建制造业可持续发展模式，以积极支持和引导劳动密集型产业发展为基础，重点扶持装备制造业

---

① 李刚、孙林岩、高杰：《服务型制造模式的体系结构与实施模式研究》，《科技进步与对策》2010 年第 4 期，第 45~50 页。

② 程伟：《东北老工业基地改造与振兴研究》，经济科学出版社，2009，第 52~65 页。

的改造升级，运用市场化①改革思路大力提高知识、技术、制度等创新要素在制造业发展中的比重，使东北地区制造业发展模式实现从技术过度依赖国际市场向技术引进与自主创新相结合转型，从以劳动密集型为主向以技术、资本密集型为主转型，从低端制造向高端制造转型，由主要偏重于产量的增加和物质财富的增长向资源持续利用和生态环境保护的低碳型经济发展模式转型，由数量粗放型增长向质量效益型增长转型，由主要依靠增加物质资源消耗的粗放式发展向主要依靠科技进步、劳动者素质提高、品牌扩散效应、管理创新转变，构建东北地区制造业自主创新和持续发展机制，推进信息化和工业化相融合，走创新驱动、内生增长的发展道路，推动东北地区制造业向低碳型、集约型、可持续发展型转型。

表5-2　知识经济时代与工业经济时代制造企业特点的比较

因素	工业经济时代的制造企业	知识经济时代的制造企业
关键生产要素	货币资本及实物资源	知识及无形资产
资产方式	重视有形资产	重视以知识为核心的无形资产
人力资本构成	一般劳动力为主	知识型员工为主
观念	关注现在，重现实	着眼未来，重知识创新
企业生产的方式	大批量、集中化、少品种	小批量、定制化、多品种
生产瓶颈	资本、资源和员工技能	拥有的知识和时间
企业管理重点	生产和销售	基于新知识的产品研发、服务
效率标准	劳动生产率	知识生产率
企业发展的动力	资本的大量投入	企业和员工的知识、创新能力

资料来源：陈俊芳、洪江涛、余祖德：《知识竞争力与制造业价值链优化》，上海交通大学出版社，2010，第62页。

从全球早期工业化国家发展的经验看，其发展经历了投资驱动、创新驱动和信息驱动三种模式。世界上没有放之四海而皆准的发展道路和发展模式，也没有一成不变的发展道路和发展模式。本书提出制造业发展模式转型是为了构建相关动态发展的目标模式，当然具体到某个地区需要结合

① 市场化是指现代市场，是市场经济和宏观调控机制的有机结合。

区情灵活变通。作为现代化的"后发"国家，当今中国实现制造业发展模式的转型，制度重于技术，关键在于改革。要切实实现制造业增长方式的转变、产业结构的优化升级以及发展模式的转型，做好能源、技术和人才储备，为我国经济又好又快发展奠定良好的基础。当然，制造业发展模式转型是一个长期、渐进、动态的过程，不能一蹴而就。

五 发展模式转型的预期收益

预期收益是指发展模式转型对制造业未来发展所产生的效益，包括直接收益和间接收益。直接收益是指制造业采取某一种发展模式直接产生的可计量的经济效益，如由发展制造业所带来的企业产量的增加、利润的提高等。间接收益指制造业所产生的社会效益和一些不可直接计量的经济效益，如产业结构的优化、环境污染的减少等。预期收益具体又包括两个层次。一是制造业发展模式总量效益评价。总量效益评价是指对发展模式运用于整个区域绝大多数制造业企业所产生的总规模效益的评价，对制造业发展模式的总量效益评价，是一个较为复杂的问题，由于不同制造业企业技术水平、管理方式、营销模式的差异，制造业发展模式总量的影响因素具有不确定性。而从总的趋势看，制造业发展模式转型的投入占 GDP 的比重随经济发展而呈现不断提高的趋势。二是制造业发展模式结构性效益评价，通过经济效益指标与社会效益指标来考察，经济效益主要指发展模式转型对制造业产出所带来的影响，社会效益是制造业发展模式转型能否更好地满足社会多层次需求与改善生态环境，既不能一味强调经济效益，也不能单纯地追求社会效益，应该努力寻求结构效益的平衡点。

制造业被认为是最具有"干中学"特征的部门，其人力资本的积累和整个部门的生产是成正相关的，也就是说，制造业部门的萎缩必然要降低整个人力资本的积累，减弱学习效应，抑制区域的创新和研发活动，这些正是资源型经济最为致命的症结。著名经济学家钱纳里、霍夫曼等人通过对主要工业国家近300年工业化进程的长期分析，得出了产业结构演变的一般规律，即当一个经济体进入工业化中后期之后，第二产业的产出和就业比重会呈下降趋势，而第三产业的产出和比重，则呈现逐步升高的趋势。如果用一个更形象的标准来衡量，这个第二产业下降第三产业升高的分界点是人均国民生产总值超过 1000 美元。据统计，2007 年我国人均 GDP 是 2460 美元，2008 年为 3315 美元，2009 年为 3633 美元；2009 年辽宁省人均 GDP 为 5013.66 美元，吉林省为 3798.49 美元，黑龙江省为 3166.16 美元，东北地区正处于人均 GDP 高增长和城市化加速推进阶段。1996 年以前，我国属于低收入国家，1999 年进入中等偏下收入国家行列，2010 年进入中等偏上收入国家行列。而实现高质量发展才能真正成为高收入国家，需要解决好一系列结构性问题，具体体现在以下三个方面：持续推动技术和产业升级；缩小收入差距和财富差距，提高社会流动性，实现更加包容的发展；改善生态环境质量，提高发展的环境可持续性。这是我国迈向高收入国家的内在要求。[①] 东北制造业的发展越来越体现为一种畸形的状态，能源约束是制约制造业未来发展空间的重要因素。从制造业自身发展历程看，技术创新使生产的"迂回化"成为提升产业竞争力的重要途径，其具体形式包括分工深化、各生产环节以及零部件生产与总装过程的分离等。[②] 制造业发展模式转型尤其体现为盈利模式、发展定位、企业运营模式的转型。从盈利模式来讲，随着传统产品获利的逐渐减弱，制造企业盈利模式转型迫在眉睫。如远大铝业实现了从生产型制造向服务型制造的转变，除了向客户提供有形产品外，还依托产品的专业化设计及工程维修服务，实现产品与服务的集成营销，为企业增添了新的利润增长点。从企业运营模式来看，如北方重工集团由原来主要依靠引进技术、自主发展转变为依靠并购与行业整合实现集团业务规模的扩张，实现整套设备的大规模生产、大品牌建设、增强自身最具优势的核心部件制造。依托基于价值链的制造企业知识竞争力评价指标体系（见表 5 - 3），通过发展模式的转型，增强研发、生产、营销、人力资源管理、物流等价值链环节的知识竞争力，积极培育东北地区本土品牌，优化制造业价值链，构建研发、销售、服务等全球网络体系，进一步提升东北制造企业的知识竞争力和综合实力，早日实现东北制造向东北创造的转型。

---

① 林毅夫、刘培林：《以高质量发展迈向高收入国家》，《人民日报》2018 年 1 月 14 日。
② 任旺兵：《我国制造业发展转型期生产性服务业发展问题》，中国计划出版社，2008，第 6 页。

表 5 – 3　基于价值链的制造企业知识竞争力评价指标体系

价值链环节	知识竞争力指标	指标测度内容
研发	研发经费强度 研发人员密度 专利申请	研发经费与工业增加值之比 研发人员与全部员工之比 国内专利与国际专利申请数目
生产	工业增加值率 劳动生产率 能源利用效率 装备水平和管理水平	工业增加值总额与工业总产值之比 人均工业增加值 单位能源生产的 GDP 先进装备普及程度、领先管理手段应用程度
销售和服务	国际市场占有率 品牌状况	出口的产品在国际市场上占有的份额 国际知识品牌的数量
人力资源管理	人力资源状况 人力资源管理机制	从业人员平均受教育年限、技术人员结构 人力资源管理的方法、措施
物流	物流概念 物流技术及管理水平	对物流的重要性认识程度 物流技术及管理手段应用程度

资料来源：陈俊芳、洪江涛、余祖德：《知识竞争力与制造业价值链优化》，上海交通大学出版社，2010，第 63 页。

第二节　效应评析

考察某一产业的增长效应时，需要从不同维度、不同层面设定不同的衡量指标，以便对其进行科学的评价，考察东北地区制造业发展模式转型的相关效应也不例外。

一　制造业发展模式转型的经济效应

1. 极大地拉动地区经济发展

改革开放之初中国的制造业占世界制造业的份额不足 1%，而今在全球制造业中的份额已经提高到 8% 以上。改革开放 40 年来，"中国制造"依托庞大的生产能力，实现了突飞猛进的发展。从中间投入贡献系数来看，发达国家 1 个单位价值的中间投入大致可以得到 1 个单位或更多的新创造价值，而中国只能得到 0.56 个单位的新创造价值。增加值率是度量一个经济体投入 – 产出效益的另一个综合指标。目前我国制造业的增加值率仅为 26.23%，与美国、日本及德国相比分别低 22.99 个、22.12 个及 11.69

个百分点。[①] 改革开放前 30 年，东北地区以工业为主体的第二产业迅速发展。1952～1978 年，第二产业由 50% 提高到 60.8%。改革开放以后，第二产业仍然在地区生产总值中占主导。在国家振兴东北的新战略中，辽宁抢得了先机。2008 年辽宁工业增加值达到 6603 亿元，占东北地区的 52.7%；黑龙江工业增加值为 3445 亿元，仅占东北地区的 27.5%；吉林省工业在 60 年发展中占东北地区的份额大体保持在 15% 左右，2008 年工业增加值达到 2491 亿元，占东北地区的份额接近 20%（见图 5 - 1）。[②] 制造业发展模式转型有利于提高工业企业的生产效率，对整个东北地区经济发展具有较大的推动作用。

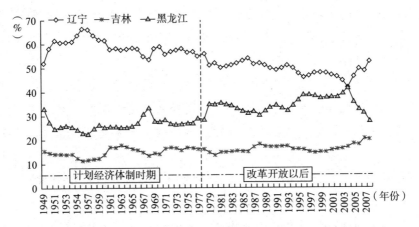

图 5 - 1　1949～2008 年黑吉辽占东北地区工业份额的变化

资料来源：陈耀：《我国东北工业发展 60 年：回顾与展望》，《学习与探索》2009 年第 5 期，第 40～45 页。

　　科学发展的要求之一是实现有效发展，就是要用较少的投入获得较多的产出。要研究资源投入和环境投入的有效性不能只重视经济发展的产出结果而不重视投入与产出的比例。制造业不是简单的贴牌生产，而应该建立研发中心、加大科研投入、拥有本土的自主创新企业、用好自身的主导产业。实现东北地区制造业发展模式转型有利于充分发挥东北老工业基地

---

① 张茉楠：《人民币升值将倒逼制造业加快转型》，http://www.financialnews.com.cn/wh/txt/2011 - 01/04/content_335635.html。

② 陈耀：《我国东北工业发展 60 年：回顾与展望》，《学习与探索》2009 年第 5 期，第 40～45 页。

的潜力、优化经济发展布局，有利于促进区域内经济社会发展与环境保护相协调，增强东北地区经济活力和发展后劲。通过制造业发展模式转型，较大规模的制造企业采用国际先进的工艺技术和设备，实现制造业技术升级和生产效率的极大提高。如一汽实现了机器人焊接、加工中心和数控机床加工、计算控制在线监测和标准化测量装配，引入了丰田公司的准时化生产模式，产品试验检测系统先进可靠，已先后通过 ISO9001、QS9000 等国际标准认证。可以通过制造业全员劳动生产率的提高体现出来，计算公式为：全员劳动生产率 = 工业增加值①/全部从业人员平均人数。2009 年长春市规模以上工业产值占吉林省的比重达到 46%，工业对 GDP 的贡献率达到 43.7%，拉动 GDP 增长 6.6 个百分点，工业占全市 GDP 的比重达到 42.2%，工业技术进步对全市经济社会发展的贡献能力稳步提升。

2. 进一步提升东北地区制造业整体竞争力

对于制造企业来说，选择发展模式转型，则有可能获利良多或者利益受损，但选择放弃，则或者利益不增，或者利益受到损失，但较之坚持利益追求损失可能要小一些，作为理性制造业企业主体则必然倾向于选择坚持转型。因为坚持发展模式转型，还有可能获得丰厚的利益回报，而放弃发展模式的转型，充其量可能比坚持发展模式转型所损失的利润少一点，但不会获得丝毫增进。党的十六大提出走新型工业化道路，十七大进一步强调坚持走中国特色新型工业化道路，实现发展模式的转型，具体到制造业企业就是要处理好短期和长期的发展问题。从短期来看，部分企业由于经济实力较弱、抵御风险的能力较低，发展模式难以实现及时转型，但需要具体分析企业发展模式所面临的风险，如果风险低于预期可通过升级型转型方式逐渐实现发展模式的转型，逐步提升东北地区制造业整体竞争能力，推动制造业产业结构优化升级，扩大对外贸易的规模和水平。把握消费者需求导向，以设计和研发新产品来拓展市场、整合资源、优化流程、提升效率、降低成本、增加利润率。地区制造业竞争力是地区制造业在区

---

① 按照中国经济信息网的名词解释，工业增加值是指工业行业在报告期内以货币表现的工业生产活动的最终成果。全员劳动生产率是指根据产品的价值量指标计算的平均每一个从业人员在单位时间内的产品生产量，是考核企业经济活动的重要指标，是企业生产技术水平、经营管理水平、职工技术熟练程度和劳动积极性的综合表现。

域之间的市场竞争中表现出来的综合实力、所提供的有效产品或服务的能力及其在可预见的未来发展潜力的大小，属于中观层次的产业竞争力。[1] 装备制造业发展是制造业技术创新能力提升的基础，通过制造业发展模式的转型，改造和提升劳动密集型产业，增加品种、改善质量、提高效率，通过过程创新和产品创新，促进东北老工业基地产业升级、提高产业竞争力。增加劳动密集型产业中的知识、技术成分，即从以加工组装为主扩大到产品设计、品牌营销等环节，在价值链中实现完全型劳动密集型产业向分工型劳动密集型产业的升级。国家质检总局发布的数据显示，2013 年我国制造业质量竞争力指数[2]达到 83.14，这已是我国制造业质量竞争力连续 15 年持续上升（见图 5-2）。就全国来看，2015 年装备制造业质量竞争力指数处于前列（见表 5-4）。但东北地区的制造业质量竞争力指数在珠三角、长三角和京津冀三大经济圈之后，没有排在第一梯队（指数在 85 以上），2015 年辽宁省的制造业质量竞争力指数为 82.22，吉林省为 79.38，黑龙江省为 82.23，仍存在质量成本控制减弱、技术改造投资下滑等不利因素，因而需要通过发展模式的转型促进东北地区制造业质量竞争力指数稳步上升。

表 5-4　2015 年装备制造业质量竞争力指数

行业	质量竞争力指数
金属制品业	81.30
通用设备制造业	87.12
专用设备制造业	87.95
铁路、船舶、航空航天和其他运输设备制造业	89.00
电气机械及器材制造业	88.43
计算机、通信和其他电子设备制造业	90.74
仪器仪表制造业	90.20

资料来源：国家质量监督检验检疫总局：《2015 年全国制造业质量竞争力指数公报》，2016。

---

[1]　浙江产业竞争力比较研究课题组：《提高产业竞争力：浙江跨世纪发展的战略选择》，《中国软科学》1997 年第 3 期，第 48~54 页。

[2]　制造业质量竞争力指数是按照特定的数学方法生成的用于反映我国制造业质量竞争力整体水平的经济技术综合指标，它由质量水平和发展能力 2 个二级指标、6 个三级指标和 12 个统计指标计算得出，该指标为国内独创。

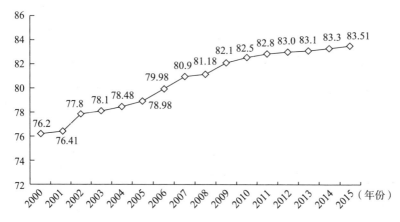

图 5 - 2   2000 ~ 2015 年全国制造业质量竞争力指数

资料来源：国家质量监督检验检疫总局：《2015 年全国制造业质量竞争力指数公报》，2016。

3. 有利于推动东北地区工业现代化进程

在特定的历史条件下，工业现代化具体可以从五个方面来衡量。第一，劳动资料的现代化，其中劳动工具是决定社会生产力水平的最重要的物质因素。第二，工业部门结构的现代化。工业中技术密集型部门不断增多，集中了最先进的科技成果，提供了众多的新产品、新材料、新技术和新工艺，比重不断增大，是工业部门结构现代化的重要标志。第三，人员结构的现代化。第四，管理现代化。第五，主要技术经济指标达到世界先进水平。制造业发展模式的转型，可以逐步实现以上五个方面的工业现代化，有利于老工业基地传统优势产业优化升级。联合国工业发展组织和世界银行联合主持的发展中国家的工业发展政策的研究，提出了划分工业化水平的一种方法：根据制造业增加值占总商品生产增值额的比重，把工业化水平分为非工业国（20% 以下）、正在工业化的国家（20% ~ 40%）、半工业化国家（40% ~ 60%）和工业国（60% 以上）四类。2001 年我国制造业增加值占总商品生产增值额的比重约为 51.5%，属于半工业化国家。通过制造业发展模式的转型，有效承接发达国家生产能力的转移带来的"一揽子"的技术、管理和市场等核心要素，机器设备的进口在很大程度上就是后发优势的具体实践。熊彼特增长理论为我们考察创新、模仿（imitation）与知识产权保护对经济的影响提供了参考。通过发展模式的转型，推动产业结构升级，逐步协调好轻工业和重工业的关系，用环保产业和高新技术产业引入信息技术、高新技术，进一步发挥东北地区主导产业的后发优势（指落后国家培育一个产业时，由于落后，同一产业及相应的技术、经验管理方法等已在发达国家存在，因此不需要重复开发和探索，可以通过引进、学习的方式获得）。①与跨国公司合作也可对当地的技术进步造成更多的压力，促进后发优势的发挥。

二　制造业发展模式转型的社会效应

当前制造业的发展，只考虑 GDP 量的增长，没有充分考虑到环境的牺牲、资源过度开发导致的自然资源浪费，进而产生了结构失衡、公共产品缺失、劳动力素质低下、社会不公、难以满足多层次社会需求等问题，这些因素对人民的幸福感存在消极影响，因此需要促进制造业发展模式的转型。制造业发展模式转型的社会效应如下。

1. 有利于促进人力资源与企业的协调发展

在发展中国家劳动力因素对制造业绩效的驱动作用是十分明显的。随着经济全球化时代制造业国际化的发展，制造业的空间布局发生了显著变化，在一些经济发达的城市，制造业不再是中心城市的主导产业，经济发展到一定阶段之后，制造业在城市集聚的正面效应下降，负面效应上升，出现了向外转移的趋势，城市更多地保留了支撑制造业发展的生产性服务业，城市经济逐步由工业主导向服务业主导转型。②坚持创新驱动，转变经济发展方式，通过鼓励老工业基地制造业转型，实现人口、资源、环境的协调发展和东北地区经济社会全面进步。高端人才的引进与培养有助于提高企业的创新能力，助力制造业企业转型，夯实东北地区经济持续发展的基础。同时，利用金融危机带来的机遇，东北地区的部分企业如远大集团引入国外人才创新团队，极大地推进了制造业企业的整体创新步伐。1990年，联合国在《人文发展报告》中首次提出了人类发展指数（HDI），这是一个由"预期寿命、教育水准和生活质量"三项基础变量组成的综合指标，

---

① 郭克莎、贺俊：《走向世界的中国制造业》，经济管理出版社，2007，第80页。
② 任旺兵：《我国制造业发展转型期生产性服务业发展问题》，中国计划出版社，2008，第4页。

在中国成为世界第二大经济体的 2010 年，联合国发布第二十个《人文发展报告》，中国在 169 个国家中排第 89 位，这一年的报告首席撰稿人库鲁格曼在提及中国的时候说："经济增长本身并不一定能自动带来医疗和教育的改善。"① 东北地区制造业发展模式转型有利于在实现利润增长的同时，更加注重员工与企业、社会的和谐发展，不仅有利于吸收更多的大学生就业、履行好企业的社会责任，而且可以实现工业专业化与市场经济的互动发展。

2. 有利于满足社会多层次需求

随着经济社会的全面发展和收入水平的提高，人们的消费层次也在发生不同程度的变化，通过制造业发展模式的转型，提高生产产品的技术含量，进一步实现功能升级、质量升级、服务升级，满足不同消费群体的消费需求。霍夫曼在 1932 年出版的《工业化的阶段和类型》一书中，分析了制造业中消费品工业和资本品工业的比例关系。根据"霍夫曼比例"计算公式：$W = A/B$。式中，W 为霍夫曼比例；A 为消费品工业净产值；B 为资本品工业净产值。得出的结论是在工业化过程中，霍夫曼系数是不断下降的。根据其定义和内涵，A 可以大体上相当于生产消费品的轻工业，B 相当于生产生产资料的重工业，据此来分析东北地区的工业化发展阶段，1940年重工业资本占 75.4%，轻工业仅占 24.6%，1943 年重工业占 79.2%，轻工业占 20.8%，重工业产值在工业总产值中所占的比例远超轻工业，居于主导地位，表明东北的重工业发展模式是早熟性的和跨越式的。② 东北地区进入重工业高速发展阶段，通过制造业发展模式转型，将更加注重重工业内部结构的调整，处理好制造业领域重工业与轻工业协调发展的关系，更好地满足市场多层次需求。

三 制造业发展模式转型的生态环境效应

制造业作为"日不落"的产业，对环境的污染主要是生产过程带来的，以大量物资消耗为代价的传统发展模式给能源与资源安全带来严重的潜在

---

① 《联合国 2010 年人类发展指数排名，中国被归为创造经济增长神话国家》，http://www.tianya.cn/publicforum/content/worldlook/1/298851.shtml。
② 冯岩：《东北地区工业化道路和"再工业化"方向研究》，吉林大学博士学位论文，2010，第 59 页。

威胁。环境分析是工业经济理论中不可或缺的，环境参量的选择是理论构建的基础性工作；制造业发展模式的绩效与所处的生态环境相联系，如果发展模式与所处的生态环境相适应便能发挥其效能，反之则不能。同时，包容性增长倡导适当下调经济增长的预期水平，兼顾资源和环境的承载力。制造业状态可由一组状态指标加以表征，集群特征与集群结构的描述和关键变量的选择应反映集群系统的环境适应性。随着改革开放程度的不断提高以及全球经济一体化进程的加快，东北地区原有的产业生态以及产业安全面临严峻的挑战。工业化中后期要求制造业从注重数量、速度转向注重质量、效益；从单一性利用资源转向循环、综合利用资源；从牺牲环境发展经济转向发展经济与保护环境双赢。制造业发展模式的转型有利于逐步减轻环境污染，进一步履行企业的社会责任。

金碚认为工业生产本质上是一个人类参与的物质资源的形态转化过程，即将自然资源加工制造成可用于消费或再加工过程的产品，而且需要开采能源资源作为加工制造过程的动力。因此，消耗自然资源是工业生产的必要条件。同时，工业生产过程还会产生废料（包括固体、液体和气体废物），对自然环境产生影响，所以，环境的改变也是工业生产活动的必然后果。[1] 由于制造环节处于产业链低端，很多国外知名品牌都是在我国"贴牌"生产，资源消耗、环境污染、劳动力成本都在我国。西方经济学的"最大化"思维使其在制造业发展模式的选择方面将利润最大化、效率最大化、产出最大化等目标摆在更加突出的位置，导致气候变暖、生态恶化、环境破坏、资源过度消耗，并最终使人们的生存空间受到威胁。大量事实证明，制造业传统粗放式发展模式已陷入严重的危机之中，东北地区制造业发展不仅表现为资源供给不足的约束，而且还表现为环境承载能力的约束，以牺牲环境为代价的制造业发展模式已难以为继。

东北地区正处于工业化与市场化快速发展的阶段，但制造业发展模式粗放、战略规划短视现象还未从根本上改变。发展制造业必须摒弃局部"最大化"思维，树立"可持续发展"理念，探索非市场决策的资源配置体制，通过环境资源合理定价以及政策法律等管制手段，避免市场和政府的双失灵，

---

① 金碚：《资源与环境约束下的中国工业发展》，《中国工业经济》2005 年第 4 期，第 5 ~ 14 页。

使环境成本内部化降低污染的外部性。当前，通过实现制造业发展模式的转型，严格控制高能耗、高污染、资源型的"两高一资"产品制造业企业扩大生产规模，更好地实现制造业的发展与生态经济学思想的有机结合。制造业产品在成本核算上除了生产成本、用户成本以外，还包括环境污染治理成本、职业保健成本和处理处置成本等。通过发展模式转型，制造业企业生产更多的绿色产品，加速升级，努力向价值链上游和中游转移，生产高附加值产品，缓解工业社会经济与生态环境保护的基本矛盾，推动"绿色技术"的新的社会生产力出现，进而推动以"生态与经济协调"为基本特征的新的生态经济产生。通过发展循环经济、严格落实目标责任制、加强企业技术改造等途径来提高能源、资源的使用效率和减少污染物排放，逐步淘汰以高污染、高能耗为特征的制造业企业，优先发展高新技术产业和绿色制造产业。

四　东北地区制造业发展模式转型的总体评价

不同的制造业企业如何转型并没有一个固定的模式，东北地区制造业发展模式转型的总体评价是发现制造业转型中存在的问题和不足、调整制造业产业结构、改善制造业发展环境、提升制造业综合竞争力的有效手段。东北地区制造业企业应当明确自身的优势与劣势，分析转型的风险与机遇，并且在转型过程中合理控制风险，以确定符合自身具体实际的转型路径，确保在转型的过程中能够实现持续健康发展。尽管帕累托最优标准没有考虑到社会公平问题，但它从社会效益的角度给出了一个经济制度中资源是否被浪费的基本判断标准，从可行性的角度评价了社会经济效果。帕累托有效是一种理想境界，对一个低效率的经济制度安排，如转型经济过程中的各种临时制度安排，帕累托有效也许是一个太高的标准，于是退而求其次，在讨论制度的演进时经济学家往往用帕累托改进这一标准来衡量制度转型的好坏。所谓帕累托改进意味着经济社会中所有人的福利或多或少有所改进，帕累托改进较弱的要求是社会整体福利得到改进。[1] 后危机时代，全球经济即将进入增速放缓、调整转型、竞争加剧、治理变革的交织发展

---

① 田国强：《现代经济学的基本分析框架与研究方法》，《经济研究》2005 年第 2 期，第 113 ~ 125 页。

时期，经济转型和科技创新成为新的经济增长源泉，东北地区制造业需要
通过发展模式转型实现地区经济的稳健发展。中共中央政治局 2015 年 12 月
30 日召开会议，审议通过了《关于全面振兴东北地区等老工业基地的若干
意见》，提出到 2020 年，东北地区要在重要领域和关键环节改革上取得重
大成果，转变经济发展方式和结构性改革取得重大进展，资源枯竭、产业
衰退地区转型发展取得显著成效。在此基础上，争取再用 10 年左右的时间，
将东北地区打造成全国重要的经济支撑带，具有国际竞争力的先进装备制
造业基地、重大技术装备战略基地、国家新型原材料基地、现代农业生产
基地和重要技术创新与研发基地。

在东北地区，政府资助企业再工业化主要针对国有企业，民营企业待遇
要差一些。因此，东北地区最需要资助的中小民营制造业企业很难得到真正
的扶持。民营制造业企业的风险比国有企业大得多，它们对政府资助的需求
也最迫切。我们做出以下假设。①政府公共资源总量保持不变。②社会上存
在两个不同的制造业企业，有可靠市场且利润相对稳定增长的国有企业 A，
没有可靠市场且利润很不稳定的民营企业 B，且它们只面临发展模式转型问
题。③政府公共资源支出效用如下：

$$U = U(A) + U(B) \tag{5.1}$$

且效用函数为道格拉斯形式，即：

$$U_A = U(Q_A, F_A) = Q_A^\alpha F_A^{1-\alpha} \tag{5.2}$$

$$U_B = U(Q_B, F_B) = Q_B^\alpha F_B^{1-\alpha} \tag{5.3}$$

其中 F_A，F_B 分别为 A 企业、B 企业的产品销售市场与利润收入的稳定
状态，Q_A，Q_B 分别为投入 A 企业、B 企业中的政府公共资源，在模型中，
F_A，F_B 为固定参数。④政府对两个企业的投入相同，即政府提供给有可靠
市场且利润相对稳定增长的国有企业 A 一份公共保障资源价格，提供给没
有可靠市场且利润很不稳定的民营企业 B 一份公共保障资源价格。⑤在任
一时期，政府公共保障资源都被分配在两个企业中，且只提供破产保障。
⑥政府公共保障边际效用递减，即政府公共保障资源的投入在到达某一点
之后边际效用递减。在这种假设前提下，在既定的政府财政保障资源为 Q
约束下，政府可以采取两种行动：一种是将政府公共保障资源分在有可靠

市场且利润相对稳定增长的国有企业 A 中的行动，设数量为 Q_A；另一种是将政府公共保障资源分在没有可靠市场且利润很不稳定的民营企业 B 中的行动，设数量为 Q_B。由假设④可知 $P_A = P_B$。在既定的约束条件：

$$P_A \times Q_A + P_B \times Q_B = Q \tag{5.4}$$

政府理性的选择是 A 点，在这一点能实现效用最大化。U_1 上的 C 点效用虽然大于 U_2 上的 A 点，但是在既定公共资源约束条件下，政府不可能做到。U_3 上的 B 点在既定约束下虽然可以达到，但不是最优的，因为只要沿着约束直线向 A 点移动，就可以在不增加成本的条件下增加总效用。在 A 点，效用曲线与约束线相切。效用曲线的斜率为边际替代率 MRS，又 $MRS = MU_A/MU_B$；而约束直线的斜率为 P_A/P_B，所以 $MU_A/P_A = MU_B/P_B$，又因为 $P_A = P_B$，所以 $MU_A = MU_B$，即政府使用最后一份公共资源在 A 企业与在 B 企业中的效用相等（见图 5-3）。

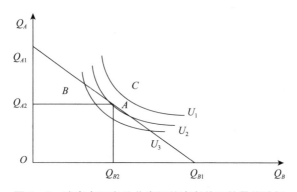

图 5-3 政府在既定公共资源约束条件下的最优选择

各级地方政府应积极推进发展方式转变和结构调整，创新体制机制，使东北地区成为全国经济企稳回升最快并最具活力的区域之一。2009 年包括内蒙古东部地区在内的东北地区完成地区生产总值 33911.45 亿元，同比增长 9.61%，高出全国平均水平 3.9 个百分点。其中，辽宁、吉林、黑龙江同比分别增长 13.1%、13.3% 和 11.1%；内蒙古东部地区增长 22.27%，完成工业增加值 13956.80 亿元，同比增长 3.06%。[①] 综上，从总的效用最

---

① 鲍振东、曹晓峰：《中国东北地区发展报告（2010）》，社会科学文献出版社，2010，第 1~2 页。

大化角度来说，应该让有限的政府公共保障资源在不同的所有制企业中重新分配，使不同所有制企业中的边际效用相等，即用于 A 企业的政府公共保障资源的边际效用上升，用于 B 企业的政府公共保障资源的边际效用下降，最后二者趋于相等，从而达到政府公共保障资源配置的最佳状态。东北地区制造业通过发展模式转型实现"包容性发展"，使经济的增长和社会的进步以及人民生活的改善同步。

第三节　制约因素

东北地区制造业除了面临国际市场萎缩、国内市场开拓难度提高、低成本竞争战略失效、转型升级压力加大、市场竞争加剧等挑战，还受到地区经济发展状况、地域文化以及制度因素的困扰，这些构成了制约发展模式转型的基本因素。

一　欠佳的市场经济环境

在经济全球化、一体化趋势明显加快的新时代，东北地区市场正逐步融入全球生产和营销网络体系，因而东北地区制造业的发展必然要受到国内外市场经济环境波动的影响。中国物流与采购联合会报告指出，全球经济增长复苏依然脆弱，上游原材料价格快速上涨对下游行业生产活动已经产生明显抑制，一些行业发展已现减速迹象。除了原材料价格上涨，企业用工成本也在迅速上升。由于产业价值链和企业网络体系尚未建立起来或极不完善，采购、库存等的生产协作成本较高，也在一定程度上降低了资产运作效率。

国际金融危机的惊涛骇浪使世界经济发展不均衡状况更加明显，原本高歌猛进的工业经济突然遭遇拐点，原材料等生产要素价格大幅攀升，增加了通货膨胀的压力。东北地区与南方沿海地区相比受金融危机的影响相对较小，但制造业同样面临外需不足的严峻冲击和生态恶化的困境，承受着资源成本高与贸易条件不断恶化的双重压力，传统制造业行业空间本来就已经被压缩，金融危机的冲击与部分行业产能过剩交织在一起更是雪上加霜，对制造业发展模式转型已形成倒逼效应。同时，世界经济正在缓慢复苏，围绕市场、资源、人才、技术、标准等的竞争更加激烈，气候变化以及能源资源安全、粮食安全、贸易摩擦等全球性问题更加突出，面对全球金融危机的严峻挑战和复杂多变的国际经济形势，东北地区制造业发展的外部环境更趋复杂，发展的不平衡、不协调、不可持续问题依然突出，面临"路径依赖"和"低端锁定"的风险，制约东北地区制造业科学发展的体制机制障碍依然较多。通过走访调研制造业企业笔者发现，一边是众多制造业企业求贤若渴，一边是众多农民工难以找到满意的工作，这暴露出一个问题，即不少一线工人的技能水平难以满足企业转型发展的需求。同时，投资软环境与东北地区经济社会发展不匹配，审批环节多、服务意识差、工作效率低，甚至存在"吃拿卡要"现象，妨碍了招商引资和民营经济的发展。

2008年，由美国次贷危机引发的国际金融危机迅速从局部蔓延到全球，演进路径可分为三个阶段：美国次贷型金融危机（2008年），"迪拜世界"的债务型金融危机（2009年），始于希腊的欧洲债务型金融危机（2010年）。进一步说明了过度膨胀的虚拟经济对实体经济的破坏力不可低估，严重偏离实体经济而引发的虚拟经济泡沫破裂必然带来危机。在面临国际经济环境动荡与国内社会转型两大挑战的背景下，金融全球化加快了虚拟资本过度膨胀，致使虚拟经济虚假繁荣，给经济危机的爆发带来了潜在风险。东北地区市场协调制度还不完善，低工资报酬、高能源消耗以及高额出口退税补贴的制造业发展模式越来越难以为继，包括制造业在内的许多行业面临升级、调整和转型的历史选择。近年来，东北地区装备制造业虽然维持了相对平稳的增长势头，但仍存在矛盾、困难。东北老工业基地国有制造业企业长期亏损、增长乏力，国外市场萎缩、国内市场激烈竞争，传统比较优势已难以产生强大的竞争力。改革开放以来，"东北现象"已经先后出现了三轮。"东北现象"的产生既与东北地区长期受计划经济体制的束缚，市场化改革相对滞后的特征有关，也与国内国外各种复杂因素的综合叠加效应有关。2017年以来，东北地区经济开始展现出企稳向好的态势，"唱衰东北"是不符合实际的偏见。历次"东北现象"都是发展中的问题、前进中的问题、转型调整中的问题，无须刻意放大或故意扭曲。"东北现象"是以往政府主导选择的单一化的计划经济模式向当今多样化的社会主义市场经济加速转型过程中表现出的"综合征"。

二　负面的制度安排效应

东北地区在体制转轨时期产业结构中暴露出的许多实际问题，都不同程度地留有计划经济的烙印。[①] 新古典经济增长理论认为，经济增长的主要原因是要素投入的增加和资源配置与使用效率的提高，但在国内市场机会主义盛行和高交易费用的制度条件下，民营制造业企业难以依托国内市场追求高价值环节的报酬递增。[②] 观念落后、体制机制创新滞后和结构性矛盾并存是制约东北地区制造业发展模式转型的深层次问题。由于受计划体制的影响，长期片面追求规模数量的粗放型发展模式存在一定的路径依赖性，在经济运行中仍然保留着强劲的扩张冲动惯性。东北经济尚未建立政府与市场良性互动的投资体制，偏好资源能源等产业的投资特点，导致东北地区经济可持续增长能力较弱。[③] 政府职能存在越位、缺位现象，地方政府只为发展本地区经济负责，为防止本地区以外的优质低价产品的进入而人为设置壁垒。缺少制造业实现一体化技术创新模式的激励机制和公平竞争环境，是当前东北地区制造业创新体系存在的主要问题，而形成这些问题的根本原因是现有的制度安排没有充分发挥应有功能，尚未形成有利于自主创新的体制和机制。

在经历了漫长的农业文明和工业经济时代的迅猛发展后，人类正阔步迈向服务经济、知识经济时代，世界产业结构大调整的时机转瞬即逝，而东北地区已经"姗姗来迟"。东北地区发展制造业仍凭资源优势，让资源经济主宰区域经济，就不可能避免作茧自缚的可悲命运。新中国建立以后逐步形成了高度集中的计划经济体制，改革开放后全国经济发展日新月异，但东北地区至今仍保留着明显的计划经济痕迹。虽然东北老工业基地的经济体制已经转向市场经济，但是社会基础没有明确地按这种转变的要求发

---

①　徐充、解涛：《我国产业结构调整的制度分析》，《社会科学家》2004 年第 5 期，第 55 ~ 58 页。

②　金祥荣：《民营经济发展模式转型分析》，经济科学出版社，2006，第 3 ~ 4 页。

③　杨东亮、赵振全：《东北经济失速的投资性根源》，《东北亚论坛》2015 年第 5 期，第 94 ~ 107 页。

生同步转变，老工业基地缺乏良好的制度环境，严重制约着制造业发展模式的转型。由于重化工业对 GDP 增长作用明显，产业结构刚性化的根本原因在于制度的逆向安排。东北地区制造业受计划经济体制的影响较深，存在很严重的"制造依赖"，只能赚取产业价值链末端的微薄利润，形成了严重的"制造困局"，人们将制造业的这种发展状况称为"缺钙"，同时对水资源开发、生态环境保护等投资明显欠缺。东北地区与东南沿海发达地区和其他发达国家相比属于资源丰裕地区，资源开采方便，利润回报率高，在市场上很受欢迎，很多投资者投资于资源性产品的开采和生产，导致资金过多用于资源性产业进而获得过度繁荣，使企业用于制造业发展的资金减少，产生强大的挤出效应，进而抑制制造业的发展，导致工业化过程中断，甚至出现"反工业化"现象，这是不利于制造业健康发展的。

东北老工业基地是计划体制存在时间最长、根基最深厚的地区。计划经济意识形态特别是价值体系在东北地区根深蒂固，有着强大的惯性作用。计划经济体制是中央高度集权的经济管理体制，最主要的特征为经济是政府的副产品。所有产品的生产、流通、分配都纳入严格的计划，并由中央统一管理。计划经济时期实行的是全民所有制和集体所有制，名义上生产资料全民所有，实际上生产资料完全由政府控制。制造业作为生产、生活资料和国防工业建设最重要的产业更是成为国家重度调控的对象。例如，在国家的计划安排下，苏联援助我国的项目有近 40% 落户东北地区，包括鞍山钢铁厂、抚顺发电厂、沈阳第一机床厂、沈阳电缆厂、丰满发电站、哈尔滨电机厂、哈尔滨汽轮机厂等。也正因如此，东北地区成为全国的制造业基地，为祖国的国防建设和经济发展做出了巨大贡献。计划经济时期的经济管理体制所遗留的负面影响也成为东北制造业发展的重要制约因素。

在中央政府的指令下，东北地区将大量生产性资料以制造业成品或原材料的形式输送到改革开放的东南沿海，东南沿海地区再将其制成品销往东北。不对称的交易行为使东北地区制造业企业利润薄弱，企业资金留存不足，无法通过原始积累进行设备更新和技术创新。而且强政府、弱企业的管理模式使东北地区保留了大量的国有企业，中央政府通过国有企业掌握了绝大部分社会资源，然而面对日益增长的社会需求，地方政府无力组织国有制造企业进行有效的生产活动，对社会发展产生了负面作用。改革开放后，国家大部分地区实行市场经济体制，把商品的定价权交给了市场。然而东北地区作为最重要的制造业基地，其产品仍然由中央定价，直到1993 年才彻底解除。由于习惯了中央指令计划管理，东北地区错过了适应市场经济的最佳时段，与其他地区特别是东南沿海地带产生了巨大差距。一时间，东北地区制造业由于计划指令长期积累的所有制结构、产业结构等问题纷纷涌现。

从正式制度层面来看。在计划经济运行体制的环境下，东北地区制造业统一由国家控制，国有企业的产权制度与计划经济的运行机制在实质上具有同一性。而市场经济运行机制的核心制度就是产权制度，产权是对经济主体财产行为权力的法律界定，市场经济是一个不同利益取向的经济主体在产权明确界定的条件下进行公平自由交易的系统。因此，用产权制度去刺激人们从事社会经济活动，从而使得个人的经济行为与社会经济规律相符合，产权制度的存在可以减少"搭便车"行为，维护市场经济秩序。在东北地区，制造业属于绝对的主要产业，而制造业企业绝大部分属于国有企业，特别是在改革开放初期这一比例达到了惊人的程度。统计数据显示，1978 年，黑龙江省、吉林省、辽宁省国有经济占工业的比重分别高达83% 、79% 、84% 。而国有经济的产权全由国家界定，要素资源也由国家计划安排。在特定的经济环境下，集体经济、私营经济和三资经济等其他经济成分无法在东北地区立足并发展。尽管经济改革实行了 40 年，市场经济体制也已经确立，国有经济的比重随着非国有经济的发展有所下降，但截至 2012 年底，东北三省制造业的国有经济占地区生产总值的比重仍然为36% 、49.2% 、49% ，远高于沿海地区，其竞争能力却不如其他经济成分。

从非正式制度层面来看。非正式制度主要包括价值信念、意识形态、传统文化、伦理道德、风俗习惯等。东北地区的非正式制度主要来源于两方面：一部分是东北地区固有的传统文化，另一部分则是在计划经济时代形成的意识形态。东北地区传统文化的承载者即是有名的"黑土地"，黑土地的富饶和地广人稀的优势孕育了人们依赖和懒惰的心理。东北地区在固有的优势下，可以从容地完成自身生存、发展的资源采集，不需要进行太长时间的辛苦劳作，这造成了东北人安于享乐、不善开拓的消极心理。在现代市场经济中，文化是至关重要的软实力，不管是在技术更新换代方面，还是在生产经营管理方面都发挥着重要作用。另外，意识形态具有历史传承性，传承的程度与历史烙印的深浅有关。意识形态的刚性特点决定了其对社会制度变迁有着强烈的反抗性，尽管人们明明知道这种制度变迁有利于社会发展，但也不能迫使意识形态与制度变迁达成有效协议。东北地区是计划经济体制实行时间最长，贯彻最彻底的地区，因此计划经济的意识形态影响最深，整个东北地区文化中都有计划安排的烙印。这种历史烙印比我们想象中的更加深刻，所以在东北地区市场经济的推进速度比较缓慢。

因此，东北地区封闭型的文化传统抵制了新制度的进入，不论是正式制度还是非正式制度都受到了文化属性的排斥。虽然这种文化属性的闭锁无形无质，但是所产生的消极影响比正式制度更深远。从严格意义上来说，由于国有经济主体地位的影响和计划经济体制的深刻烙印，东北地区国有企业成为一个相对无效的制度变迁主体，市场经济制度实现难度加大，在此环境中发展制造业也举步维艰。

三　有限的集群经济功能

波特的新经济理论认为，区域经济的增长和竞争优势在很大程度上依赖于促进和发展集群的能力。国外集群企业间存在既竞争又合作的关系，但东北地区装备制造业集群企业之间以竞争为主，合作关系少，东北制造业企业之间缺乏有效整合，成套装备的市场竞争优势较弱。各个行业之间的链条都存在断裂现象，产业之间缺乏协调，这构成了东北独特的"孤岛式"产业结构。从制造业服务要素投入看，东北地区制造业发展模式与发达国家或地区的差异主要体现在技术研发与设计投入、法律会计服务成本、融资成本与风险、高端人才引进与培训投入等生产性服务严重不足方面。缺乏创新型专业人才，"孔雀东南飞"现象严重，东北地区制造业集中了大量国有资产和国有大中型骨干企业，由于缺乏企业家创新精神，企业发展的步伐受到制约，进而导致装备制造业集群"造血"功能缺乏，生产性服务业投入不足是东北地区制造业大而不强的关键性原因。[①] 由于产业价值链

---

① 隗斌贤：《生产性服务业与制造业互动发展促进产业转型升级》，《科技通报》2009 年第 6 期，第 867 页。

和企业网络体系尚未建立起来或极不完善，制造业集群发展基本上还是机械性的板块结构，"聚而不集"的现象比较普遍，制造业产业结构、企业布局不尽合理，缺乏合作、关联意识，重复、分散、趋同现象较为普遍，新上项目存在领域集中、技术和产品趋同的问题。依靠市场机制建立的企业间产业关联没有真正形成，国有企业的装备和技术老化，产业链条零碎，组织结构设置不合理，缺乏有效的生产经营和市场协作，市场集中度低等问题比较突出。东北地区制造业企业间缺乏经常性的沟通与合作，往往存在用企业内部分工代替社会分工的倾向意识，工程服务产业缺位，制约了装备制造业的发展。采购、库存等方面的生产协作成本较高，需要加强制造业企业与上下游配套企业的合作，把企业产能需求量结构调整、产业升级的机遇有机结合起来。

通过暑期走访调研笔者发现，东北地区如海城市西柳镇的纺织品集群、辽阳市佟二堡镇的皮革制品集群等，与东南沿海地区同类集群相比差距较大。由于东北地区市场一体化程度低，集群经济功能难以发挥，还需要下大力气重点培育。在辽宁省的装备制造业中，不但企业之间缺乏信息交流与技术共享，而且企业很少与大学、研究机构、科研院所开展合作。东北地区良好的资源优势未能充分发挥，传统产业存在退出障碍。东北地区资源型大城市有 30 个，这些城市多以国有经济为主，国有大中型企业是资源型城市的经济主体，也是地方财政收入的主渠道，企业与政府实行政企合一的管理体制，企业办社会，政府财政依附于企业。接续产业发展后劲不足，东北地区制造业面临从计划经济向市场经济过渡和从粗放型经营向集约型经营发展的双重挑战。前者属于发展工业经济的问题，后者则是从工业经济向知识经济过度的问题。高新技术产业相关要素是新接替产业发展的基础，尤其是在产业形成中具有关键作用的人才、技术等要素更是重中之重。但目前东北地区的实际情况是人口素质普遍较低，科技人才的引进均围绕资源开发利用运转，且知识结构较为单一，再加上城市发展缓慢，不具备留住和吸引人才的优势，大大影响了东北地区产业集群优势的发挥。虽然众多工业企业在地理区域内集中，但是在生产上相对独立，企业之间各自为战，缺乏在生产技术、市场信息和管理制度等方面的协同联动。

四 相对封闭的地域文化

制造业竞争力与一个地区的文化传承密切相关，任何文化都是人的活动的积淀，东北黑土文化渊源可以上溯到兴起于辽西地区的红山文化。东北地区的原始文化是游牧、渔猎文化，间歇性是游牧渔猎民族经济与社会发展的典型特征，东北社会由渔猎、游牧、移民融合而成，历史开发短，自然条件好，通过发展粗放型农业具备了较为充足的生存资源，人们养成了满足于现状的心理，长期的农耕文化以及新中国成立后牢固的计划经济体制共同造就了黑土文化和习俗，人们普遍缺乏创新意识。东北地区是在工业基础薄弱的前提下跨越式进入工业化社会的。由于资源依赖性结构，东北文化具有很强的原生态性。[①] 东北地区多数企业都是土生土长的，制造业发展模式的形成及其转型必须纳入区域经济发展过程中的具体时空点来考察。地域上相对封闭，区域经济一体化程度较低，特定地域文化影响区域经济发展模式的形成并导致制造业发展存在一定的路径依赖，致使东北地区体制改革的进展迟缓，传统体制及观念滞后，相应的政策措施不到位或不配套，制造业始终是"戴着镣铐跳舞"，其应有的潜力难以发挥。所谓的思想观念滞后主要表现在以下几个方面：一是计划体制残余的束缚，经济运行具有浓重的计划管理色彩；二是经济活动决策仍然习惯于依靠行政机制；三是企业缺乏自主的造血功能和创新动力；四是服务意识不强，政府职能时常越位、错位。在现代工业社会和信息时代，只有不断开拓与创新才能把握机遇，实现跨越式发展。因此，缺乏创新精神的东北的传统地域文化在一定程度上影响着制造业发展模式的转型。

企业不努力提升自己的市场竞争力，将自身的发展寄托在政府政策庇护上，违背市场经济优胜劣汰的法则。企业对政府的过度依赖导致东北地区制造业对现代市场经济体制的接纳能力较低，与改革开放的前沿地区有较大差距。东北地区除了受计划体制因素熏染之外，其文化惰性对市场经济体制贯彻也产生了消极影响。

东北地区的文化惰性也使得区域内制造业缺乏自主创新意识。这种惰

---

① 邴正：《东北社会结构与文化的历史特征》，《中国社会科学报》2008 年 9 月 11 日。

性文化思想使制造业企业不会主动寻求技术变革、创新，提高生产效率，增加产品的科技附加值，而且也难以形成集体大局观，不能很好地形成企业间的联合，更谈不上地区间制造业的集群创新。除此之外，狭隘的"关系"思想也是制造业发展的短板。市场经济体制下，企业的生产经营活动拥有自主权，同时消费者（个人、企业、政府机构）也拥有选择权。为了减少经济活动中的不确定性，传统文化的"熟人"观念成为市场经济中的撒手锏，有"关系"成为快速达成合作的关键性因素。但是蒂莫西·耶格尔指出"关系是一种令人沮丧，导致高昂交易成本的体制"。尽管如此，东北地区市场经济中的经济主体仍然愿意建立"熟人圈子"，利用"关系"进行资源配置和生产经营，这种经济行为虽然在表面上提高了企业的生产效率，但是无形之中增加了生产成本，扰乱了市场秩序。而且在"关系"思想的影响下，企业不致力于通过技术创新提高产品的市场竞争力，而是妄想通过"走后门""拉关系"来抢占市场，这种舍本逐末的行为使得企业的造血功能衰竭、创新意识淡薄。

2013 年以来，东北地区经济下行压力持续加大，形成经济新常态下的"新东北现象"，特别是 2015 年 2 月 15 日《事关全局的决胜之战——新常态下"新东北现象"调查》由新华社播发后，新常态下"新东北现象"被广泛关注。所谓新常态下"新东北现象"就是在世界经济尚未走出金融危机的阴影，我国进入经济发展新常态阶段，作为我国重要的老工业基地，东北地区由于受"三期"叠加因素的影响，长期以来遗留的结构性和体制机制性等深层次矛盾进一步凸显，装备制造业等传统产业因外需不振、投资拉动减弱，整体经济增长速度明显放缓，增速位列全国后五位，经济骤然低迷的现象。东北地区面临经济增长下行压力与产能过剩并存的现象，在这一过程中出现了"成长的烦恼"。东北老工业基地 10 年振兴出现高速增长之后的下滑，是经济结构调整新背景下的增长乏力问题。2015 年 12 月 30 日，中共中央审议通过《关于全面振兴东北地区等老工业基地的若干意见》，并付诸实施；2017 年以来，东北经济整体上已经呈现筑底企稳、积极向好的趋势。

第六章　国内外制造业发展模式转型的比较与借鉴

工业现代化开始于 18 世纪 60 年代的英国工业革命，20 世纪 80 年代以来，工业现代化处于快速发展时期。世界制造业正在由"单极化"向"多极化"演变，2008 年金融危机后发达国家出现了"再工业化"和重归实体经济的发展趋势，给依靠制造业企业低成本竞争战略的发展中国家带来了巨大挑战。工业化的推进，离不开工业文明的发展。当前，东北地区正全面积极参与全球经济一体化进程，因此，有必要借鉴国内外先进制造国家或地区的有益经验，为制造业振兴提供参考。

第一节　发达国家制造业发展模式转型的比较

西方国家的"工业"仅指加工制造业并不包括采掘业，世界制造中心经历了三次转移，即英国—德国—美国—日本。20 世纪美国、日本和欧洲依靠制造业获得了巨大的经济发展和市场繁荣。在面向 21 世纪的发展中，西方发达国家仍然把制造业作为经济发展必不可少的基石，但国内外装备制造业的发展已经呈现出高端化、信息化和服务化的特点。

一　英国制造业发展模式

英国通过工业革命首先实现了工业现代化，完成了机器大生产代替手工业劳动的历史性飞跃，成为世界工业生产的第一大国并称雄世界 100 多年。1760～1860 年的 100 年间，英国制造业高速发展，占世界制造业的比重由 1.9% 上升到 19.9%，英国制成品出口占世界贸易的比重达到 20%～

25%。19世纪50~60年代美国等国家正处于工业革命时期，急需各种机器设备和技术，为英国的工业产品提供了广阔的市场，英国最终夺取了世界工业霸权地位，成为自由竞争时代的世界工厂。直至19世纪70年代，其工业现代化一直属于"领先"型。在成为全球制造业中心的过程中，新兴装备产品的创新推动了产业创新，英国生产技术和管理的进步推动了全球经济的快速发展。但是在19世纪后期到20世纪初，随着劳动力成本优势的逐步丧失及缺乏高科技资源的支撑，作为先发国家的英国，工业优势开始走向衰落，德国和美国实现了对英国的赶超，这使得凡勃伦、马歇尔这些经济学家开始关注新兴国家的"后发优势"。在讨论德国对英国的赶超时，马歇尔在《工业和贸易》中论及了"后发优势"的问题。[①] 从1967年起，英国政府开始投入巨额资金实施钢铁制造业的现代化改造，以实现传统产业的技术改造、创新，使其获得生机，并将新的科研成果不断应用于设计与冶炼、制造与管理等环节，投资30亿英镑进行现代化改造的10年计划，极大地提高了传统制造业部门的劳动生产率，且超过了欧洲其他国家的钢铁制造业。20世纪70年代后，随着英国大规模工业改造进程的开始，伦敦城内的许多工厂或关闭或外迁。[②] 在英国工业改造的过程中，电子通信、生物工程、软件等行业比重日益增加，传统的纺织、采矿、钢铁、机械制造等所谓"夕阳产业"则逐步萎缩或停滞。但是，英国的企业界并没有简单地把传统工业等同于"夕阳产业"加以冷落，而是依托技术改造、创新和经营改革使这些行业获得生机，实现新的腾飞。通过挖掘潜力，积极发展高技术、知识密集型制造业，促进制造业企业在价值链中向上移动。

二　德国制造业发展模式

德国是当今世界上最先进、工业化程度极高的制造业生产强国。对外竞争、对内合作是德国制造业发展的主旋律，以科学与技术来推动制造业发展。德国制造的产品能够以最优的质量和便捷周到的服务满足客户需求，属于技

---

① 徐尚：《马歇尔对创新经济学的思想贡献》，《演化与创新经济学评论》2010年第2期，第56~66页。
② 焦方义、祝洪章、杨其滨：《新型工业化道路与东北经济振兴》，经济科学出版社，2004，第252页。

术精湛型发展模式。通过政府强有力的干预措施，工业化进程远远快于英国和美国，到 19 世纪末德国已成为一个强大的工业化国家。1950 年纺织工业是德国最大的工业部门，随着重工业的发展，1975 年化学工业成为最大的工业部门，其次是机器制造业、电子电器业。1975～1989 年，从第二产业内部各部门占国内生产总值的比重来看，德国制造业可以分成发展产业、停滞产业和衰退产业，德国政府通过对停滞产业和衰退产业进行大幅度调整和技术改造以实现传统产业的现代化[1]，增加资本和技术密集型产业的比重。20 世纪 80 年代末 90 年代初，受世界先进制造业竞争加剧的影响，德国制造一度滑坡。1995 年德国出台了《制造技术 2000 年框架方案》，促进制造业的调整升级，重视现有产品和生产技术以及生产过程的优化，产品、服务等质量的提高以及对新产品或劳务的开发，注重新技术对传统产业的改造，鼓励现有的制造业发挥优势，而不是搞破坏性创新。[2] 近年来，德国通过资金、技术和优惠政策的支持，促进了老工业基地向现代制造业基地的成功转型。在积极引导制造业完成产业升级的过程中，德国注重实现产业结构的多样化。在积极改造原有老工业基地的基础上，德国政府还重点扶持制造业的信息技术，研究通信技术，通过高效的、可控的系统来促进制造业发展，利用风险投资，扶持中小企业发展，增强中小企业对市场反应的灵敏度，从而打造出传统产业与信息、生物等高新技术制造业相结合的新型制造业。德国 2/3 的专利技术是中小企业研发申请注册的，在目前全球分工越来越细的专业领域，德国中小制造业企业都是所在行业的领头羊，全球消费者将"德国制造"视为高品质的象征。英国著名经济学家戴维·赫尔德（David Held）曾经指出："德国技术工人的工资成本是中国技术工人的 15 倍，然而德国仍然是强大的制造业中心。首先每单位产出的成本，特别是劳动成本，在低工资地区也许不一定会较低，因为较低的工资可能会被更低的劳动生产率所抵消。"[3] 德国在金融危机后更加注重对员工的培训，职教与普教并重，构建合理的人才结构，以科技创新为中心提升企业的技术装备水平，进而拉动制造业产品出口，使德国在全球金融危机后较

---

① 孙林岩：《全球视角下的中国制造业发展》，清华大学出版社，2008，第 35～36 页。
② 卢中原：《世界产业结构变动趋势和我国的战略抉择》，人民出版社，2009，第 54～56 页。
③ 〔英〕戴维·赫尔德等：《驯服全球化》，童新耕译，上海世纪出版集团，2006，第 18 页。

早复苏。

三 美国制造业发展模式

美国坚持以市场经济为主、采取渐进式的工业化道路，通过服务业与制造业的互动发展，为制造业提供多种新服务，极大地提升了制造业的生产率。美国独立后，政府积极采取措施发展本国工业，通过立法的形式，加速资本原始积累，主要包括发行国债、征收国产税、提高关税等。美国著名经济史学家福克纳认为："毫无疑问，在我国历史上头70年中的关税立法，扶持了制造业和工业的发展。"[①] 早在19世纪初期，产业集聚现象在美国制造业中便已经有所显现。从制造业的地理分布和行业分布看，美国早期大部分制造业集中于东北地区的纽约和费城附近，主要是体积小、重量轻、附加值高的制造业大众产品生产。到了1880年，中西部地区也建立起庞大的工业部门，避开了东部已经取得优势的产品，主要是一些新兴行业的产品和地区性市场的产品生产。[②] 19世纪末20世纪初，经济危机在欧美爆发，世界各主要资本主义国家发展不平衡加剧，为尽快走出危机，美国政府实施"新政"，增加了公共投资，加速了第三次科技革命的到来，大大促进了制造业技术装备的更新，使美国工业出现跨越式发展，成为市场自由竞争走向政府干预时代的世界工厂。大量移民的流入对美国工业的发展起了重要的作用，为美国带去了先进的科学技术，包括技术人员、先进的工具设备和技术资料等。[③] 美国的工业现代化在19世纪末以前，尤其在19世纪最后30年的科技革命和新的工业革命中奋起直追，一直属于赶超型，制造业在20世纪50年代是美国经济中最为重要的产业，但在20世纪80年代，由于巨大的资源消耗以及对环境造成的破坏，制造业企业的生产成本大大提升。美国制造业发展陷入停滞并出现一系列连锁衰弱的现象，由于制造业大规模裁员，美国制造业就业人数占非农总就业人数的比重由1996年的15%下降至2014年的8.8%（见图6-1）。

---

① 〔美〕福克纳：《美国经济史》上卷，王锟译，商务印书馆，1989，第220页。
② 范剑勇、杨丙见：《美国早期制造业集中的转变及其对中国西部开发的启示》，《经济研究》2002年第8期，第66~73页。
③ 韩毅：《美国工业现代化的历史进程（1607-1988）》，经济科学出版社，2007，第45页。

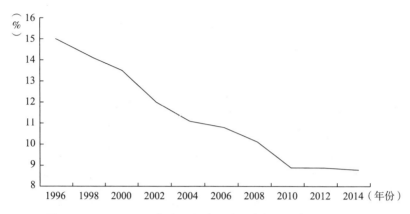

**图 6 - 1　1996 ~ 2014 年美国制造业就业人数占非农总就业人数
比重的变化状况**

资料来源：美国劳工统计局网站。

据美国全国制造商协会发表的关于美国制造业现状的报告，1992 ~ 1997
年美国 GDP 增长的 29% 来自制造业。美国制造业突出体现为政府推动的科
技创新型发展模式，体现为持续创新和敏捷制造业的结合。2004 年 2 月，
布什发布了"鼓励制造业创新"的总统行政令。2004 年 5 月，美国国会通
过了《2004 年制造技术竞争能力法》，强调要通过财政手段支持发展新的制
造技术，提高美国的制造能力。美国机器制造业的一个重要特点就是它的
发展与"标准化"生产方法紧密地联系在一起，提高了工效，为大规模的
批量生产开辟了道路。另一个特点就是引进技术与发明创造相结合，美国
在学习和引进先进技术方面，表现出充分的灵活性和创新精神。[1] 在美国中
西部一带的老工业区，即"锈带"地区，通过大力调整产业结构、企业改
造和结构性调整、努力开拓新的出口市场和技术发展等多种因素，实现
"锈带"复兴。如汽车制造通过集中生产、技术改造、分工细化、提高生产
率、产品升级和不断推出新产品等措施调整制造业结构，寻找新的经济增
长点，也是"锈带"复兴的重要途径。[2] 由于市场规模的扩大，装备制造业
的专业化程度提高，美国装备制造业的技术进步不仅推动了产品创新，还

---

[1]　韩毅：《美国工业现代化的历史进程（1607 - 1988）》，经济科学出版社，2007，第 69 页。
[2]　焦方义、祝洪章、杨其滨：《新型工业化道路与东北经济振兴》，经济科学出版社，2004，
　　第 247 ~ 249 页。

与新的管理方式相结合促进了过程技术的创新，逐步形成了创新推动型制造业发展模式。美国 2009 年《复兴与再投资法》重新重视实体经济的发展，提出了再工业化战略。美国通过成立制造商协会，分析美国制造业所处的内外部环境，制定相应的发展策略，扩大制造业的利润空间。在美国产业政策的扶持和引导下，美国制造业结构调整的步伐加快，产品的国际竞争力增强，实现了制造业的升级。在美国制造业的增长过程中，要素生产率起到了较大的作用，进口原材料的贡献越来越大，且进口原材料大都来自发展中国家，其中中国的原材料占 1/3。学者在测度美国制造业外包倾向后发现，资本、劳动力和能源价格相对稳定，其他原材料的价格在不断增长，采取外包的形式进行制造业转移是美国发展制造业值得考虑的出路。[1]

美国是一个以机械和运输工业为主导的制造业国家，特别是在飞机和汽车工业方面，注重以科技推动现代制造业发展。通过保护知识产权与鼓励创新、整合知识创新、成果的推广与应用、技术研发的资助，保持美国的知识创新与技术创新优势，将低碳技术和绿色能源作为新一轮经济增长的领头产业，抢占科技和产业竞争的制高点。全球金融危机后，美国政府先后推出《出口倍增计划》《美国制造业促进法案》《重振美国制造业政策框架》《先进制造业伙伴计划》等一系列措施，鼓励企业在本国建厂，为制造业回流本土创造了良好的政策环境。同时，运用区位比较优势，合理进行不同行业的地区产品的生产，整个产业结构调整的步伐不断加快，使得美国制造业的整体实力得到大幅度提高。

四　日本制造业发展模式

日本成为全球制造业中心的过程同时也是日本技术创新的过程，制造业发展中的创新轨迹是制造业成长的内在规律，体现制造业消化吸收再创新的发展模式。近代制造业的建立即日本的产业创新，是以固有技术为基础，从对引进技术的选择开始的。真正意义上的近代日本制造业的建立是在明治维新后的工业革命时期，随着使用机器的近代化工厂的建立和工业

---

① 〔美〕保罗·列格曼：《美国制造业发展及制造业外包》，生延超译，《湖南商学院学报》2010 年第 5 期，第 21~23 页。

化的开始，1885～1915 年日本制造业以年均 5% 以上的速度增长，经济发展的后劲使日本借政府之手引进技术，为企业承担风险，日本踏上了先进的工业技术之路。日本近代制造业的起步及发展与它的技术引进几乎是并行推进的，但是应用引进的技术建立和巩固自己的产业基础、提升自己的产业发展水平、开发适合国内及世界市场的新产品，则包含着重要的创新过程，注重生产中的技能和技艺的创新。日本扬长避短地应用引进的技术和知识，逐步将自身的资源转变为能够占领国际市场的产品。

日本凭借制造业完成了战后经济发展的历史性赶超，依托先进制造技术，对制造业的传统生产方式加以变革。从 20 世纪 50 年代的技术劣势向 80 年代的技术优势的转变，就是充分利用后发优势的结果。据日本长期信用银行的调查，日本 1955～1970 年共引进了 26000 多项技术，支付技术进口费不到 60 亿美元，这使它集中了全世界半个世纪发明的几乎所有的先进技术，并通过改造使其效率提高 30%，从而为日本赶上世界先进技术水平节约了 9/10 的技术研究经费，节省了 2/3 的时间。[①] 正是在劳动力成本上升比较明显的 20 世纪 60 年代末至 80 年代，日本各产业加速了机械化、自动化、智能化以提高劳动生产率的进程，集中发展新兴的高技术产业。这样，在制造业的各个领域，日本都掌握了高端的技术，并发展成熟相应的产业。日本制造业在 1956～1973 年逐渐形成以重化工业为主的产业结构，实现了长达 18 年的年均 10% 的经济高速增长，被称为 "日本奇迹"。1968 年日本 GDP 总量超过西德成为资本主义世界中仅次于美国的第二大经济体，1971 年工业生产总量占世界的比重跃升为 9.3%，居世界第二，形成了政府主导下的世界工厂。1974～1991 年是日本 "世界工厂" 繁荣时期，日本制造业产值占国内 GDP 的比重一直在 40% 以上，1975～1979 年为 42%，1980～1984 年为41%，1985～1989 年为 41%，1989～1993 年为 41%。[②] 从附加值和就业效果来看，日本制造业中的主导产业发展经历了如下阶段：从 1960 年开始，依次是高炉炼铁业、医药制造业、集成电路以及汽车制造，1970 年后，则

① 焦方义、祝洪章、杨其滨：《新兴工业化道路与东北经济振兴》，经济科学出版社，2004，第 26 页。
② 〔英〕B. R. 米切尔：《帕尔格雷夫世界历史统计（亚洲、非洲和大洋洲卷 1750－1993 年)》，贺力平译，经济科学出版社，2002，第 361 页。

是汽车、配件及相关制造业、电气机械、机械器具、家电、音响等民用电器制造业等，制造业升级换代后焕发了新的活力。^① 日本制造业逐步显示出从以劳动集约型产业为主向以资本集约型产业为主转移，进而再以技术集约型产业为主的发展规律，工业产品结构实现了由"重厚长大"向"轻薄短小"的转变。

日本是以"精、效"取胜的制造业大国，依靠广泛引入西方的科技和机器设备，经过消化吸收、改造与整合，提高生产经营效率，制造高精度的电器机械和模具设备。丰田公司的核心竞争力就在于对制造企业生产现场的高度组织协调能力，实现从产品设计到制造生产的标准化作业。同时，日本将一些重工业和制造业的工厂向海外转移，逐步实现制造业向服务环节转型，向低能耗、环保、创新型高端企业转型，工业发展从加工组装型产业向技术密集型和高附加值型产业转变，成功实现了制造业产业结构的优化升级。同时制定《公害健康损害赔偿法》《自然环境保护法》等条例，政府提供政策补贴和税收优惠鼓励制造业企业开发节能技术、发展节能产业，加大财政投入，探究新技术、开发新产品，变革生产方式并制订循环经济发展计划，注重制造业循环经济理念的培养，提倡精益生产，并构建在制造单元的精益生产方式实践运用的评估框架。^② 日本发展生态工业园区、推进循环型社会建设是以废物资源化和安全处置产业即"静脉"产业为重点的，努力与生产领域物质利用过程产业即"动脉"产业连接，发展生态工业园区模式^③，改变过去高产出、高排放、高污染的制造业发展模式，成就了日本科技领先、环境友好的制造业发展格局。

在实现工业现代化的进程中，国家的经济实力是由工业制造业的技术含量和产品质量决定的。发达国家制造业发展战略的共同点是从宏观战略高度关注制造业发展，如制造企业产权私有化、鼓励发展中小企业、制造

① 黄付生、魏凤春：《日本经济结构转型与产业升级路径研究》，《现代日本经济》2010 年第 2 期，第 9~14 页。
② Tarcisio Abreu Saurin、Giuliano Almeida Marodin、José Luis Duarte Ribeiro，"A Framework for Assessing the Use of Lean Production Practices in Manufacturing Cells," *International Journal of Production Research* 49，2011（11）：p. 3211.
③ 董立廷、李娜：《日本发展生态工业园区模式与经验》，《现代日本经济》2009 年第 6 期，第 11~13 页。

企业全球化和可持续发展战略等。微观上提高制造企业创新竞争能力、新产品开发能力，企业为适应制造业国际化的发展趋势，在产品开发和制造方面与发展中国家或地区采取既竞争又联盟的战略。[1] 工业化大多集中于城市，以大规模工业企业为载体，以市场和产品技术创新为动力，采取制造业基础技术研发及基础产业培育政策，实行追随市场的工业化发展模式，使政府干预造成的扭曲减少，资源配置更为合理。

第二节 发展中国家和地区制造业发展模式转型典示

一 巴西制造业发展模式

巴西主要采取了政府计划主导的内向型制造业赶超发展模式，20 世纪 30~70 年代，巴西是最早全面实施进口替代工业化发展战略的拉美国家之一，建立了相对完善的工业体系，20 世纪 90 年代初，巴西放弃了进口替代工业化战略，转而实行贸易自由化，并实现了制成品出口的多元化，工业制成品出口占总出口的比重由 1955 年的 1% 升至 2000 年的 77% 左右。[2] 进口替代进程的终结意味着工业的发展必须面向国际市场，通过取消非关税壁垒，逐步降低关税，一方面弱化对巴西工业的保护，使之参与国际竞争，另一方面对国内企业进行调整，推行私有化，提高效率和质量[3]，彻底摆脱了长期推行的"国家主导型的内向发展模式"，在国际上具有较强竞争力的主要是资源密集型产业。优先发展重工业和基础工业，传统工业在国民经济中仍然居于重要地位。在最近 30 年制造业结构的调整中，巴西逐步形成了以自然资源加工工业为主的发展模式，汽车制造业成为巴西制造业的主导产业，借助新的技术革命着重发展信息工业技术，新兴产业在巴西制造业产值构成中的比重增长很快，劳动密集型行业的出口系数低于制造业部门的平均值，这说明巴西劳动密集型行业的出口潜力有待深入挖掘。2008

---

[1] 李秦阳：《全球分工体系下的中国制造业发展战略》，吉林人民出版社，2008，第 2 页。

[2] 谢文泽：《贸易自由化对巴西制造业的影响》，《拉丁美洲研究》2002 年第 2 期，第 46~51 页。

[3] 卢中原：《世界产业结构变动趋势和我国的战略抉择》，人民出版社，2009，第 174 页。

年以来，随着全球金融危机对实体经济的影响逐步加大，汽车制造业面临资金流枯竭和需求疲软的双重打击，巴西庞大的市场需求和活跃的对外贸易获得了大众、福特和通用等众多汽车厂商的青睐，巴西是世界各大汽车制造商在拉美最大的投资市场。巴西制造业正是利用了跨国公司迅速崛起和全球生产网络兴起的机会，将自身的比较优势转变为了制造业产品的竞争优势，发展清洁能源，适时利用产业全球化过程中的历史机遇，实现制造业产业升级。

二　东盟国家制造业发展模式

东盟大多数国家属于发展中国家，东盟国家主要通过改造传统经济部门促进制造业发展。东盟国家制造业结构以劳动密集型为主，许多产业的竞争基本上和我国处于同一层次，劳动生产率的水平基本上和各个国家的经济发展水平一致。制造业转型升级带动着东盟各国产业结构的调整，菲律宾在1950年开始发展进口替代工业，泰国在1954年颁布了《鼓励工业发展法》，推动国内外私人资本投资工业，对原材料和机器的进口实行减税优惠政策，泰国的汽车和零配件是吸引外资的重要产业，汽车工业的迅猛发展推动泰国从进口替代型向出口导向型经济迈进。印度尼西亚和马来西亚则分别在1956年开始实施五年建设计划，1957年颁布《新工业法》，把工业建设作为经济发展的主要内容。[①] 20世纪60~70年代制造业全球化浪潮兴起，东盟各国进一步改造经济部门，改变以初级产品出口为主的出口结构，建立和完善自身的工业体系，同时利用信贷、税收等杠杆支持第三产业的发展。[②] 大力发展劳动密集型工业和出口加工业，出口市场集中在美国、日本和欧洲，同时抓住主要工业国家产业转移的历史机遇，不失时机地发展国内资本、技术密集型工业，重点扶植重化工业企业的发展，工业制成品出口逐渐取代初级产品的出口，通过制造业内部结构调整，改造传统经济部门，促进制造业发展，实现产业结构升级和经济持续增长。

---

① 李毅:《再炼基石：世界制造业变革的历史大势》，经济科学出版社，2005，第139页。
② 卢中原:《世界产业结构变动趋势和我国的战略抉择》，人民出版社，2009，第63~64页。

三 印度制造业发展模式

印度作为"20 世纪最后一个崛起的大国"日益受到世界的瞩目，2004年组建了"国家制造业竞争力委员会"负责制造业的持续发展，逐步形成了制造业跨越式延伸的发展模式。2005 年 9 月 26 日，印度政府首次发布《印度制造业国家战略》白皮书，显示其发展"世界制造工厂"的决心。从1993 年开始，印度通过调整产业政策、外国投资和技术合作逐渐掌握核心技术，开发拥有自主知识产权的车型，极大地带动了汽车制造业的发展。①印度的企业重视民族品牌与技术研发，拥有一大批高端科研技术人才，制造业国际化程度稳步提高。印度制造业的发展集中体现在汽车、钢铁以及制药等优势产业和世界级企业的快速发展方面。在印度的制造业产出中，高技术含量的行业占到 40% 以上，在中高端制造业领域具有吸引外商投资的巨大潜力。印度强调各方积极参与，从制造业整体到每一个子行业，从大型企业到中小型企业相互协调共同发展。由于印度学习西方先进技术具有信息先天优势，一些跨国公司被印度低成本的高技术劳动力所吸引，将采购和制造环节放在印度，可以获得先发优势，通过和最佳供应商建立密切关系，获得最优秀人才和政府的支持。制造业增长创纪录要归功于政府对制造业的重视，银行建立了一套完善的企业资信评价体系，金融市场比较发达健全，使印度制造业的发展拥有较好的软环境。受国际金融危机影响，印度制造业增长放缓，通胀压力加大，逐步调整进出口政策，控制出口，鼓励进口。印度制造业的出口行业是典型的劳动力密集产业，"印度制造"的订单减少，劳动密集型产品出口下降。为应对金融危机带来的影响，印度政府通过免除或降低制造业企业原材料进口关税，限制或禁止部分生活必需品和战略物资出口。加征钢铁产品出口关税，以扶持国内制造业的发展。2010 年，印度制造业从停滞走向复苏，在"2010 年全球制造业竞争力指数排名"中名列第 2。2011 年初，印度政府批准了第一份国家制造业政策，提出了到 2022 年的目标：将制造业在 GDP 的比重从 16% 提高到 25%，并提出建设"国家投资和制造区"的综合工业城镇，以弥补基础设施落后

---

① 唐鹏琪：《印度制造业优势浅析》，《南亚研究季刊》2006 年第 1 期，第 18～21 页。

和技术劳动力短缺的不足。目前，印度有 60% 的人口处于就业年龄阶段，是世界上最年轻的国家之一，未来 10 年将有超过 2.2 亿劳动人口加入，制造业的充分发展对解决印度面临的一系列经济社会问题仍然具有十分重要的意义。

发展中国家工业化模式一般表现为由政府推动的模仿发达国家的工业化发展道路，较为迅速地建立国家现代工业体系，合理利用全球生产网络，发展具有国际竞争力的大企业，抓住机遇实现产业结构升级和制造业发展模式转型。

第三节 国内发展较快地区制造业发展模式转型概说

一 长三角地区制造业发展模式

长三角地区位于华东平原，交通便捷、物产丰富、河网密布，自古至今都是商贾云集的繁华之地。1978 年以来，长三角地区制造业开始由进口替代向出口导向型转型，逐步由劳动密集型、轻工业推动为主向资本密集型、重化工业推动为主转变。长三角地区的工业发展得益于上海工业的扩散和江浙地区的农工相辅，尤其是乡镇工业与家庭工业迅速崛起，带动了长三角工业的快速发展。长三角地区的工业以制造业为主体，坚持以市场为导向开展研发制造业，培育特色产业逐步升级。我们把科研能力较强的长三角的制造业发展模式表示为科研—生产加工—科研，这表明长三角制造业的比较优势是具有原创性的科研。长三角地区制造业企业各自独立、分工精细、有先进的生产流程和较为发达的供销服务网络，形成具有一定功能产品的劳动密集型产业集聚，以信息技术等高科技产业或熟练劳动密集型产业为主，形成了市场带动型制造业发展模式。21 世纪，长三角地区进入新一轮更高层次社会经济联动发展的新阶段，围绕"长三角经济一体化"开展制造业技术创新和升级。通过技术进步推动该地区制造业进一步升级，主要有上海总部经济模式（国际化经济、地区运营中心）、苏州"错位战略"模式、浙江制造业集群经济模式（民营经济、低技术含量的劳动密集型经济）、江苏开放经济发展模式（机电设备、劳动密集型国际制造业基地)①，以及以地方政府为主导的、以发展个体和私营经济为主线的温州模式。再如义乌依托市场国际化、产业集群化、城市现代化的基础和优势，走出了一条"专业市场—制造业"，即"以商促工""工商联动"的路子。随着长三角地区商务成本的不断提高，劳动密集型制造业外移已不可避免，进一步发展高科技产业、奢侈品等高附加值制造业成为大势所趋，迫使长三角地区加快产业结构升级进程。② 在新一轮全球经济调整、产业升级的大背景下，长三角地区利用国际装备制造业转移机遇、有利的区位优势、产业基础优势、政策优势等，加速制造业技术升级，推进制造业集群化发展进程，如苏州的"世界工厂"地位正在撼动珠三角的东莞和深圳，通过发展模式转型，实现长三角地区制造业实力的提升。

二 珠三角地区制造业发展模式

广东省区位优势明显，科教实力雄厚，产业基础良好，经济总量长期居于全国首位，为全国经济社会发展做出了重要贡献。珠三角制造业的三个基本要素是技术、劳动力和资本，其发展模式可以概括为生产加工—科研—生产加工，说明"珠三角"制造业的落脚点是生产加工。③ 目前，世界 500 强企业 60% 以上在珠三角地区设立了合资企业，该地已经形成以轻型工业为主、重型工业和高新技术产业协同发展的产业体系，大量利用外资，以"三来一补"为主要加工方式，产品多为劳动密集型且大量销往海外或国内其他省份，属于加工制造业产业集聚发展模式。2008 年，珠三角地区第二产业占 GDP 的 50.30%，工业仍然居于主导地位。从发展趋势上看，自 2003 年以来第二产业的增长率逐年下降，2008 年，第三产业增长率首次超过第二产业，成为拉动 GDP 增长的主导因素。国际市场的大幅萎缩影响了外向型制造业的发展，在加快现代服务业发展的战略推动下，广东省现代服务业和先进制造业双轮驱动的主体产业群正在加快形成。

---

① 王立军、范剑勇：《长三角地区制造业发展模式与竞争力比较》，《杭州金融研修学院学报》 2004 年第 4 期，第 12~16 页。

② 楚天骄：《长三角地区制造业结构演化趋势研究》，《世界地理研究》 2010 年第 3 期，第 128~134 页。

③ 邝国良、方少帆、林晓湧：《珠江三角洲的制造业发展模式研究》，《特区经济》 2004 年第 1 期，第 30~32 页。

　　珠三角地区通过向中央政府争取政策支持，积极发展外向型经济。制造业发展以来料加工的简单劳动密集型产业起步，主要通过高度重视制造业技术现代化，以科技进步促进产业结构升级，培育、发展大型龙头集团企业，优化制造业产业组织。鼓励企业走管理与技术创新之路，培育新兴产业并调整传统特色产业，支持和鼓励民营经济进入制造业，注重教育与培训，提升制造业人力资本价值①，实现人力资源再造。珠三角地区制造业利用有利的地理优势，充分整合资金、人才等创新资源，发展外向型经济，经历了劳动密集型的轻工业生产阶段、以电子信息产业为代表的新兴产业崛起阶段和重化工业成长阶段三个阶段，结合国际产业转移的变动，由要素投入和出口需求驱动的制造业发展模式逐步实现高级化。经过30多年的发展，珠三角地区逐步建立起以劳动密集型、轻工业、装配加工工业为主的制造业区域分工体系，产业类型以加工制造业为主，种类主要涉及家电、纺织、家具、玩具、化工、汽车、计算机及其他高科技产业部门等，已成为全球重要的制造业基地之一。2005年广东省制造业实现工业增加值32719.08亿元，占全国制造业总产值的57%。珠三角地区不仅有强大的生产加工能力，而且逐步形成了具有较强竞争力的产业集群和产品销售网络。珠三角地区经济基础雄厚，制造业比较发达，基础设施状况和产业配套能力较好，且具有众多高科技园区和经济开发区，一些非常有空间集聚优势的产业群，如汽车、家电、半导体、电子和石化等，会不断地吸引外资向东部沿海地区投入。中国传统劳动密集型出口企业的利润率为3%～5%。人民币若升值3%，东南沿海地区制造型企业将面临一场前所未有的困境，大部分制造业企业被动转型。近年来，广东地区走的是"腾笼换鸟"的发展模式，实现产业的空间转移，将"落后产能"转移出去，而本地致力于高新产业与现代服务业的发展。

　　根据产业转移的动因和特征将产业转移模式分为七大类，即成本导向型、市场开拓型、多元化经营型、竞争跟进型、供应链衔接型、追求规模经济型和政策导向型。② 珠三角地区制造业企业靠成本优势和开放的地缘

---

① 杨年松：《珠江三角洲制造业产业升级战略定位与基本路径选择》，《特区经济》2005年第7期，第84～85页。

② 马子红：《中国区际产业转移与地方政府的政策选择》，人民出版社，2009，第69页。

优势占领市场，在参与国际产业价值链竞争中由于缺乏技术创新能力和知名国际品牌处于相对弱势的地位，在国际竞争和产品价值链分工中走"国际代工"道路是一种必然选择。随着人民币汇率的升高和劳动力成本的提高，传统依靠低劳动力成本、低利润、贴牌的出口导向型制造业发展模式难以持续。经历了全球金融危机的侵袭，同时面临土地、劳动力、能源配置等要素供给瓶颈产生的倒逼效应，部分企业倒闭、外迁，这是企业成本上升、优胜劣汰等综合作用的结果，是地区产业梯度转移的必然过程。珠三角地区制造业正加快实现转型升级，加快技术进步实施自主品牌战略是企业发展的唯一正确道路，推进产业结构优化升级，形成以高新技术产业为主导，坚持用高新技术和先进适用技术改造和提升传统制造业。

三 环渤海地区制造业发展模式

制造业是环渤海地区经济发展的主体，环渤海地区工业化进程呈梯度分布，环渤海地区产业联动的态势正在形成，体现了明显的区位优势和广阔的发展空间。北京、天津已处于工业化的后期阶段，资本和技术密集型产业向北京和天津转移；河北、山东、辽宁仍处于工业化的中期阶段，劳动密集型行业仍具有较强的比较优势，以信息技术带动传统工业的改造升级，制造业高端融合已成为发展趋势。① 金融危机后，面临国际制造业新一轮产业转移的契机，不断承接国际高新技术产业，在环渤海地区形成集聚效应，利用先进的技术和丰裕的资金加快发展具有高成长性和大市场空间的产业，带动相关制造业在环渤海地区集聚发展，进而通过借势创新提升本地制造企业生产的技术水平。环渤海地区通过加快技术、人力资本、知识等要素市场一体化进程，吸引国际著名跨国公司来此投资，推动制造业集聚，为环渤海地区制造业国际化发展趋势提供新的发展空间。从产业结构升级的角度看，我国制造业产业升级的时间性阶段，表现为相继形成的三个制造业发展区域。结合跨越式地区增长模式的路径分析，珠三角地区主要依靠简单的劳动密集型制造业来推动经济发展，但产业升级起步较低，

---

① 李平、佟连军、邓丽君、李名升：《环渤海地区制造业地理集聚研究》，《人文地理》2010年第2期，第99～104页。

长三角地区是发展熟练的劳动密集型产业形成更高级的产业结构，以装备制造业为主的、资本密集程度更高的产业结构主要后起于东北等老工业基地（见图6-2）。

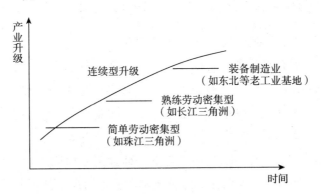

图6-2 跨越式地区增长模式

资料来源：蔡昉、王德文、曲玥：《中国产业升级的大国雁阵模型分析》，《经济研究》2009年第9期，第4～14页。

东北地区作为中国装备制造业三大基地之一，相对于长三角、珠三角地区，在交通运输设备制造业和普通机械及专用设备制造业方面存在优势。从经济效益指标和劳动生产率来看，东北地区落后于长三角、珠三角地区，总体而言，装备制造业技术发展滞后，在传统工业化发展道路中出现高增长衍生的痼疾即产能过剩现象不断显现，计划经济的体制基础仍未消除，东北地区制造业整体自主创新能力较低，与其战略地位不匹配。

第四节 国内外制造业发展模式转型对东北地区的启示

"他山之石"要实现完美"攻玉"，还必须建立在具体的环境模式中。所谓"顺则昌"，即把握好了正确的发展模式及实践路径，便能取得更有效的成就。由于国情、区情不同，也由于发展阶段、发展模式、基础条件、空间区位、人文环境等的差异性，不同国家、不同地区制造业发展模式转型的途径和方法各不相同，转型呈现出多样性的特点。制造业在发展中国家和地区的经济中仍占主导地位，发达国家制造业外移使发展中国家和地区的产业分工格局发生了显著变化。东北地区制造业的发展需要学习其他国家和地区的先进经验并吸取教训，对比分析不同的制造业发展战略和发展成果，借鉴有效的发展模式和发展途径。

一 发展模式选择必须适应产业升级的需要

研究一国或地区制造业发展模式转型应置于世界范围内制造业结构升级换代的大环境下，制造业发展要符合产业发展的内在规律，满足制造业内部结构升级换代的期待，遵循先轻后重，再信息化的发展规律，重点发展轻工业、充分利用世界市场。总体来看，在制造业发展上发达国家主要靠消费需求拉动，而发展中国家主要靠投资需求拉动。在农业经济、工业经济和知识经济并存的三元经济结构下，部分国家面临工业化和发展经济的双重任务，有选择地重点发展高新技术产业，用高新技术改造传统产业。金融危机的发生充分说明，利用信用的无度扩张引领美国过度依赖消费的经济增长模式已经"穷途末路"，美国去工业化的原有发展模式难以为继。无论是发达国家还是发展中国家，经济的健康发展都必须保持各产业内部和产业之间的协同科学发展，仍然需要通过不断提升制造业结构来增加社会财富。发达国家通过政府制定相应的产业振兴政策，扶持和引导传统制造业向具有发展潜力的新兴制造业升级，并根据本国国情，探寻制造业发展的突破口，对传统制造业的生产方式、经营方式进行变革，以提高生产效率和产品的市场占有率。日本纺织产业的成功转型说明衰退产业转型是可控的，转型的实质是生产要素的再配置，因而需要政府制定有针对性的产业政策，主动推进衰退产业转型，通过产业技术升级和产业组织结构的改善实现产业竞争能力的成功再造。面对制造业人才的流失和匮乏的困境，金融集团重回制造业并不是简单的回归，而是在产业价值链上的迁移，牢牢把握高附加值领域。发展中国家和地区要认识到国内需求规模对促进制造业发展的重要性，在提升国内需求品质的同时将大力发展高附加值制造业作为适应产业升级的战略选择。按照 OECD 的计算和估计，作为新兴市场经济国家的代表和发展中国家领头羊的中国的制造业占全球的份额，1997年为 6%，2015 年有望超过美、欧、日三大经济体，成为全球第一制造大国（见图 6-3）。借鉴国外在以装备制造业升级为轴心的工业化进程中积累的经验和教训，我国提出了走新型工业化道路，推进以产业创新和产业融合为主要内容和方向的产业升级进程。

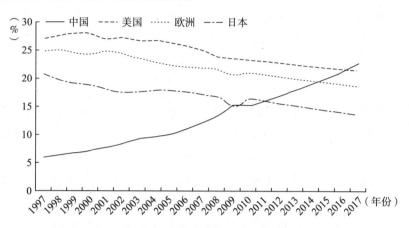

图6-3　中国、美国、欧洲与日本的制造业产值占全球份额

资料来源：中国社会科学院财政与贸易经济研究所课题组：《"十二五"时期中国财税若干问题研究（上）》，《经济研究参考》2011年第3期，第10~11页。

长江三角洲地区和珠江三角洲地区的制造业都是遵循了工业化发展模式以及工业内部结构演变规律而发展起来的，东北地区制造业则沿着重化工业起步的超常规道路发展。转型是在体制转换的过程中进行的，东北地区正处于重化工业重振阶段，属于由传统工业化向新型工业化转型的时期，相对于国外老工业基地转型面临的体制环境更加复杂。东北地区制造业发展模式的选择要与具有地区特色的优势产业相适应，要适应产业升级的趋势。应逐步规范区域内政府在制造业发展与转型中的角色，政府制定的产业政策应有利于创造适合制造业发展的环境，有利于制造业企业成为真正的法人实体和市场竞争的主体，有利于鼓励企业的制度创新和技术创新，做大做强，提升东北制造的品牌质量。东北地区制造业企业必须通过技术创新、技术转移与吸收和技术改造升级等来支持劳动生产率的提高，提升东北地区制造业产品的技术含量；通过管理的改革与完善全面降低企业成本与社会成本，提高东北地区制造业的国际竞争力，使东北地区制造业和其他各国或地区在产业结构选择上拉开一定距离，或者在同一层次上展开不同领域的专业化分工。一方面，东北地区正处于重化工业的重振阶段，传统工业化正向新型工业化转型；另一方面，东北地区制造业的转型要在体制转换的过程中进行，相对于国外老工业基地而言，区域内转型面临的体制环境更加复杂。因此，发展制造业需要制定一个定位准确和导向明确的发展战略，同时选择有利于经济协同发展与环境保护的科学发展模式，在逐步进行产业结构优化升级的基础上实现制造业国际竞争力的提升。

二 发展模式运作要发挥区域经济优势

一国成为世界制造中心最起码体现为该国制造业的规模在全球制造业中占据一定比重。英国、美国、日本在其制造业发展的高峰时期，制造业规模分别占到了全球制造的 1/5、1/3、1/10。日本的顺势崛起，显然是把制造业放在了国家富足乃至独立与安全的首位。美国、日本提出"制造要重视亚洲"，同时，在后危机时代各国之间需要超越互补合作共赢，如巴西近年来开展庞大的投资计划，与中国互补性强，在汽车、装备制造等领域合作共赢潜力巨大。改革开放以来，东北地区依靠所占有的资源优势形成了"低成本、低技术、低价格、低利润"的"低价工业化"模式，依靠成本竞争优势在国际市场上赢得竞争。① 在知识经济日趋繁荣的 21 世纪，经济社会的发展依次经历农业经济、工业经济、知识经济，是一个自然的历史过程。制造业要充分尊重地区经济发展状况，东北地区政府在制造业中的角色应逐步规范化，创造有利于制造业发展的环境，使制造业企业成为真正的法人实体和市场竞争的主体，通过制度创新和政策支持，使东北地区经济实现均衡可持续发展。

据世界银行的数据，2013 年中国制造业增加值在世界排名第一，但在人均制造增加值、技术装备制造等方面，和美国的差距仍然较大。尽管发达国家制造业增速减缓，但凭借雄厚的工业基础，依然表现出较高的制造业绩效。发展中国家和地区依靠巨大的发展潜力，制造业呈现出较快的发展速度。东北地区正在经历工业化和信息化相互交替的发展阶段，在工业化初期阶段，经济发展主要是依靠大规模的资源投入来推动的，进入工业化中期，过度依赖资源的工业发展方式已难以适应经济社会的发展状况。东北地区工业基础雄厚，区域内经济结构互补性强，拥有一大批富有竞争力的大型企业以及高校、科研机构，完全有能力通过发挥地区资源优势，

---

① 辜胜阻：《转型与创新是后危机时代的重大主题》，《财贸经济》2010 年第 8 期，第 91~95 页。

运用高新技术产业带动传统产业升级，实现重化工业的高科技化，制造业发展模式的转型必须抓好"产业—企业—产品—核心竞争力—管理与技术"这一制造业持续发展主线，政府应支持更多优质民企上市融资，做大做强，提升东北制造的品牌质量。

三　发展模式转型要借助虚拟经济的推动

现代市场经济是虚拟经济与实体经济相互依存、相互作用、协同发展的辩证统一体，制造业是实体经济的主体，要充分借助虚拟经济引导资金流向，刺激对民营企业的投资，进而促进实体经济持续快速健康发展。在新型世界分工格局下，制造业呈现资源配置全球化、产业高技术化、制造模式现代化、制造业集群化发展、服务化发展和市场多样化与个性化趋势，制造业的持续和健康快速发展至关重要，虚拟经济的产生是实体经济发展的内在需要。虚拟经济一方面可以带动资本性生产要素快速集聚，与其他生产要素相结合转化为强大的生产力，促进实体经济的发展，这是现代经济进步的显著表现；另一方面由于金融全球化的内在机制和影响，虚拟资本过度膨胀，致使虚拟经济虚假繁荣，给经济危机的爆发埋下种子。总体上看，虚拟经济对实体经济的发展有积极促进作用，但虚拟经济的过度"虚拟"可能会误导宏观经济调控工具的运用，因此，二者必须在运行方式、发展规模等方面相互兼顾。日本推进生态工业园区建设主要是通过政府主导、学术支持、民众参与、企业化运作，产（企业）—学（大学/科研院所）—官（政府）—民（国民）紧密协作，共同推进实施，以静脉产业为主体建设现有改造型、全新规划型以及虚拟型生态工业园区等①，开展资源能源的循环利用。当前，制造业原有的低成本竞争优势正在逐渐弱化，东北地区制造业应积极转型。

资本市场属于虚拟经济的范畴，通过资本市场的发展，将社会资金转换成制造业的生产资金，用于企业更新设备、改进技术，因此，虚拟经济中资本市场的健康发展，可以将社会资金吸引至制造业的生产环节，进而

---

① 董立廷、李娜：《日本发展生态工业园区模式与经验》，《现代日本经济》2009 年第 6 期，第 11~13 页。

为制造业企业更新设备、革新技术打下坚实的基础。因而，从某种意义上讲，制造业转型的速度在很大程度上取决于资金流向技术密集型制造业的数量。各级政府需要出台相关鼓励政策，降低制造业企业的上市成本，给有能力上市的制造业企业营造宽松的环境，加速制造业发展模式转型的步伐。金融创新的重点应放在支持支柱产业的风险投资上，大力提升东北地区制造业的自主创新能力，吸引外资要有所选择，通过规范各种金融创新工具的使用来规避市场风险，最大限度地发挥虚拟经济对实体经济的积极作用，并按照效益最大化原则促进社会资源优化配置，尽可能达到"帕累托最优"。东北地区要借助虚拟经济的推动，推进制造业产业链的整合。推动制造业进行跨所有制、跨区域的重新组合，鼓励生产要素在区域间自由合理流动，围绕东北地区制造业产业链的整合，积极发展东北地区制造业产业集群，以优势企业、优势产品为龙头，重组整合存量资产，逐步提升东北制造业在全球的地位。

四　发展模式演进要顺应技术发展趋势

在经济全球化和贸易自由化条件下，知识产权已成为产业竞争的重要工具，控制了专利就控制了市场。随着信息技术、先进制造技术和全球化的发展，制造业的发展模式发生了较大的变化，现代制造业逐渐兴起。技术创新在企业竞争中的主导地位日渐凸显，应进一步促进制造业和地区经济发展。蒸汽机让英国崛起，电气化让美国崛起，信息化让美国二次崛起，能否以生态化让中国崛起是一个值得关注的问题。发达国家随着城市经济空间布局的变化日益向外转移制造业，仅保留与控制最核心、最关键的制造环节和属于价值链高端的生产性服务业，并使经济结构逐步向服务化方向发展。世界性的结构调整和产业转移是东北地区制造业结构调整和产业升级的重大机遇，有利于制造业转型升级，进而提升制造业的整体竞争能力。东北地区制造业对外来技术的依赖度过高，在经济结构调整和生产方式转变的宏观背景下，各类要素（土地、资源、能源、劳动力等）的成本不可避免地迅速上升，投入的边际报酬不断下降，比较优势在不断减弱，企业转型急需信息化助力。

根据美日韩等国的经验，当人均 GDP 小于 300 美元，R&D 占 GDP 的比重小于 1% 时，属于使用技术阶段；当人均 GDP 达到 300～4750 美元，R&D 占 GDP 的比重为 1%～2% 时，属于改进技术阶段；当人均 GDP 大于 4750 美元，R&D 占 GDP 的比重超过 2% 时，属于创造技术阶段。[①] 美日德等装备制造业强国的研发投入占销售收入的比重在 3% 以上，远高于我国装备制造业 1.4% 的水平。当优质的低成本人力资源和足够数量的智力资源组合起来的时候，新的竞争力就凸显出来了。因此，需要大力发展先进制造业，不断吸收国内外高新技术成果，并将先进制造技术、发展模式及管理方式综合应用于研发、设计、制造、检测和服务等全过程。美国制订了"先进制造技术计划""敏捷制造技术计划"，加大制造业信息化技术研发力度，通过提升技术水平，逐步降低节能减排的压力。德国制造业具备独特的人才培养体制，重点培养制造业企业员工的学习能力和团队协作精神，以获得一流的人才队伍。[②] 技术发展通常具有某种特定的路径依赖，新产品或新工艺的研发往往取决于该企业的研发基础，创新活动的路径依赖决定了技术创新是一个渐进的过程。打造先进制造业不仅要突破以我为主的封闭式的传统产品开发模式，实现与同行业企业联合开发，提高制造业企业的技术水平和管理能力，还意味着要发展循环经济和高新技术产业，真正实现低碳、环保和绿色制造。美国的精益思维、敏捷制造和网络联盟企业，日本的全能制造系统，中国的现代集成制造系统等现代制造模式，使制造业逐步呈现柔性化、集成化、智能化及网络化特点。先进的制造技术只有实施在与之相匹配的制造模式中，才能最终转化为产品的市场竞争力。20 世纪 80 年代后全世界的制造业都开始学习丰田的生产方式，因为这是一种可以直接带来利润和提升企业竞争力的管理体系。东北地区应结合自身发展实际，消化吸收国外柔性制造系统，实现集约化生产，尽可能地建立较为完善的信息系统。振兴制造业必须始终着眼于科技创新，发达国家最突出的特征是制造业呈现出高技术化、高加工度和高附加值化趋势，高新技术产业成长迅速，发展中国家的中高技术产业比重也在上升，其资源型制造业比重逐渐下降。制造业发展模式转型要协调好技术创新和全球化的关系，

---

① 郭志仪、杨琦玮：《中国制造业区域创新模式的比较研究》，《科技管理研究》2009 年第 7 期，第 50～53 页。

② 唐德才：《基于资源约束的中国制造业可持续发展研究》，科学出版社，2009，第 81 页。

只有用心将现有的业务做精做专，才能赢得定价主动权。

"工欲善其事，必先利其器"。2016 年 9 月，在工业和信息化部的指导下，工业互联网产业联盟撰写并发布了《工业互联网体系架构报告（1.0版)》，指出网络、数据和安全是体系架构的三大核心，需要围绕智能制造的需求开展跨层次、跨环节的数据整合。不论一个国家还是一个地区，要想在激烈的国际和国内市场竞争中赢得主动，都必须建立强大的制造业体系。总之，某一种发展模式对其他地区、其他产业在一定程度上都具有一定的示范和借鉴意义，但由于各国的工业化起点不同、历史基础不同、所处阶段不同、要素禀赋不同、经济发展模式不同，不能照搬。中国制造业在世界及东亚制造业分工体系中处于产业链的低端，附加值低、静态竞争力相对较弱，而日韩处于产业链的中高端，最重要的原因在于制度创新和技术创新的学习效应。制度创新与技术创新中的学习效应是提升制造业竞争力的内在动力。[1] 东北地区装备制造业等主导产业的技术更新换代周期较长，很多产品因为技术含量低无法满足市场的需求。首先，与东部沿海发达地区相比，东北地区的主导产业在技术和产品创新上还存在较大差距，与世界先进水平相比更是处于末端。我们在学习和引进先进企业管理模式、运作理念的同时，更要考虑东北地区特定产业发展的特殊环境、特殊背景、地域文化等因素。东北地区制造业必将在借鉴中创新，在探索中发展。

---

① 周松兰：《中日韩制造业竞争力比较研究》，武汉大学博士学位论文，2005，第 130~131 页。

第七章　东北地区制造业发展模式
转型的对策选择

　　"十三五"规划纲要提出，改造提升制造业，要淘汰落后产能，发展先进装备制造业，促进制造业由大变强。中国机械工业协会特别顾问朱森第认为，智能制造、绿色制造和服务型制造是未来制造业的发展方向，也是制造业实现转型发展的重要途径。[①] 在碳排放和可持续发展等新型约束条件下，东北地区制造业发展模式应坚持"发展中场、加强成套"的思路，转型的着力点是从生产型制造向服务型制造转型，从高耗能、高污染、注重量的扩张向绿色制造、注重质的提高的工业生态化转型，从重主机、轻基础、偏重通用型装备制造向主辅配合协调发展专用型装备制造转型，从关注机械技术向融入信息技术转型，从粗放管理向精益管理转型。东北地区制造业应以结构调整为主线，注重向集约化、信息化和现代化方向转型。在全球经济调整背景下，东北地区制造业正处于战略转型期，着重强调发展模式转型对区域制造业发展及经济社会的全方位影响。制订实施振兴东北制造业专项计划，发挥产业集聚效应，摈弃发展模式转型所固有的单一、线性思维范式，强调制造业企业从基于廉价劳动力的低成本、高投入、高消耗、高污染、难循环、低效益、低附加值的传统发展模式转向基于技术创新的低投入、低消耗、低污染、高效益、高产品附加值的科学发展模式，由单纯追求 GDP 的增长逐步转向追求可持续性、环保和社会公平的新模式。运用市场化思路大力提高知识、技术、制度等创新要素在制造业中的比重，

[①]　朱森第：《我国装备制造业转型升级的着力点》，《金属加工（冷加工）》2011 年第 1 期，第 4~5 页。

强化品牌扩散效应，构建东北地区制造业自主创新和持续发展机制，走内涵式发展道路。同时在制造业环节大力投入以"知识、技术和创意"为特征的生产性服务成分，实现制造业结构由产品生产主导型向现代服务供给主导型转型，提升在世界制造业价值链中的地位，是模式转型的关键。东北地区制造业发展模式的转型要符合全球制造业发展的趋势，必须与其所处特定地区的区情相适应，与企业发展阶段相协调。东北地区制造业发展模式转型主要通过盈利模式、企业发展定位和企业运作模式三方面的转型展开，探寻新的驱动力，实现东北制造业的可持续发展。

东北地区制造业既面临市场需求多变、劳动力等要素成本上升、节能减排约束趋紧所形成的多重压力，也面临经济结构优化、增长动力切换和制度环境的改善带来的新机遇，必须积极主动适应新变化，从旧思路、旧方式、旧手段转向新理念、新模式、新路径。今后，东北地区制造业发展模式转型需要坚持需求与供给相结合的原则，明晰制造新方向；虚拟与实业相结合，提升制造新能力；融资与融智相结合，发展智能化制造；节能与减排相结合，走绿色制造之路。制造业转型意味着需要寻找适合当下环境的发展道路，需要在发展中适时调整，主要有升级型转型和结构性转型两种方式。东北地区制造业发展模式转型需要实现升级型转型和结构性转型的动态组合，避免落入"比较优势陷阱"。

第一节　充分发挥集群经济优势

集群发展是一个既有路径依赖又有路径创新的过程，同时也是一个转型的过程。集群经济是指相类似的企业、行业或机构在特定区域地理上的集中所产生的经济现象，产业集群是中观层面的集群经济分析，是集群经济发展中的典型现象和规律性表现。[①] 产业集群是一个市场作用下的跨行业、跨行政区域的概念，随着经济全球化的深化，集群经济的形成有利于吸引各种优质资源、促进协作，提高区域经济竞争优势。创新型产业集群作为集群转型升级的重要方向，是推动区域经济增长、提升区域竞争力的

---

① 徐充：《东北地区集群经济的发展障碍与对策选择》，《学术交流》2008 年第 7 期，第 92 页。

重要方式。东北地区深入调整经济结构，坚持"大集团引领、大项目支撑、集群化推进、园区化承载"的工业发展思路，加快建立结构优化、技术先进、清洁安全、附加值高、吸纳就业能力强的现代制造业体系。在具有企业集聚潜力的特定地区，形成一种具有长期竞争与协作关系的地域性制造业企业集聚体，推动东北制造业技术装备和产品档次提高到新水平。通过发挥东北地区集群经济优势，改善分工协作和配套条件，结束了个别大企业单打独斗和中小企业一盘散沙的状态，实现了从单一产品向提供成套产品和系统集成服务的集群式发展迈进，东北地区制造业充分发挥集群经济优势，实现了盈利模式转型。

一　鼓励发展整合型制造业

自"十二五"规划开始，中国后工业化时代来临，产业平均利润率规律的作用越来越大，与此相适应，企业之间不再是纯粹的充分竞争关系，更强调相互依存性。"十三五"规划提出构建产业新体系，加快建设制造强国，实施"中国制造2025"，引导制造业朝着分工细化、协作紧密的方向发展，促进信息技术向市场、设计、生产等环节渗透，推动生产方式向柔性、智能、精细转变。构建产业新体系应以制造业转型升级为中心。当前，随着新兴工业化、城镇化、信息化、农业现代化的推动，东北地区迎来了"重要机遇期"和"黄金发展期"，积极构建东北地区制造业信息平台，实现与联盟伙伴的流程整合，包括品牌、技术、生产、营销、财务等业务流程，推动东北地区整合型制造业的发展。因此，未来制造业企业模式将逐步走向战略合作联盟，实现从单纯的制造业向制造业、服务业和研发业一体化转型，通过制造中心与技术创新中心同步发展，实现产业结构的整合化、知识化、服务化、外向化及生态化。东北地区相关省份具有基本相同的历史和文化传统，资源禀赋、产业结构和社会发展具有很强的互补性，具备发展区域经济的人文、地理和产业基础，为加速实现区域经济一体化创造了条件。在组织结构创新的过程中，要注重走专业化道路，充分利用专业化社会协作体系，打造精干的生产经营主体，优化基本职能，突出关键职能，集中资源强化企业核心业务与核心能力。在主导产业带动下，通过发展整合型制造业，发挥企业集聚效应和规模效益。产业链整合是现代区域经济发展的重要动力和东北地区振兴的关键，通过发展整合型制造业，构建资源共享和联合问责惩戒机制，提升区域制造业整体形象，促进东北经济又好又快发展。

"十三五"时期是东北地区加快转变经济发展方式的攻坚阶段，规划纲要明确提出要发展先进装备制造业，促进制造业由大变强。程伟教授提出了东北地区在全面振兴攻坚阶段的"再工业化"发展模式，其内容是以重化工业基地建设为重点，以组建大型企业集团为基础，以技术创新和制度创新为动力，以高新技术改造传统产业为手段，以金融深化和人力资本开发与利用为支撑，以社会保障体系建设为安全网，以政府作用的科学和有效发挥为条件，以"两个市场"和"两种资源"的充分利用为保障，实现东北老工业基地又好又快发展。① 充分整合装备制造业产业资源，实现产业高端发展。整合来源于企业间的互相服务、互相外包，如沃尔玛对制造业企业的控制、DELL 的直销模式等。依托先进信息技术对制造业的企业体制、生产组织、经营管理、技术系统、产品服务的形态和运作进行整合，积极发展整合型制造业。随着市场环境的变化和国内外诸多压力的出现，制造业必将由"资源依赖型"向"技术依赖型""知识依赖型"转变，由资源高消耗、高污染的粗放型发展模式向资源节约型、环境友好型的科学发展模式转变，由产品中心化向客户中心化转变，由在产业链中低端具有明显国际竞争优势向在产业链中高端具备竞争优势转变，必须实现从外向型向开放自主型转变，推动制造业全面升级。

为了解决国际代工企业在制造业与现代服务业中的"脑体分离"问题，要创造、吸收和利用高级生产要素和专业性生产要素，实现工艺流程升级、产品升级、功能升级、产业链升级以及集群升级。② 服务型制造是一种"面向服务的制造"和"基于制造的服务"的发展模式，是知识资本、人力资本和产业资本的聚合物，为顾客提供符合个性化需求的广义产品（产品 +服务），摆脱单一的"世界加工厂"的尴尬地位。我国在工业化和结构优化的过程中，坚持走可持续发展的新型工业化道路，大力发展服务型制造业，

---

① 程伟：《东北老工业基地改造与振兴研究》，经济科学出版社，2009，第57页。
② 刘志彪：《经济全球化与中国产业发展》，译林出版社，2016，第111页。

延伸制造业企业的价值链，为东北地区制造业企业的平稳较快发展提供了一条有效途径。[①] 一方面，在产业层面上，制造价值链不断延长，从加工制造领域延伸到服务领域，发展起本国的高端生产性服务业。另一方面，在企业层面上，就单个制造企业而言，其价值链呈缩短趋势，更关注核心竞争优势的创造，不同的企业通过相互提供生产性服务，实现高效生产和快速创新。[②] 要素整合的实质是内涵式的增长，东北地区制造业今后的发展必须考虑以下问题：第一，改变单一依托国有大型企业发展的思路，中小制造业企业必须探寻各自的主导产业；第二，坚持科学发展观，加快产业结构和能源消费结构的调整，适当推进制造业产业结构升级和转型，实现从单纯制造业向制造业、服务业和研发业转型，创建具有自主知识产权的国际品牌，实现整体的产业升级；第三，要注重产业协调发展，提升各产业内部层次，在主导产业带动下，通过发展整合型制造业，将郎咸平教授提出的"六加一"[③]大物流理念早日落实，积极发挥企业集聚效应和规模效益。"绿色供应链"的发展和物联网时代的到来将推动东北制造业实现从"加工"到"制造"再到"创造"的升级。服务型制造模式是一个创造巨大价值并具有持续服务功能的制造过程，传统型制造企业依赖技术创新和客户化创新，沿着社会组织和业务流程再造、服务创新和价值创造的路径向服务型制造企业转型（见图7-1）。

通过推进生产性服务、制造服务和顾客参与的高效协作，融合技术驱动型创新和用户驱动型创新，实现分散化服务制造资源的整合和价值链各环节的增值。[④] 整合型制造业使得整个价值链的各个环节都成为价值增值聚合体的有机一环，制造业企业发展服务型制造需要建立起先进制造系统和现代管理系统，在此基础上开发需求管理、能力管理、企业网络管理和风险管理，加快企业物流模式与系统的变革与自主创新，充分重视标准化建设以及物联网的推广应用，促进企业从传统制造模式向服务型制造业转型。

[①] 孙林岩：《中国制造业发展战略管理研究》，清华大学出版社，2009，第410页。

[②] 汪应洛、刘子晗：《中国从制造大国迈向制造强国的战略思考》，《西安交通大学学报》（社会科学版）2013年第6期，第1~6页。

[③] "六加一"："一"就是制造；"六"就是创造出9倍价值的环节，包括产品设计、原料采购、仓储运输、订单处理、批发经营和零售。

[④] 孙林岩：《中国制造业发展战略管理研究》，清华大学出版社，2009，第429页。

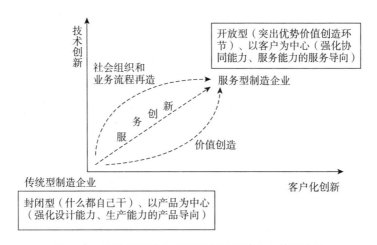

图 7-1　传统型制造企业向服务型制造企业转型路径

资料来源：李兆磊：《传统型制造企业向服务型制造企业转型路径分析》，《知识经济》2010 年第 7 期，第 87 页。

制造业和服务业相互交织：一方面，制造业全球化带动服务业全球化，制造全球化程度高的产业，与其相关的服务全球化程度也高；另一方面，服务全球化引导制造全球化。从工业的发展模式来看，工业生产过程中的产品和服务是互补的，呈现出工业服务化趋势，并且生产者服务是服务增长值的最强部分。从服务的发展模式来看，呈现出服务工业化趋势。"鲍莫尔 – 富克斯"假说的基础模型是 Baumol 的两部门非均衡增长模型，基本观点是与制造业相比服务业劳动生产率增长相对滞后，服务业引进新技术、开展类似工业化的产业经营是提高生产率的可行之路。[①] "微笑曲线"两端的生产性服务环节在制造业转型和摆脱金融危机影响中发挥着不可替代的引擎作用，制造业和服务业由分工走向互动并表现出一定的融合趋势。

二　加快建设产业集聚区

"他山之石，可以攻玉"。发展经济学证明，各国实现工业化的道路都以装备制造业的升级为轴心。珠三角的产业转移本质上体现了由要素集聚到产业集聚的转换，如服装鞋帽业、高新技术产业，依靠本地区低廉而丰

---

① 孙林岩：《中国制造业发展战略管理研究》，清华大学出版社，2009，第 427 页。

富的要素集聚，实现了由加工代工基地向产业制造基地的转变，产业集群的发展已成为珠三角地区核心竞争力的重要因素。因此，东北地区制造业也应结合本地区的资源禀赋、产业基础、市场需求及发展潜力，以集群化、规模化、现代化为目标，实现资金、技术、劳动力等生产要素的自由流动，实现区域内合作，将位于城郊的开发区变成生产要素汇聚的"洼地"，增强东北装备制造业的整体竞争力。在原有重化工业存量的基础上发展重化工业，必须以存量改造为主。随着经济全球化的深入发展，劳动用工的低工资时代宣告结束，制造业企业只有发展产业集群模式，才能拥有持续扩大的市场。例如，黑龙江省的食品加工，吉林省的汽车和轨道交通设备，辽宁省的船舶和钢材制造，内蒙古东部地区的能源、化工产业，集群经济的发展取向，提高了东北地区制造业企业的整体运作效率，使东北地区制造业的竞争优势有了显著提升。

随着经济全球化的深化，作为区域创新核心要素的产业集群备受国内外学术界的关注。从产业的生命周期来看，当产业处于导入期和发展期时，供应链竞争对协同的要求往往侧重于缩短产品开发到进入市场的周期、对需求快速响应和准时交付。[①] 制造业通过实现信息化极大地提高了产品的协同和共享能力，同时网络化协同需求越来越强烈，进而促使企业加快提升信息化水平。装备制造业组织机构复杂，产品种类繁多，信息化作为产业升级的加速器、助推器，极大地促进了制造业优势互补与协同拉动效应的发挥，实现了东北制造业的纵向延伸和横向耦合。2009 年，沈阳铁西装备制造业集聚区发展规划得到国家发改委的批复，一批产业集群快速兴起。东北地区要积极兴建工业园区实现产业集聚，辽宁省 2011 年 5 月提出新增工业用地将全部投向重点产业集群，相关优势资源要向集约程度高、规模效益好的产业集聚区倾斜，充分发挥产业集群的成本优势、技术创新优势、市场开拓优势和扩张优势，加强产业集聚和企业兼并整合，提高集群水平和集群内企业整体运作效率，推动产业优化升级，逐步提升产业竞争能力。

产业集群是工业经济部门发展的内在要求，也是促进地区经济发展的

---

① 郝皓：《基于制造外包的供应商协同——理论研究与实证分析》，中国物资出版社，2009，第 125 页。

必然选择，它可以通过发挥外部经济性和规模效应降低成本，进一步实现后发地区的潜在优势。作为国有装备制造业企业最为集中的东北地区已成为重大成套装备集聚区，必须加大国有企业改革与改制的力度，鼓励民营制造业企业积极参与国有企业改革。据辽宁省中小企业厅统计，2011 年以来辽宁省围绕装备制造、汽车零部件等 12 大产业已打造了 126 个区域特色民营企业产业集群，相关市县依托城市原有的优势资源和产业基础，再加上专业完善的配套设施，积极创立区域产业品牌，集聚发展产生了"1 + 1 > 2"的效应。2009 年，吉林省编制了《长春工业产业升级计划纲要》，实现了银企对接、产需对接和政企对接，政府扶持服务力度显著增强。2010 年，辽宁省民营经济增加值实现 10900 亿元，首次突破万亿元大关。通过大力扶持中小型民营装备制造企业发展，培育和壮大龙头企业，实现了东北地区制造业集群内企业的协同生产，发挥制造业产业集群的协同效应、外部效应和优化效应，促进装备制造业内部结构升级。在市场需求多样性和不可预测性连续增加的情况下，最终可能从"N + N"走到"1 + 1"排他性合作的发展阶段。在复杂多变的国际经济形势下，潜力巨大的国内消费市场是东北地区支柱产业发挥比较优势和制造业转型发展的新源泉和稳健发展的坚强后盾，有利于在国家重点领域和关键环节塑造东北制造品牌效应。东北地区通过构建市场占有率高、差异化程度大的制造业产品体系，推进与东北亚地区相关国家的密切合作，在借鉴中创新、在开放中发展，实现既尊重地区区情又符合制造业国际标准的完美结合。

"十二五"及"十三五"规划指出，要培育发展战略性新兴产业，积极有序发展高端装备制造、新能源汽车等产业，加快形成先导性、支柱性产业，切实提高产业核心竞争力和经济效益。大力推进传统产业高端化、产业集聚高度化，构建现代装备制造体系。目前我国开始进入高端服务业引领产业转型升级和经济发展方式转变阶段，东北地区制造业面临加快转型的挑战，需要以金融开放为重点的生产性服务业更加密切的配合和互动才能实现产业结构的优化升级。在主导产业的带动下，发挥企业集聚效应和规模效益，打破行业垄断和地区封锁，以攻克产业核心技术不断提高工业发展的质量和竞争力为重点，进一步培育、扶持和发展战略性新兴产业和优势产业，带动传统产业转型，形成相互促进、螺旋式上升的良性发展路径，促进东北地区在"十二五"时期基本建成具有国际竞争力的先进装备制造基地。东北地区制造业的发展实际上是一种典型的产业集群式的发展模式。从实际情况看，沈阳重点推进高档数控机床、特种专用数控机床等优势产业集群式发展从而带动化工、冶金、建材等相关产业发展。如沈阳铁西区拥有以沈阳机床、沈阳鼓风机、北方重工、特变电工等为代表的一批装备制造业企业，已成为中国重要的装备制造集聚地。东北地区装备制造业整合空间很大，可以通过兼并重组融合国有资本和非国有资本的方式打造一批大企业和大集团。整个东北地区经济发展要在各有侧重的基础上开发具有规模效应与集聚效应的优势产业。东北地区重点培育以"鞍钢"为核心的精品钢材产业集群；以大连港为龙头的临港产业集群；以哈尔滨为轴心，建设国家级发电成套设备研发中心和产业化基地；以长春为中心，以沈阳基础装备制造、哈尔滨动力设备制造、大连机车制造为支撑，建设国家汽车工业研发中心和产业化基地。①整个东北地区要在各有侧重的基础上开发具有规模效应与集聚效应的优势产业，如内蒙古东部能源重化工、黑龙江东部煤电化工和辽西北煤化工等重要能源基地的开发、转化和利用，实施以优势资源开发转化为重点的产业发展战略。沈阳经济区、哈大经济带已初步建立起优势互补、互惠互利的经济区。重点打造沈大、长吉、哈大齐三大装备制造业产业集聚区，使东北地区成为具有显著集聚效应和辐射能力的先进制造业基地。通过建设产业集聚区，加快生产要素和产业链的集聚，逐步使东北地区从资源型区位优势向市场型区位优势转型，通过建设产业集聚区吸引外资入驻东北，逐步培育区域制造业品牌，充分发挥东北地区集群经济的效应。

三　推动制造业产业链整合

在当前国际国内发展背景下，需要以优势和前景产业为切入点，加快构建行业结构优化、价值链高端的制造业体系。②制造业作为东北地区经济发展的支柱和经济跨越的依托，一直受到党中央的高度重视，党中央出台

---

① 关长海、赵国杰：《基于生态群落的现代服务业与装备制造业融合发展研究——以东北老工业基地为例》，《经济纵横》2008年第2期，第106~108页。
② 李金华等：《中国现代制造业体系论》，中国社会科学出版社，2015，第160页。

了一系列鼓励东北地区等老工业基地全面振兴的政策和产业规划，既为东北地区制造业的发展提供了理论指导，也营造了良好的氛围。2014 年 7 月 31 日，国务院总理李克强主持召开国务院振兴东北地区等老工业基地工作会议时表示：黑吉辽这三个省的装备制造业各有特点、各有优势……中国的产业，尤其是工业产业，要从中低端向中高端跃升，东北在这方面是有基础的。下一步要让东北装备制造业能升级，要拉长产业链，要加强配套，核心企业要提高研发能力。从同一产业内部产业链条的不同环节来看，产业链条可以分为三大环节，即设计研发环节、生产环节和营销环节。波特认为，区域产业竞争力主要取决于是否形成了优势产业集群或者企业集群竞争优势。中场产业是处于最终装配产业和基础材料产业之间的部分。制造业产业链是指某一产品或服务从市场需求、工艺研发、不同阶段的生产制造、装配及营销服务、回收等环节的整个价值创造和实现过程。生产环节可以分布在不同企业之间，每个企业只做一个部件甚至一个部件的某个工序。因此，产业链整合也需要得到科研院所、孵化器、商会的支持和先进的交通运输系统的支撑。产业链的提升是垂直分工不断加深的过程，向上游延伸到设计研发，向下游拓展到销售和服务领域。因此要加强制造业与服务业之间的协调联动机制建设，构建东北地区制造业信息平台，实现品牌、技术、生产、营销、财务等业务流程和联盟伙伴流程的整合。

地方政府要积极扶持培育中小企业，形成完善的配套体系，加快发展有利于促进制造业实现规模经济的生产性服务业，如供应链管理、专业市场、金融服务、物流配送、电子商务平台等，推动生产性服务业与制造业在产业链和产业集群等方面的融合。提升制造业参与国际分工的能力和水平，优化制造业组织结构，培育具有国际竞争力的跨国公司，通过制造业基地建设推动产业链整合，促进东北地区制造业获取集聚经济效益，增强制造业之间的内聚力和关联性，产生同向合力的乘数功能，降低制造业整体生产费用。充分利用东北地区各省份现有的优势加以分类培育，形成具有鲜明特色的先进制造业基地以提高装备制造业相关产品的档次与质量等级。通过推动制造业产业链整合，挖掘市场盲点，根据市场需求制定企业的研发（包括自主研发、合作研发和委托研发）策略，逐步整合生产研发，将原料配送和生产程序融入产品研发设计过程中，降低整个产业链中产品的生产成本。制造及分销网络的整合创造了许多组件（包括材料、资源、运作活动、供应商和客户），根据环境变化进行有效规划和整合，实现集成制造和分销网络的有机统一，对整个供应链整合已被确定为供应链有效运作的关键。[①] 通过基地建设促使制造业获取集聚经济效益，培育技术优先型制造业基地、优质高产型制造业基地、产量优先型制造业基地、特色高产型制造业基地、特色精品型制造业基地。[②] 在全球化时代，金融市场的发展和资本市场的繁荣为制造业的发展提供了多元化的资金来源，银行与企业之间的密切联系推动了企业集团与企业集群的形成与发展。东北地区装备制造业要求大中小企业合理组合、科学配置，建立以大企业为主导、中小企业参与的分工协作体系。这种组织方式对大型企业依赖程度较高，原因在于大型企业在引领产业发展方向、改善产业分工协作方式、整合和凝聚研发资源及提高国际竞争力等方面发挥不可或缺的作用。

东北相关省份要站在区域经济一体化的高度，对区域内制造业产业进行专业化分工协作的产业链整合，突破"大而全""小而全"的现状，推动重点行业进行跨所有制、跨区域重组，鼓励在要素合理流动特别是在利益共享基础上的项目开发和区域内跨省份资产重组或共同组建大型企业集团，围绕装备制造业形成完整的产业链，积极发展东北地区制造业产业集群，以优势企业、优势产品为龙头，重组整合存量资产，逐步提升东北制造业在全球的地位。如沈阳北方重工通过并购国外行业巨头逐渐掌握了盾构机核心技术，并利用全球资源建立了世界级隧道掘进机制造基地，实施全球化应对战略，迅速完成了产业升级。根据国内外产业集群形成和成长的规律，东北装备制造业打造产业集群应该把握好相关项目布局集中、发挥行业龙头企业和中小企业各自的作用、集群内部保持足够的竞争活力这几个着力点。

国际市场的订单已经成为奢侈品，制造业进行产业链整合已经开始。东北地区要加快发展进口资源深加工业，建设进口能源原材料精深加工基

---

① Premaratne Samaranayake, Tritos Laosirihongthong, Felix T. S. Chan, "Integration of Manufacturing and Distribution Networks in a Global Car Company-network Models and Numerical Simulation," *International Journal of Production Research* 49, 2011 (11): p. 3127.

② 张明龙:《中国制造发展模式转型研究》,《学习与实践》2008 年第 8 期, 第 52 ~ 53 页。

地。用以长春一汽集团为主体的汽车产业带动东北地区相关配套产业的全面发展,通过大企业的转型带动上下游合作的中小企业主动转型,实现东北地区制造业产业链的整合与转型,使得投入和风险相对较低。东北地区制造业机械加工能力强,具有突出的科研和技术人才优势,从产业链整合的角度,确立以装备制造业为重点的新主导产业从而带动关联性产业的发展,形成以主导产业为核心、相互关联的制造业企业在地域空间上的集群发展,培育以知识或技术密集型产业和品牌为重要内容的创新型产业集群,是提升东北制造业产业集群竞争力的重要途径。

第二节 积极培育创新型制造业

世界进入创新密集的新全球化时代,科技创新是国家赢得发展先机和走出转方式、调结构这个改革大关口的利器。东北地区可通过发展创新型制造业,以创新为主要特征,努力实现"全球价值链"的攀升,依靠创新驱动带动工业发展,构建创新驱动型制造业发展模式,注重发展创新型制造业并使之推动经济转型升级。通过自主创新和创建自有品牌打造核心竞争力,加速东北制造向东北创造转型。从既有的约束条件来看,我国的自主创新应主要采取跨越式创新、集群式创新和协作整合式创新的模式。[1] 创新包括两种基本形式——创造与更新,包括对原有的模式重新组合和再次发现,是一个从无到有、从有到新的过程,是一个渐进的不断提升的过程。美国经济学家格·门施(G. Mensch)认为,只有技术创新才能打破经济低落时期的僵局,按照创新经济学创始人熊彼特的阐述,所谓创新就是把一种从未有过的关于生产要素的"新组合"引入生产过程。[2] 在熊彼特看来,创新尤其是根本性的创新,一旦冲破一定的壁垒就会引发群体创新,犹如凯恩斯的投资乘数效应,经济会表现出一派繁荣的景象。[3] 创新包括发现新产品、引入新的生产方法、开辟新的市场、获得原材料或半成品的一种新的

---

① 黄泰岩:《转变经济发展方式的内涵与实现机制》,《求是》2007 年第 18 期,第 6~8 页。
② 〔美〕约瑟夫·熊彼特:《经济发展理论》,何畏等译,商务印书馆,1990,第 73 页。
③ 宋晓洪:《东北地区制造业的振兴与技术创新》,《商业研究》2005 年第 24 期,第 210~211 页。

供应来源。重振东北地区制造业的雄风关键在于创新，特别是制度创新和技术创新。在准确把握东北地区制造业比较优势的基础上，大力发展中场产业，处理好传统优势与创新发展的关系，构建符合东北地区实际的区域创新体系，加快培育创新型制造业，由"橄榄形"向"哑铃形"转变（见图7-2），适应新形势，分析自身特点，突破转型困局，找到新的利润增长点，在竞争中争取主动，体现了知识经济时代的价值取向。哑铃形模式一端从事新产品、新技术的研发，另一端从事市场开拓和品牌推广的营销活动，中间细长的部分是产品的生产制造，由此实现东北地区制造业企业发展定位的转型。

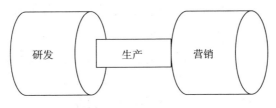

图7-2　哑铃形发展模式

一　更新传统发展观念

新中国成立之初，就强调要学习先进的技术，"一切国家的先进经验都要学，要派人到资本主义国家去学技术，不论英国、法国、瑞士、挪威"。①思想观念的保守和落后是制约东北地区发展的根本症结。目前东北地区正处于重工业化调整和新经济崛起的叠加时期，制造业的振兴发展，贵在思路创新，尤其是发展观念的更新，必须冲破路径依赖在人们思维中产生的锁定效应，加强与国内外投资者的战略合作，大力发展民营经济，用先进理念和技术改造传统优势产业，实现制造业企业质的提升进而带动传统产业量的扩张。东北有许多优秀的大型企业如鞍钢、一汽等，但振兴首先是人的振兴，观念、思维、精神的振兴。优化制造业企业生产流程，实现准时化生产、最大限度减少浪费，让企业员工养成确保质量、提高效率、零缺陷的思维习惯，彻底改变延续多年的思维定式。

---

① 薄一波：《若干重大决策与事件的回顾》下卷，中共中央党校出版社，1993，第484页。

政府必须转变发展观念，合理界定行为边界，逐步转化为在市场经济基础上只提供公共产品和公共服务的有限政府，要实现从"政府主导"向"市场主导""服务社会"的战略转变，加快产业结构、产品结构和能源消费结构的调整，适当推进产业结构的升级和转型。深化行政管理体制改革。要坚持科学执政、民主执政、依法执政，打造服务型政府、廉洁型政府、有为型政府，肃清"权力寻租"现象，彻底消除滋生腐败的权把子经济色彩，使政府真正成为经济活动的有力调控者、支持者和维护者。在高油价、全球金融风暴和全球市场萎缩的背景下，制造业的振兴有赖于发展理念的更新、结构调整的加快、制度变迁的推进以及存量的整合和增量的发现。改革的新突破需要新的思想解放和大的改革魄力，东北地区要形成总体布局，在区域优势互补的基础上树立大开放的意识。中央经济工作会议指出，注重把抓住发展机遇和创新发展理念、发展模式有机结合起来，努力实现经济又好又快发展。创新发展思路，把握科学发展这个主题和加快转变经济发展方式这条主线，摒弃比较优势理论的思维定式，在传统支柱产业中提升知识储备内涵和技术竞争力。转变对外经济发展方式，适当降低外国产业依赖度，积极提升参与国际分工的层次。"十二五"规划指出支持企业技术改造，增强新产品开发能力和品牌创建能力，与制造业发展相关的管理制度、产业政策和生产流程等都要做出相应调整。振兴东北制造业关键在于更新思想观念，政府应在政策上给予东北地区制造业必要支持，在开发机制上要以创新为突破口打破过去条块分割的局面，真正把东北地区作为一个整体来振兴。实现政府职能的转变，建立现代市场服务型政府，在开发过程中要向以市场为主导转变，通过培育资本市场，鼓励民间资本参与东北老工业基地投资建设，争取建立东北地区制造业发展政策制定、执行和监督的信息公开制度，鼓励国有企业的融资渠道由单独依赖财政投资向通过市场引入新的投资者和到资本市场融资转变。

推动以产业结构的整合化、知识化、服务化、生态化和外向化为目标的产业结构升级，推行制造业绿色发展，加大企业节能减排力度，推进生产过程的绿色化，持续提高流程制造业的节能减排水平和能力。改造提升传统制造业，深度发展制造服务业，推进现代制造服务业发展，推进制造业与服务业的互动发展。① 为保证制造业的不断升级和长盛不衰，东北地区需要及时更新观念，让产品和员工团队的素质协调起来，尤其要高度重视产业工人整体素质的提高。结合企业的技术创新，进行有针对性的教育和培训，积极引进 OEM、ODM 管理方法，充分激发每个员工的创造性。积极推进制造业人力资源管理再造，做到人尽其才，使具有不同潜能的员工在各自的岗位上发挥出应有的效能。先进制造技术本质上就是制造技术加信息技术加管理科学，再加上科学技术交融。发展先进制造业必须实现产品重新定位、市场重新定位，积极推进国有制造业企业发展模式率先转型，使老国企的 DNA 一点点地向前进化。政府虽不能代替企业但可以创造环境，提升企业活力，引导其实现发展模式转型。积极推进技术创新、管理创新、组织创新，更新企业文化，尽快采用"资源—产品—再生资源"的发展模式是提升东北地区制造业竞争力的迫切需要。

二　坚持低碳经济战略取向

生态文明是一种新的文明形态，目的是实现人与自然的和谐相处，与其相对应的发展模式是低碳经济。"低碳经济"是指在可持续发展理念指导下通过技术创新、制度创新、产业转型、新能源开发等多种手段，尽可能地减少高碳能源消耗，减少温室气体排放，推行区域的清洁发展与生态环境保护双赢的可持续发展。低碳经济为后危机时代东北地区制造业的发展指明了方向，即实行以低能耗、低污染、低排放和高效能、高效率、高效益为基础的发展模式，其实质是高效利用能源、开发清洁能源、追求绿色GDP，走可持续的低碳发展道路，其核心是能源技术创新、制度创新和人类生存发展观念的根本性转变。

转方式、调结构是制造业转型升级的题中应有之义。制造业发展模式转型首先要求制造业水平的提升，包括技术水平、管理水平、工艺水平的提升以及企业管理者队伍和员工素质的显著提高，进而引起传统制造业的技术改造和提升、现代制造业尤其是高技术制造业的大力发展、制造业行

---

① 古依莎娜、赵蔷、刘丹、王迪：《"制造强国"的战略路径研究及初步分析》，《中国工程科学》2015 年第 7 期，第 83~95 页。

业的整体素质不断提高，最终实现制造业发展模式转型的目标。东北地区一直以资源型产业为主，发展模式粗放，资源、环境压力巨大，资源环境成本已成为未来东北地区经济发展的隐性负债，迫切需要走新型工业化道路。发展低碳经济是东北地区制造业的必由之路，只有加快发展新能源装备制造业，才能争夺未来产业竞争的制高点。在政府、企业以及公共服务组织的多重推动下，众多企业已认同构建绿色供应链的理念。目前，发达国家都把发展低碳经济作为今后经济发展的重要引擎和动力，可见，大力发展新能源、新技术，是避免走"引进—落后—再引进—再落后"的产业老路的决定性条件。① 鉴于东北能源消费结构不合理，石油、煤炭在能源消费中占较大比重，加快调整能源结构、建设生态工业园区，是转变经济增长方式的切入点和主要路径。另外，发展新能源力戒走老路，只有把模式转型与节能减排硬指标结合起来，加大对环境二次污染的防治力度，改变粗放型增长方式，以提高资源配置效率为主向注重质量集约型增长方式转变，建设"绿色东北"的目标才能早日实现。

东北地区要重视通过科技创新推进节能减排，抓住低碳经济等未来经济增长点，带动制造业发展模式转型，提高制造在全球产业链中的地位。东北地区制造业转方式需要强调高技术、高效益、高质量、低投入、低消耗、低成本，强调内涵提升，强调节约挖潜和提高劳动者素质，强调从要素驱动、投资驱动转向创新驱动。东北地区发展低碳经济和循环经济的潜力巨大，通过调整能源结构提升传统制造技术转变制造业增长方式，由生产要素投入主导的粗放型向要素生产率提高的集约型、循环型发展模式转变，生态工业园区是工业生态化的集聚地，将污染企业治理与生态工业园区集群化建设结合起来，实现资源型产业专业化发展向综合特色型产业转型是经济发展方式转变及提高经济发展质量的必然要求。"低碳经济"是一种注重低能耗、低污染、低排放，追求更高经济增长质量的发展模式，其核心是能源技术（特别是新能源技术）和节能减排技术创新、产业结构和制度创新以及人类生存发展观念的根本性转变。② 通过应用替代技术、绿色

① 程伟：《东北老工业基地改造与振兴研究》，经济科学出版社，2009，第52~65页。
② 文宗瑜：《产业升级与企业转型：后工业化时代的增长路径》，《董事会》2010年第4期，第51~55页。

再制造技术等低碳经济技术，实现制造业发展模式转型，从外延式、粗放型、高碳化向内涵式、集约型、生态化转型，实行清洁生产，促进制造业与资源、环境之间的协调发展。

党的十七大报告提出："必须把建设资源节约型、环境友好型社会放在工业化、现代化发展战略的突出位置。"实施可持续发展战略、探索走新型工业化道路、发展循环经济、建设资源节约型和环境友好型社会等战略目标逐渐确立。绿色制造是综合了环境保护、能源节约和资源可持续利用的现代制造模式。[①] 大力发展循环经济，实行环境标识、环境认证和政府绿色采购制度，完善再生资源回收利用体系，努力实现废物的循环利用。合理利用资源比较优势，努力将低层次、低成本比较优势提升为高层次的产品差异性竞争优势，逐步形成一些关联度高、竞争力强、经济效益好的接续产业[②]，积极探索绿色制造发展模式。实施绿色制造对制造业企业的产品设计与生产会产生革命性影响，促使企业转向节约型生产和清洁化生产，将制造业发展模式转型与资源节约型环境友好型经济相结合，提升绿色制造业水平。制造业绿色产品是在不牺牲产品功能、质量、成本的前提下，贯穿产品生命周期全过程并对环境产生正面影响。物联网时代的到来，"绿色供应链"的发展即将推动东北地区制造业实现从"加工"到"制造"再到"创造"的升级。

从科学发展观的角度看，绝不能以破坏生态环境为代价来换取东北经济的振兴。东北地区制造业发展战略的重心必须向产业价值链的两头拓展，依靠科技进步和劳动者的智慧，实现资源利用方式向集约型、科技创新型转变，加快产业结构优化升级，促进制造业企业整合与转型，积极主动地把粗放型的经营和生产转化为集约型的经营和生产，加快发展绿色制造业。发展模式的转型是一个由简单到复杂的过程，东北地区制造业要逐步向低碳绿色发展模式转变，着力构建使低碳发展模式内化于市场经济的价格体系和机制。制造业企业要实施蓝海战略，寻找新的空间。当前要瞄准市场上对健康、环保的消费需求，低碳、绿色、节能与新能源等产业的发展将

---

① 张青山：《制造业绿色产品评价体系》，电子工业出版社，2009，第 1 页。
② 梁四宝、张新龙：《资源型县域经济发展模式探讨》，《理论探索》2007 年第 2 期，第 111 ~ 113 页。

成为未来制造业发展的方向，并可能引领全球经济的新一轮腾飞。基于可持续发展观、环境伦理观和环保竞争理念将环保竞争和环境问题纳入制造业企业产品的开发设计过程中，使国际化、网络化、敏捷化、集成化和绿色化成为制造业呈现的最新发展趋势。东北制造业发展模式应由主要偏重于产量增加和物质财富增长向资源持续利用和生态环境保护的低碳绿色经济发展模式转型，大力推进工业新型化，建设绿色产业基地。如东北地区汽车制造业可以在环保新能源汽车和混合动力电动车等新领域抢占技术创新先机。发展绿色环保类产业，构建低碳经济发展模式已成为东北地区制造业跨越式发展的新渠道。以项目升级为核心，加速调整产业结构，提高资源利用效率，全面提升传统产业，发展新兴产业，大力发展低碳经济，积极培育新兴战略产业是东北地区制造业企业跨越式发展的实践途径之一。

三 完善自主创新体系

2015 年 7 月 17 日，中共中央总书记习近平在吉林省考察调研时指出，中国梦具体到工业战线就是加快推进新型工业化。我们要向全社会发出明确信息：搞好经济、搞好企业、搞好国有企业，把实体经济抓上去，把制造业搞上去，创新驱动发展是核心，加快形成以创新为主要引领和支撑的经济体系和发展模式。制造业内涵式发展是提升中国供给侧质量和效率的重要内容，加快制造业发展主要依赖技术创新和市场化改革。通过技术创新，提升制造业部门的生产效率和核心竞争力，提升高端制造业的国际竞争力。[1] 创新驱动是提升东北地区制造业全球竞争力的唯一法宝，是替代传统的数量型竞争优势的不二选择。企业能否实现创新主要取决于三个条件：一是是否有技术积累，并在前沿技术上不断取得突破；二是是否有参与产业前沿竞争的勇气、战略和意愿；三是在制度环境上是否支持积极突破和产业化。[2] 我国逐渐成为全球创新枢纽，来自发达市场的跨国企业在华创新

---

① 严成樑、李蒙蒙：《制造业规模与宏观经济波动》，《财经问题研究》2017 年第 12 期，第 24 ~ 30 页。

② 胡迟：《制造业转型升级最新成效的分析与对策》，《经济研究参考》2015 年第 20 期，第 3 ~ 34 页。

力度不断加大，正在步入由要素驱动向创新驱动发展的重要转折期。① 东北地区制造业长期受"东北现象"的困扰，实施创新驱动发展战略已成为东北制造突出重围的重要举措。一要积极引进掌握核心技术的高素质人才，不断进行技术消化吸收和技术研发创新。二要支持重点企业自主创新能力的建设，生产出具有国际竞争力的高附加值产品，扩大出口份额，增强其对振兴东北制造业的整体带动作用。三要结合本地区经济发展的需要，出台相关引进外资的优惠政策，把"引进来"和"走出去"更好地结合起来，优化开放结构。四要构建技术创新虚拟战略联盟，推动东北制造业企业向大型化、综合化、集团化方向发展。我国在走新型工业化发展道路的过程中，应坚持以企业为主体，把增强自主创新能力作为中心环节。进一步激发东北地区制造业的内在活力，在很大程度上需要完善自主创新体系，开展区域技术创新的系统工程。加快技术进步和产业升级是东北地区制造业实现持续增长较为有效的方法。在保护知识产权的同时努力加强研发力量，提高集成创新能力。如沈鼓集团将人才战略作为企业发展的第一战略，通过积极实施开放式自主创新发展战略，走出了一条"引进消化吸收再创新"的技术发展道路，不断打破跨国公司技术垄断，多次实现重大技术装备国产化零突破，成为市场竞争中的积极进取者。面对金融危机的冲击，企业通过精益管理提高效率、提高质量、改善环境、降低成本，进军高端产品新领域，2010 年实现"沈鼓压缩机组制造"的国产化，成功创造了逆势上扬的发展业绩，成为东北地区制造业企业日趋超越传统发展模式的典范。东北地区通过加大基础设施投资力度，结合区域发展战略，合理确定地区制造业发展的主导产业，逐步培育接续产业，为区域经济发展营造了良好的市场竞争氛围。

　　政府部门可以通过支持技术改造让民营企业活力十足，提升小企业专业化分工协作水平，增强新产品开发能力和品牌创建能力。2006 年，辽宁在全国率先开展中小企业"专精特新"工程，积极打造以企业为主体、市场为导向、产学研结合的技术创新体系。"十一五"期间，辽宁民营企业累

---

① 中国创新型企业发展报告编委会：《2013 - 2014 中国创新型企业发展报告》，经济管理出版社，2015，第 18 ~ 19 页。

计取得重大科技成果 1761 项、技术专利 7655 项，12.9 万个科技成果转化为产品。[①]"十二五"时期，工业转型升级重点任务之一就是加快提升自主创新能力，培育发展战略性新兴产业。东北装备制造业企业创新包括引进先进技术、使用新工艺、应用新能源、引入新产品生产线、优化整合各类资源等。以创新型企业和人才为主体，以发展知识或技术密集型产业和品牌产品为主要内容，加强科技创新、增强自主创新能力已成为东北地区制造业转型的迫切要求。坚持原始创新、集成创新和引进消化吸收再创新相结合，必须颠覆传统制造业沿着资源"发现—获取—利用—废弃"的单向线性模式，通过技术创新与管理提升实现跨越式发展。由于技术进步有较强的外部性，只有通过自主创新掌握拥有自主知识产权的核心技术和关键技术，才能突破产业发展和升级中的技术"瓶颈"。用技术进步替代劳动、资本等要素是实现制造业结构升级的关键，应提高精密制造能力，提升传统工业的技术水平。在未来一段时间，东北地区制造业要突破低端锁定和核心价值环节缺失的困扰必须坚持以知识和人才为依托，发展拥有自主知识产权的新技术和新产业，依靠创新驱动向"微笑曲线"的两端延伸。

东北地区制造业一方面要提升传统产品的技术水平；另一方面要掌握高端技术，在高技术领域形成国际竞争力。因此，企业要以建立薪酬制度为切入点，完善人才成长机制，激发员工的工作积极性和创造性，同时人才结构的调整是制造业转型的根本，鼓励企业以"技术引进"、"项目引进"和"管理引进"等多种方式重点引进高级专家、行业领军人才、高新技术人才等高层次急需紧缺人才，形成创新智力资源"洼地"。依托科技园区加快高新技术产业的发展，沈阳高新技术产业开发区、长春高新技术产业开发区等重要的科技园区已经建立。以产学研合作等多种形式加强科技合作，发挥科技和人才的支撑作用。东北地区制造业正处于工业化加速发展阶段，从技术过度依赖国际市场向技术引进与自主创新相结合转型，从贴牌生产到自主品牌制造转型，由技术含量低、产品附加值低的低端制造业向技术含量高、产品附加值高的高端制造业转型。加快建立以企业为主体的技术

---

① 郑少忠：《辽宁民营经济增加值首破万亿，占 GDP 比重超六成》，http://finance.eastmoney.com/news/1350，20110404128185432.html。

创新体系，充实企业一线员工的技术中坚力量，建设人才吸引系统和创业环境，加强工艺性研究，稳定支持基础前沿科学技术研究。2009 年 12 月，以企业发展需求和各方共同利益为前提，以提升吉林省新能源汽车研发能力为宗旨，成立了由吉林大学、一汽集团公司、中科院长春应化所等 23 家科研生产单位组成的"吉林省新能源汽车产业联盟"，代表了吉林省研发和制造新能源汽车的最高水平，缩短了产品开发周期，新产品从数量到质量都有了较大提高。通过产学研相结合促进企业实现自主创新，实现产业创新，引领创新型经济的发展，为"东北制造"注入新的元素。

在后危机时代，制造业企业尤其是劳动密集型企业必须建立完善的现代企业管理制度，构建与人才资源开发战略相结合的多层次企业人才培训制度，实现人才升级、培训升级、就业升级。以"工业 4.0"为愿景的东北地区制造业发展模式转型可借鉴德国经验，大力推动数字化网络化智能化制造，重视核心技术创新、市场拓展、标准规划建设与实施、系统配套对产业转型升级的协同作用；发挥大型企业的带动效应，通过人才培育、资源利用、市场开放等产业政策安排，促进制造业转型升级。[①] 当前，前沿技术呈现群体突破态势，装备制造业企业自主创新路径已从引进、消化、吸收的传统模式拓宽到联合投标、引进人才、以系统集成带动成套、发展独创性技术等模式，完善自主创新体系，打造创新型产业集群，实现制造企业对所拥有的制造资源和规则的合理组合，提升制造企业再造能力、自主创新能力和系统集成能力，以保证东北地区制造企业的可持续发展。通过信息技术与工业生产技术有机交融的整合创新，增加产品的信息技术含量，提升为客户创造价值的能力以及产品竞争力和附加值，逐步消除产品单机价值高、分布范围广、售后服务不及时的弊端，生产优质产品，占领市场高端从而为企业带来更大的利润。发挥技术进步的"溢出"效应，即通过产品更新、工艺革新、管理改革、学习新知识等提高制造业的生产效率和技术密集水平。积极鼓励部分制造业企业引进 ERP 信息化技术，提升制造业传统技术。利用国家振兴老工业基地政策的导向作用，构建东北地区开

---

① 黄顺魁：《制造业转型升级：德国"工业 4.0"的启示》，《学习与实践》2015 年第 1 期，第 44 ~ 51 页。

放的、动态的、以企业为中心的自主创新体系。随着科技进步和社会信息化、网络化的发展，积极推进技术创新、管理创新、组织创新和企业文化创新是提升东北地区制造业竞争能力的迫切需要。用现代高新技术改造传统产业，创新产品交付形态，将质量标准贯穿于生产加工、流通消费全过程，构建从提供产品到提供产品加服务的系统。

四　深化体制机制改革

发达国家发展装备制造业的历史表明，制造业的振兴不仅取决于技术创新的内在因素，更有赖于经济体制、微观制度和产业政策等外部动力机制的支持。制度经济学家认为："在一个不确定的世界里，市场的有效性直接决定于制度框架。"① 中国证监会研究中心主任祁斌认为，中国经济转型升级需要四个方面的条件：科技人才、创新精神、资金资本以及将以上三者结合的体制机制。制度创新、体制创新和机制创新是实现东北制造业模式转型的关键，涉及政府（宏观）、市场（中观）和企业（微观）三个层面。通过深化体制机制改革，规范和引导制造业企业的生产经营行为，培养多元市场竞争主体。美国新制度经济学家诺思认为，经济增长的关键在于制度因素。加强市场管理和监督、规范市场行为，保证市场契约的合法性和有效性是完善市场法律、保护企业产权和其他合法权益的重要条件。总体来看，东北地区等老工业基地都经历了开发、鼎盛、衰退和振兴的过程，也是在各级政府主导下强制的制度变迁过程。

转型要清除障碍，改革要增强动力。制造业转型就是要以解决转型中的体制机制性问题为着力点，坚持政策调整和制度变革并举，建立有利于促进东北地区制造业可持续发展的体制机制，积极推进现代企业制度建立，完善公司法人治理结构，规范而高效的产权制度是市场经济发展的基石，应持续不断地推进产权制度创新。东北地区制造业转型速度之所以相对滞后，根本原因在于僵化的体制机制，导致产权不明晰。因此，在受计划经济体制影响比深刻的东北地区，体制和机制创新是打破低效率路径依赖的

---

① 〔美〕约翰·德勒巴克等：《新制度经济学前沿》，张宁燕等译，经济科学出版社，2003，第3页。

关键，应以发展民营经济为重点，实施对主体企业的物权、债权、合同权、商标权等产权的有效保护。在制造业企业中实现分类管理，打破"大锅饭"格局，使企业焕发出新的活力，促进企业组织结构优化，用现代高新技术改造传统产业，提高竞争力、延长产业链从而实施多元化经营的创新型管理模式。健全完善市场体制机制和转变政府职能有机统一起来，国企、民企和外企"三驾马车"齐头并进，扩大对外开放水平，积极推进制造业领域产权制度改革。推进技术创新、品牌创新和管理创新，努力实现制造业增长由要素驱动向创新驱动转变。营造有利于创新的制度和文化环境，鼓励产业组织创新，推动东北民营经济和中小企业加快发展，给予民营企业和中小企业真正的"国民待遇"。民营企业应进入垄断行业，政府在投融资、税收、土地使用和对外贸易等方面给予政策支持，推动中小企业信用体系和信用担保体系建设，大力引进沿海地区民营企业到东北投资兴业，在制造业领域开展合作创业，跨域企业边界建立企业间协作机制，提高中小企业经营管理水平和市场竞争力。政府实施稳健偏紧的货币政策，积极发展实体经济，着力抓好民营企业的生成、提升、集聚、合作、扩延等关键环节，切实完善有利于民营经济发展的政策环境、要素环境和服务环境，推动传统制造企业实现自主创新和转型升级。

在现代市场经济中，市场组织由政府、企业和各类社会中介构成。行业协会要深入参与本行业的经济活动，与厂商、政府主管部门一起结合 WTO 规则制定行业标准和发展规则，规范成员企业生产、营销和创新等经济行为，维护成员企业的合法权益。[1] 引导制造业发展模式的转型，国家应考虑对东北地区实施税收扶持政策，推进资源价格等领域的改革，实现制造业企业的再融资。在公司治理、战略调整、风险控制、创新产品方面实现实体经济的转型发展。旧优势丧失、旧体制束缚，重工业企业尤其是大型国有企业的转型不能一蹴而就。鼓励经营者和职工持股，把经营者、职工的利益与企业的发展紧紧连成一体，有效激发他们的使命感和积极性。注重通过技术入股、原始创新奖励、个人所得税优惠等机制激励员工创新，使一部分精通技术的劳动力精英能够积极探索新技术进而带动劳动生产率的提高。

---

[1] 张明龙：《区域发展与创新》，中国经济出版社，2010，第 89～90 页。

第三节 逐步推进东北地区制造业一体化进程

随着社会经济发展的多样化，金融全球化的内在机制和影响导致虚拟资本过度膨胀，通过虚拟资本的发行和交易引导资金流向来刺激对民营企业的投资，积极鼓励和引导实体经济组织尤其是民营企业的健康发展，并按照效益最大化原则进行重新配置，达到资源配置的"帕累托最优"，促进产业结构调整和优化升级，避免走入所谓"后工业化"时期经济转向衰退的旋涡。东北地区主导产业布局各有侧重，辽宁侧重于钢铁和机床制造，吉林侧重于汽车制造，黑龙江侧重于机械设备制造和石油开采及加工，围绕哈大齐工业走廊推进制造业区域一体化建设。东北地区需要建立并完善省际经济发展协调机制，各级政府在行业定位、专业分工、利益互惠基础上，通过制度创新、政策导向，制定省份间制造资源的共享政策，促进优势互补，充分发挥后发优势。工业经济时代生产方式标准化是一种以分工分业、规模经济、批量生产、实体关联等为特征的大批量、单一产品、高效率的"刚性"生产方式。知识经济时代的生产方式非标准化是一种以产业融合、网络经济、柔性生产、虚拟关联等为特征的小批量、多品种、高效率的"柔性"生产方式。将信息化引入工业化进程，发展制造外包、由单一工厂变为多工厂制造、积极发展电子商务、实现企业集团化运作架构，通过逐步推进东北制造业一体化进程实现制造业企业运营模式的转型。

一 优化制造业产业结构

产业结构是指各产业的构成及其比例关系，我们将包括产业的构成、各产业之间的相互关系在内的结构特征概括为产业结构。制造业正朝着全球化、精益化、专业化、服务化、绿色化和智能化方向发展，一项主导技术变动会改变经济结构、技术路线和产业结构。坚持以增量带动结构优化、以创新促进产业升级。通过加强自主创新与国内外合作、产学研相结合等途径培育发展成长型新产品，加快东北地区产业结构和产品结构的调整优化，促进工业经济自主增长的内在动力和竞争实力明显提升。当前，东北地区正处于农业经济、工业经济和知识经济并存的三元经济结构时期，要选择有助于提高产品开发能力的技术密集型装备制造业作为振兴东北制造业的突破口，推动装备制造业发展模式率先转型，促进制造业的高质量发展。通过优化产业结构，使稀缺经济资源在产业间和产业内的配置更加合理，发挥东北地区的比较优势、后发优势和广阔市场优势，优化行业结构，形成有国际竞争力的大型企业集团。地方政府要设立财政奖励基金，大力鼓励制造业企业进行技术改造和产业升级，用新技术、新科技来改造传统产业，加大工业污染排放的监督与治理力度，促使企业实现淘汰落后产能和节能减排指标，尽可能减少工业"三废"排放，优质的环境可以吸引更多投资，增强财政投入的可持续性。做强传统优势产业。加快培育新兴产业，国家集中力量扶持东北地区做大做强智能机器人、燃气轮机、高端海洋工程装备、集成电路装备等产业，形成特色新兴产业集群。加大对东北地区具有比较优势的机床制造、钢铁等产业升级的资金投入力度，推行循环经济，实现传统产业高新化、高新产业规模化，推动产业结构调整和生产方式转变，提高资源的利用率以减少对环境的破坏程度。

大力实施自主创新和国产化依托工程，推动东北地区装备制造业逐步实现从低到高的突破，部分重大技术装备完成"首台套"生产，实现从"制造"到"创造"的逐步跨越，部分产品技术水平和市场占有率跃居世界前列。"十二五"时期是深化改革开放、加快转变经济发展方式的攻坚时期，产业结构正在由工业为主向服务业为主转型，作为市场供求的双方要协调好生产性服务业与制造业之间的关系，保持一种相互促进的良性互动关系。生产性服务业是制造业生产效率提高和竞争力提升的前提和基础，没有发达的生产性服务业就不可能形成具有较强竞争力的制造业部门。基于制造业的技术层次，加快建设与之相匹配的集聚程度较高且各具特色的生产性服务业功能区。当前，相当多的生产性服务业是内化在制造业当中而没有形成外部化独立的专业化产业，导致生产者服务业发展水平较低，难以满足制造业高层次需求。[①] 加快发展现代制造服务业是应对全球复杂经济形势的一种思考和选择，从长远来看更是制造业实现转型的重要途径。

---

① 李善同、高传胜：《中国生产者服务业发展与制造业升级》，上海三联书店，2008，第 10~11 页。

行业转型升级的两项重要内容即"开展增值服务"和"优化供应链管理"，实现企业向产品研发和营销网络渗透。由于价值链上不同环节创造的价值不同，根据流程类、模块类和架构类制造业在价值链上的不同表现，可以采取三条路径实现制造业的结构调整升级（见图7-3）。① 从专业制造向供应链管理转型，积极打造综合供应链服务商，着力培育全球知名品牌和高端产品的核心竞争力，全面开展流程升级、产品升级和功能升级，着力发展中高端装备产品及生产线向行业高端迈进。如长春轨道客车股份有限公司近年来通过技术改造优化产业结构，促进了吉林省机车制造业的发展，造就了吉林省支柱产业的辉煌。东北机械制造业作为传统优势产业关键是要提高技术等级、延伸产业链、增强产业竞争优势、促进产业结构的优化升级。所以，在发挥资本市场与企业群体协同发展的联动效应基础上，构筑完整的产业链和产业基地，推进东北地区制造业集群模式的升级和创新，不仅有助于形成对其他地区的外溢效应和技术扩散效应，而且也为东北制造注入新的生机和活力。东北地区必须在打造经济升级版的过程中，在主动调整、换挡的过程中，时刻把握好发挥市场决定性作用和政府科学决策及有效规制两个原则，建构政府与市场的合力机制，充分发挥政府合理规制在产业转型升级中的引导作用，在增量和存量上同时做文章。

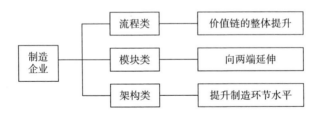

图7-3 价值链视角下不同类型制造业的结构调整升级路径

二 健全制造业承接转移机制

随着全球产业结构的优化升级，以制造业为特征的新一轮产业转移步伐明显加快。改革开放以来，制造业一直是我国承接国际产业转移的主导产业。近年来，国际产业转移呈现跳跃式、多样化和高级化发展趋势，并

---

① 列春：《我国制造业结构调整升级新路径》，《工程机械》2010年第9期，第76页。

在全球范围内寻求产业或产业链条上特定环节最佳的投资区位。① "十三五"时期，由于供给因素与有效需求不足的共同作用，我国工业增长进入慢车道。中国吸引国际直接投资的相对区位吸引力有可能下降，从而导致承接国际产业转移的步伐放缓。② 当前，制造业发展资源在某一地区过度集聚，原材料和劳动力等成本竞争加剧，市场进入门槛提高，边际收益下降从而出现制造业资源的扩散，一部分已有一定发展基础但在同行业中利润减少的制造业企业竞争力减弱。东北地区制造业通过"东搬西建"的发展战略，逐步依托资本与劳动资源双优势实施资本与劳动力向国外的同步输出，实施产业梯度转移，承接高端产业，改造和提升传统产业以实现产业转型升级。

后危机时代世界工业化大国加快产业调整步伐，新的国际产业分工格局与全球价值链逐渐形成，在新科技革命的带动下，新兴战略产业的兴起为发展中国家或地区摆脱不利的分工地位带来了机遇。③ 国际产业转移活动体现为转移产业在转出区和承接区之间动态博弈的过程，涉及"转"与"接"相互连接、相互促进的两个方面，同时也是一个环境竞争、产业竞争、政策竞争、市场竞争及生产要素竞争的过程。国际产业转移呈现出制造、技术研发和服务一体化转移态势，基础装备制造业将成为国际产业转移的重点，采用生产外包、贴牌制造等多种方式进行产业转移，对东北地区制造业内部结构的调整具有重要作用。从价值链看，跨国企业所控制的价值增值环节集中于少数具有相对竞争优势的核心业务上，而把低增值部分如简单的生产加工外包给发展中国家。东北地区正处在经济发展和社会转型的过程中，有效承接国际产业转移已成为制造业实现自身产业升级的客观要求。全球经济正逐步从"衰退"走向"复苏"，东北地区制造业企业也正经历速度与结构、效益的周期性调整。随着时间的推移及产品生命周期阶段的变化，生产活动逐渐从高梯度地区向低梯度地区转移，后发地区通过"借壳孵蛋"的方式实现当地经济发展所需资本的累积与增殖，发挥

---

① 张琴：《国际产业转移与中国产业结构优化研究》，经济科学出版社，2012，第131~153页。
② 吕铁、贺俊：《"十三五"中国工业发展的新形势与政策调整》，《学习与探索》2015年第6期，第78~83页。
③ 孙早等：《后危机时代的大国产业战略与新兴战略产业的发展》，《经济学家》2010年第9期，第84~95页。

企业群体间的协同发展与联动效应，拉动地方经济的全面发展。东北制造业企业要积极承接发达国家装备制造业国际价值链环节或工序以及外包业务，如辽宁要依托临港优势发展临港工业区，通过吸收与承接两方面注重对发达国家技术、管理等要素的引进、消化、吸收和再创新，大力推进与"珠三角、长三角"经济发展较快地区企业对接，通过"干中学"积累经验，渐进式地改善技术、资源等约束条件，实现由终端的加工组装向上游的核心部件制造转移，增强制造业综合竞争优势。部分企业通过发展替代产业以实现制造业主导产业转换，将自身的弱项外包给综合生产能力强的企业，使企业专心从事研发，培育并扶植东北品牌，建立东北地区制造业的营销服务网络，以适应装备制造业研发、生产、销售、服务的全球化趋势。

三 强化制造业"板块识别效应"

东北地区制造业要形成以块状经济为依托，以专业化分工协作和社会化功能配套为支撑的格局，突出延伸产业链、发展大企业和打造区域品牌优势，注重工艺流程控制，努力控制废品率，以创新、质量和市场应变能力等"高级优势"为基础进入高端竞争轨道。政府应适时引导各行业制造企业的兼并、收购与联合，提高产业部门的集中度，培育具有核心竞争力的大型企业，努力实现整个制造业产业的规模化发展，提高中国制造业整体竞争力。产业成功的源泉是自由、开放、激烈竞争的国际市场，然而开放也意味着对国内市场保护程度的逐步减弱，而提高产业安全程度又不能不采取必要的保护措施。① 加大国有产权的改革力度，大力发展民营经济和股份制经济，构建新时期与全球化相协调的确保东北地区产业安全的开放型产业保护体系，即由完全依靠行政保护向主要依靠市场机制和法律手段保护转变。优先发展具有竞争优势的制造产业，推动优势产业的产业链向上下游延伸，增强优势产业的拉动效应与发展潜力，区域经济发展的目标应该是优先发展关联度高、竞争力强、经济效益好的接续产业，在充分发挥东北制造业潜在优势的基础上，加快东北地区制造业的整合步伐。依托工业园区承载转型项目，工业企业向园区加速集聚，实现东北地区制造业

---

① 景玉琴：《开放、保护与产业安全》，经济科学出版社，2006，第176页。

跨越式发展。

在后危机时代，由于美欧消费需求减弱，东亚的出口导向型经济发展模式将难以为继，必须向内需主导型模式转型。但东亚国家要想单独实现经济转型十分困难，由于经济的多样性和贸易创造效应等因素，通过经济一体化可以更好更快地促进东亚经济向内需主导型模式转换。[①] 作为东北亚的地理中枢，东北地区需要充分优化开发总格局，积极鼓励长吉图开发开放先导区建设，加快推进辽宁"五点一线"沿海经济带和沈阳经济区融合进程，全面推进中俄、中蒙、中朝毗邻地区合作，稳步实施"走出去"战略，将东北地区的地理区位优势转化为经济竞争优势，带动东北制造业实现可持续发展，在合作项目下建设"东北制造业技术与产业合作网"，以其独特的区位优势、经济优势构建与世界连接的平台，提高工业园区经济集聚度，使东北制造的辐射带动作用日益增强。长吉图开发开放先导区是振兴东北的新引擎，产业安全是长吉图先导区开发勾勒东北板块新的发展前景。东北老工业基地的产业振兴政策必须从扶植主导产业的龙头企业向推动产业链整合方向转变，积极培育东北地区制造业集聚区建设。加快东北制造业企业在创业板、中小板的上市步伐，要利用国家有利政策，建立和发展东北地区产业投资基金，鼓励上市公司发行企业债券，加快融资重组步伐，积极谋划和支持企业借壳上市。如沈阳远大铝业、抚顺挖掘机等重点企业要抓紧实现突破，加快主板市场的上市步伐。无论是传统的块状经济还是现代的产业集群都会产生一种"磁场效应"，使区域外的资源向本区域集中。技术、人才、资本等要素与处于同一产业的众多企业在区域内集聚会逐步形成区域品牌，如沈阳市的机床生产、长春市的汽车制造等，区域经济的"板块识别效应"能促进企业向高端市场拓展。制造业要切实转变发展模式，必须将东北地区放在一个整体经济平台上，打破东北地区经济要素流通的各种障碍，实现资金、技术、劳动力等生产要素自由流动、整合与共享。汲取长三角、珠三角经济区域合作的成功经验，大胆创新，充分利用东北地区制造业体系健全，上下游工业配套能力强，技术、人才、

[①] 叶得珠、蒋海、张捷：《后危机时代的改革与发展研讨会暨第四届亚洲经济合作与创新论坛综述》，《经济研究》2010 年第 2 期，第 157～160 页。

知识等稀缺资源充沛的比较优势，努力发挥东北地区的后发优势。长吉图开发开放先导区发展规划是吉林省对外开放和谋求发展的难得机遇，《中国图们江区域合作开发规划纲要——以长吉图为开发开放先导区》国家战略的批复，为吉林省提供了重大的发展机遇，对于吉林省及东北地区乃至东北亚的经济社会发展具有重要的意义。"吉林省长吉图开发开放研究中心"是吉林省发展和改革委员会与吉林大学共同设立的科学研究与咨询服务机构，吉林大学的专家学者利用中心平台组建高水平的研究团队、深入研究实际问题，今后打算将其建成长吉图先导区的决策咨询中心、资料信息中心、学术交流中心和人才培养中心，加快实现东北地区制造业又好又快发展。东北地区制造业若能抓住先行先试这一政策契机，构建市场占有率高、差异化程度大的制造业产品体系，推进与东北亚地区相关国家的密切合作，将会在借鉴中创新，在开放中发展，实现既尊重地区区情又符合制造业国际标准的完美结合。未来发展，需要立足整个东北，整合区域内资源，按照资源优化配置的原则制定统一的经济发展目标以及相应的财政政策、金融政策、产业政策等，推动省际资源优势互补，积极鼓励制造业企业大胆创新，组织研发具有核心竞争力的产业技术和优势产品，形成产业集群优势。

四　构建以技术共享为核心的虚拟企业联盟

在新全球化时代，信息化能够促进制造业企业实现转型，以信息化带动新型工业化。在新的信息经济增长模式下制造业在传统工业经济中占主导地位，已成为连接工业经济与信息经济的重要一环。要成功构建以技术创新并实现共享为核心的一体化模式必须创立适应于东北地区制造业一体化建设的基础环境。现代市场经济是实体经济与虚拟经济相互依存、相互作用的辩证统一体。资本市场是市场化改革的灵魂，通过上市使传统企业变为公众公司，积极鼓励社会资本参与东北地区制造业发展模式转型。构建"政府—中介组织—市场"三层联动体系，逐步形成"政府决策、中介组织参与、企业自主运作"的新格局。

全球经济已经进入网络信息时代，虚拟制造技术是20世纪90年代在虚拟现实与计算机仿真技术的基础上产生的一项新的制造技术。随着科技进步和社会信息化、网络化的发展，在需求诱导和成本推动的双重作用下制造业企业孕育着新的合作模式，虚拟企业联盟应运而生，在两个或两个以上的独立经济实体之间组建的动态合作经济组织将为推进东北地区制造业一体化进程创造条件。发展方向是一个有核心实体且外围庞大的交互式开放平台，在这里可以完成信息交换、资源共享、项目发起、实体单列、承接外包等。物联网作为互联网的深化和延拓，在制造业中的应用可实现从产品的设计制造到销售服务再到回收再利用的全生命周期的管理。装备制造业行业具有技术密集型的特征，技术创新是装备制造业培育竞争优势的重要内容。当然，与制造业发展模式转型相伴随的不仅是制造技术的革新，更重要的是组织形式的创新。实现企业组织运作模式的扁平化与柔性化，形成大企业与中小企业的协作联盟，组建虚拟企业已成为未来企业发展的新趋势。2010 年 5 月振兴东北网为企业搭建广阔的网上展示和交流平台，推出"企业之窗"频道，共同构建面向市场的灵活、实用的网上东北地区制造业企业集群，强力推广东北企业品牌，促进了区域间经济要素的合理流动，有效促进了企业经营，推进行业协会和企业联盟的技术标准化进程，逐步实现了本土化制造、全球化经营的目标。制造业信息化工程的目标是"增效"，加强区域科技创新体系建设，促进装备企业、下游制造企业和科研院所的联合开发。以龙头企业带动形成产业综合配套发展格局，搭建平台、实施优势互补、发挥联盟成员各自的独特优势实现资源共享，充分实现制造业发展模式转型与现代科技手段的结合。金融是现代经济的核心，是东北振兴的重要支撑，把东北地区内的市场调查机构、高校、支持服务技术创新的金融体系、中介服务机构等视为研发的动态合作伙伴，尝试将东北制造业集群、技术创新主体、虚拟企业有机结合起来，构建以技术创新为主导并服务于东北地区制造业发展模式转型的动态虚拟企业联盟，并通过有效的制度设计保障知识和信息实现共享及研究创新成果的市场开发与转化。要遵循"政府引导、市场运作"的方针，以专业市场促进产业集群与企业集聚发展，加强政府、市场与经济主体的关系，加大政策支持鼓励机制创新，积极发挥好宏观引导作用，为转型发展营造良好环境。

　　制造业需要先进的物流业和信息业的支持，信息化已成为东北地区制造业尤其是装备制造业的转型支点。运用信息技术对企业的商流、物流、资金流和信息流进行有效控制和管理以实现企业管理信息化。从需求预测到组织采购，从生产制造到运输交付、销售网点都进行科学管理，使企业可以对生产成本、库存和订单进行可视化管理，并根据贴近实际的数据做出理性的分析和决定。东北地区制造业技术创新模式应是多元主体参与的东北地区制造业一体化的新模式。通过战略联盟、动态网络和国际转包等途径把全球消费市场和地方产业集群联结起来。全面推进东北地区制造业发展模式转型，实现从资源依赖型向创新驱动型转变，从投资主导型向内生增长型转变，从差距拉大型向协调共享型转变，将东北地区建设成资源节约型、环境友好型、低碳导向型的可持续发展的新型制造业基地。通过构建虚拟企业联盟，将制造企业供应链中的各个环节进行整合优化，使进厂物流、上线物流和出厂物流连接起来，促进供应链管理的优化。东北地区制造业依托沈鼓、沈飞等大型集团，将制造业集群、技术创新、虚拟企业实现有机结合，建立工程成套服务平台，争取效益最大化，实现异地实时维护和健康服务。同时通过信息化推动高端装备及智能化产品开发和应用，促进传统制造业改造升级，实现由东北制造向东北创造的转型。东北地区要结合东北地区的发展实际，消化吸收国外柔性制造系统，实现集约生产，尽可能建立较为完善的信息系统。发展模式的转型是一个由简单到复杂的过程，东北地区必须依靠科技进步和劳动者的智慧，实现资源利用方式向集约型、科技创新型转变，加快产业结构优化升级，促进制造业企业整合与转型，要积极主动地把粗放型的经营和生产转化为集约型的经营和生产，构建以技术共享为核心的虚拟企业联盟。"千里之行始于足下"，东北地区制造业发展模式的逐步转型，促使东北地区经济增长速度与结构、质量、效益相统一，实现东北地区经济在发展中促转型、在转型中谋发展。

结　论

　　制造业是国民经济发展的重要基础，其发展水平是衡量一个国家或地区综合竞争力的重要标志。"十二五"时期提出改造提升制造业，促进制造业由大变强，发展先进装备制造业。党的十八届五中全会提出了"创新、协调、绿色、开放、共享"五大发展理念，并强调构建产业新体系，加快建设制造强国，实施《中国制造2025》，实施工业强基工程，对于"十三五"时期全面振兴东北地区等老工业基地具有重大指导意义。东北地区作为我国重要的装备制造业基地已进入工业化中后期阶段，正在向工业重型化方向发展。东北地区工业化经历了过度强调重工业而忽视轻工业的畸形发展过程。制造业受传统体制影响较深，在实践中形成了由政府主导、资源依赖型的粗放型发展模式。进入后危机时代，东北地区现行制造业发展模式面临节能减排、产业发展战略变革、区域间竞争力提升和增长方式转变等严峻挑战，同时也存在结构性矛盾凸显、产业结构不合理、资源开采与环境透支过度等诸多问题。东北地区现行制造业发展模式正处于一个十字路口，需要我们及时做出调整。当前，发展模式的转型已成为确保东北地区制造业实现科学发展、创新发展、和谐发展的现实需要。本书通过对东北地区制造业发展历程和区域特征的综合分析，对东北地区制造业现行发展模式做了简要概括，深入探讨了东北地区制造业现行发展模式存在的问题及成因，对东北地区制造业发展模式转型的方向及目标进行了探究。

　　作为现代化的"后发"地区，东北地区制造业要实现"弯道超越"，地方政府必须建立健全政策支持体系，创新发展思路，做好能源储备、技术储备和人才储备，为东北地区制造业又好又快发展奠定良好的基础。推进制造业发展模式转型，制度重于技术，关键在于改革。当然，东北地区制造业发展模式转型是一个长期、渐进、动态的过程，不能一蹴而就。东北地区制造业发展模式转型要与东北地区新型工业化、城镇化和现代化的发展进程相适应，要符合东北地区具体发展实际，努力实现速度、结构、质量和效益的有机统一。东北地区制造业发展模式转型的主要目标即以积极支持和引导劳动密集型产业发展为基础，重点扶持装备制造业的改造升级，运用市场化改革思路大力提高知识、技术、制度等创新要素在制造业发展中的比重，使东北地区制造业发展模式实现从技术过度依赖国际市场向技术引进与自主创新相结合转型，从以劳动密集型制造业为主向以技术、资本密集型制造业为主转型，从低端制造向高端制造转型，由主要偏重于产量的增加和物质财富的增长向资源持续利用和生态环境保护的低碳型经济发展模式转型，由数量粗放型增长向质量效益型增长转型，由主要依靠增加物质资源消耗的粗放式发展向主要依靠科技进步、劳动者素质提高、品牌扩散效应、管理创新转变，构建东北地区制造业自主创新和持续发展机制，推进信息化和工业化融合，走创新驱动、内生增长的发展道路，推动东北地区制造业向低碳型、集约型、可持续发展型转型，实现由"东北制造"向"东北创造"转型。本书将当前全球经济调整与东北地区制造业发展模式转型结合起来研究，提出东北地区制造业发展模式转型的目标取向，并分别从盈利模式、制造业定位和运作模式等三方面探讨了转型的具体路径，即充分发挥集群经济优势、积极培育创新型制造业、逐步推进东北地区制造业一体化进程。尝试把东北制造业集群、技术创新主体和虚拟企业有机结合起来，构建以技术创新为主导的动态虚拟企业联盟，用先进技术改造和提升传统制造业，使东北地区制造业传统发展模式所产生的高能耗和高污染的严重状况得以缓解。通过发展绿色低碳制造业努力提升东北制造业的生产能力和产品竞争力，让生态文明理念引领新型工业化发展，早日实现东北制造业的转型跨越发展。

本书提出制造业发展模式转型是为了构建制造业可持续发展模式，探索具有东北地域特色的制造业发展模式转型的有效路径，以期为资源型地区产业结构调整、发展模式转型及构建资源节约型与环境友好型社会提供具有实践价值的建议与对策。当然，制造业发展模式转型是一个长期、动态、渐进的过程，不能一蹴而就。制造业发展模式的转型要落实到微观制造业企业的实际运作过程中，制造业企业依据要素约束条件的变化，在企业持续发展的同时进行收益与风险的比较，依据时代发展趋势与地区经济的内在要求，自主地转变传统发展模式。本书就东北地区制造业发展模式转型的研究本身还是初步的和探索性的，今后，笔者将继续关注东北地区制造业发展的趋势，运用诸多计量分析工具深化对该领域的研究。

参考文献

一 专著

〔英〕B. R. 米切尔:《帕尔格雷夫世界历史统计 (亚洲、非洲和大洋洲卷 1750 – 1993 年)》,贺力平译,经济科学出版社,2002。

〔美〕H. 钱纳里等:《工业化和经济增长的比较研究》,吴奇等译,上海三联书店,1999。

〔英〕安格斯·麦迪森:《世界经济千年史》,伍晓鹰译,北京大学出版社,2003。

安虎森、邓宏图:《制度变迁、转型与中国经济》,经济科学出版社,2007。

〔美〕保罗·肯尼迪:《大国的兴衰》,王保存译,求实出版社,1988。

鲍振东:《中国东北地区发展报告 (2006)》,社会科学文献出版社,2006。

鲍振东:《中国东北地区发展报告 (2010)》,社会科学文献出版社,2010。

本书编写组:《振兴东北大视野:战略经纬》,中共中央党校出版社,2004。

邴正:《东北城市年鉴 2008》,社会科学文献出版社,2009。

薄一波:《若干重大决策与事件的回顾》下卷,中共中央党校出版社,1993。

蔡北华、徐之河:《经济大辞典·工业经济卷》,上海辞书出版社,1983。

陈伯林、阎达寅：《现代工业企业管理词典》，北京大学出版社，1983。

陈英姿：《中国东北地区资源承载力研究》，长春出版社，2010。

程伟：《东北老工业基地改造与振兴研究》，经济科学出版社，2009。

〔英〕戴维·赫尔德等：《驯服全球化》，童新耕译，上海世纪出版集团，2006。

杜传忠：《转型、升级与创新——中国特色新型工业化的系统性研究》，人民出版社，2013。

杜莉：《中国－欧盟：老工业基地资源型城市复兴》，吉林大学出版社，2007。

杜莉、徐传谌：《产业集聚与东北振兴：欧盟等国家（地区）的启示》，吉林大学出版社，2007。

〔波〕弗·布鲁斯：《社会主义经济的运行问题》，周亮勋等译，中国社会科学出版社，1984。

〔美〕福克纳：《美国经济史》上卷，王锟译，商务印书馆，1989。

工业和信息化部电信研究院：《2014年中国工业发展报告》，人民邮电出版社，2014。

郭克莎、贺俊：《走向世界的中国制造业》，经济管理出版社，2007。

郭克莎、王延中：《中国产业结构变动趋势及政策研究》，经济管理出版社，1999。

郭强：《新发展方式研究》，中国时代经济出版社，2010。

郭永宏：《技术变迁与人力资本结构再造理论分析》，中国财政经济出版社，2009。

韩毅：《美国工业现代化的历史进程（1607－1988）》，经济科学出版社，2007。

郝皓：《基于制造外包的供应商协同——理论研究与实证分析》，中国物资出版社，2009。

黄海峰、李沛生、张阿玲：《第二产业与循环经济概论》，中国轻工业出版社，2009。

黄少安：《制度经济学》，高等教育出版社，2009。

姜国刚：《东北地区循环经济发展研究》，中国经济出版社，2007。

焦方义、祝洪章、杨其滨：《新型工业化道路与东北经济振兴》，经济科学出版社，2004。

金碚：《国运制造：改天换地的中国工业化》，中国社会科学出版社，2013。

金凤君、张平宇、樊杰等：《东北地区振兴与可持续发展战略研究》，商务印书馆，2006。

金祥荣：《民营经济发展模式转型分析》，经济科学出版社，2006。

景玉琴：《开放、保护与产业安全》，经济科学出版社，2006。

李金华等：《中国现代制造业体系论》，中国社会科学出版社，2015。

李京文：《全球化背景下的中国制造业发展战略研究（2005年制造业发展高层论坛文集）》，中国财政经济出版社，2006。

李君华：《产业集聚与布局理论：以中国制造业为例》，经济科学出版社，2010。

李克：《适度差距与系统优化：中国现代化进程中的区域经济》，中国社会科学出版社，2000。

李廉水、杜占元：《中国制造业发展研究报告2004》，科学出版社，2004。

李玲：《人力资本运动与中国经济增长》，中国计划出版社，2003。

李罗力：《转型产业调整与经济社会发展的双谐变奏（2005－2006中国脑库研究报告）》，中国经济出版社，2006。

李秦阳：《全球分工体系下的中国制造业发展战略》，吉林人民出版社，2008。

李善同、高传胜、薛澜：《中国生产者服务业发展与制造业升级》，上海三联书店，2008。

李晓：《东亚区域产业循环与中国工业振兴》，吉林大学出版社，2000。

李欣广等：《国际产业转移与中国工业化新路》，中国时代经济出版社，2007。

李毅：《再炼基石：世界制造业变革的历史大势》，经济科学出版社，2005。

李悦：《产业经济学》，中国人民大学出版社，2004。

梁小民：《西方经济学教程》，中国统计出版社，1995。

林木西、曹艳秋：《历史上最具影响力的经济学名著32种》，陕西人民出版社，2009。

刘继国：《制造业服务化发展趋势研究》，经济科学出版社，2009。

刘建丽：《中国制造业企业海外市场进入模式选择》，经济管理出版社，2009。

刘文成：《振兴东北大视野：第四增长极》，中共中央党校出版社，2004。

刘志彪：《经济全球化与中国产业发展》，译林出版社，2016。

〔匈〕卢卡奇：《历史与阶级意识》，杜章智等译，商务印书馆，1999。

卢中原：《世界产业结构变动趋势和我国的战略抉择》，人民出版社，2009。

马春文：《发展经济学》，高等教育出版社，2005。

〔英〕马丁·克里斯多夫：《物流竞争：后勤与供应链管理》，马月才译，北京出版社，2001。

〔德〕马克思：《哲学的贫困》，人民出版社，1964。

〔德〕马克思：《资本论》第1卷，人民出版社，2004。

〔德〕马克思：《资本论》第2卷，人民出版社，2004。

〔德〕马克思：《资本论》第3卷，人民出版社，2004。

《马克思恩格斯文集》第1卷，人民出版社，2009。

《马克思恩格斯文集》第3卷，人民出版社，2009。

《马克思恩格斯文集》第4卷，人民出版社，2009。

〔英〕马歇尔：《经济学原理》，朱志泰等译，商务印书馆，1991。

马子红：《中国区际产业转移与地方政府的政策选择》，人民出版社，2009。

〔美〕迈克尔·波特：《竞争优势》，陈小悦译，华夏出版社，1997。

梅丽霞：《全球化、集群转型与创新型企业：以自行车产业为例》，科学出版社，2010。

宁一、冬宁：《东北咋整——东北问题报告》，当代世界出版社，2004。

齐建珍、杨中华、张龙治：《工业转型研究——工业转型理论与实践研究》，东北大学出版社，2002。

秦书生：《社会主义生态文明建设研究》，东北大学出版社，2015。

任旺兵：《我国制造业发展转型期生产性服务业发展问题》，中国计划出版社，2008。

宋冬林：《东北老工业基地资源型城市发展接续产业问题研究》，经济科学出版社，2009。

苏东水：《产业经济学》，高等教育出版社，2000。

孙林岩：《全球视角下的中国制造业发展》，清华大学出版社，2008。

孙林岩：《中国制造业发展战略管理研究》，清华大学出版社，2009。

孙乃民、王守安：《东北经济区的内在联系与合作开发》，学习出版社，2005。

谭元发：《装备制造业循环经济研究》，中国经济出版社，2010。

唐德才：《基于资源约束的中国制造业可持续发展研究》，科学出版社，2009。

王福君：《区域比较优势与辽宁装备制造业升级研究》，中国经济出版社，2010。

王朗玲、李敏娜：《老工业基地改造与体制创新》，经济科学出版社，2004。

王洛林、魏后凯：《东北地区经济振兴战略与政策》，社会科学文献出版社，2005。

王倩、许梦博：《欧盟区域政策及其对中国东北老工业基地振兴的启示》，吉林大学出版社，2007。

王胜今、李玉潭、朱显平：《东北亚区域合作与中国东北振兴研究》，吉林人民出版社，2007。

王伟中、郭日生、黄晶：《地方可持续发展导论》，商务印书馆，1999。

王业强：《转型时期中国制造业地理集中研究》，经济管理出版社，2010。

吴强：《政府行为与区域经济协调发展》，经济科学出版社，2005。

伍华佳：《中日韩产业分工与合作研究》，上海人民出版社，2009。

习近平：《决胜全面建成小康社会，夺取新时代中国特色社会主义伟大胜利——在中国共产党第十九次全国代表大会上的报告》，人民出版社，2017。

徐充：《比较与借鉴：长、珠三角洲发展模式及东北经济振兴》，吉林人民出版社，2010。

薛彦平：《欧洲工业创新体制与政策分析》，中国社会科学出版，2009。

〔法〕雅克·德里达：《马克思的幽灵——债务国家、哀悼活动和新国际》，何一译，人民出版社，1999。

杨蕙馨、王军：《新型工业化与产业组织优化：山东省强省之路分析》，经济科学出版社，2005。

叶连松：《新型工业化与制造业发展》，中国经济出版社，2009。

殷醒民：《制造业结构的转型与经济发展：中国1978—1998年制造业的内部结构的调整》，复旦大学出版社，1999。

〔美〕约翰·德勒巴克等：《新制度经济学前沿》，张宁燕等译，经济科学出版社，2003。

〔美〕约瑟夫·熊彼特：《经济发展理论》，何畏等译，商务印书馆，1990。

〔英〕詹姆斯·米德：《效率、公平与产权》，施仁译，北京经济学院出版社，1992。

张桂文、周健：《二元经济结构转换与东北老工业基地振兴》，经济科学出版社，2008。

张磊：《中国制造业FDI的效应与决定因素》，中国经济出版社，2010。

张明龙：《区域发展与创新》，中国经济出版社，2010。

张培刚：《发展经济学通论》第1卷，湖南出版社，1991。

张培刚、张建华：《发展经济学》，北京大学出版社，2009。

张平：《中国区域产业结构演进与优化》，武汉大学出版社，2005。

张奇：《中国制造业投资研究》，经济管理出版社，2007。

张奇：《中国装备制造业投资与技术进步》，经济科学出版社，2007。

张琴：《国际产业转移与中国产业结构优化研究》，经济科学出版社，2012。

张青山：《制造业绿色产品评价体系》，电子工业出版社，2009。

张新颖：《东北三省老工业基地经济发展比较》，社会科学文献出版社，2004。

张秀娥、董竹、毛佳：《中国－欧盟：传统工业区转型与循环经济的发展》，吉林大学出版社，2007。

张秀生、卫鹏鹏：《区域经济理论》，武汉大学出版社，2005。

张秀生、卫鹏鹏：《区域经济理论》，武汉大学出版社，2005。

张元智、马鸣萧：《产业集群：获得竞争优势的空间》，华夏出版社，2006。

赵春艳：《从比较优势到竞争优势：基于中国汽车产业的实证研究》，中国经济出版社，2012。

赵儒煜、杨振凯：《传统工业区振兴中的政府角色与作用——欧盟的经验与中国的选择》，吉林大学出版社，2008。

赵彦云：《中国产业竞争力研究》，经济科学出版社，2009。

《振兴东北大视野：超越之路》编写组：《振兴东北大视野：超越之路》，中共中央党校出版社，2004。

中国创新型企业发展报告编委会：《2013－2014 中国创新型企业发展报告》，经济管理出版社，2015。

中国企业管理研究会、中国社会科学院管理科学研究中心：《东北老工业基地振兴与管理现代化》，中国财政经济出版社，2005。

周达：《中国制造与结构变动研究（1981－2006）》，知识产权出版社，2008。

二 期刊论文

〔美〕保罗·列格曼：《美国制造业发展及制造业外包》，《湖南商学院学报》2010 年第 5 期。

邴正：《东北社会结构与文化的历史特征》，《中国社会科学院院报》2008 年 9 月 11 日。

常燕：《我国工业化中后期企业大型化趋势与特征》，《产经评论》2010年第 5 期。

陈金美、叶明：《马克思实践唯物主义的逻辑路径探析》，《江汉论坛》

2010 年第 8 期。

陈晓永：《河北省临港产业竞争力提升路径研究——基于创新型集群的视角》，《河北经贸大学学报》2011 年第 2 期。

陈耀：《我国东北工业发展 60 年：回顾与展望》，《学习与探索》2009 年第 5 期。

陈元：《后经济危机阶段：加速发展路径的强制性变迁》，《管理世界》2009 年第 9 期。

程瑞华：《振兴东北首重体制机制创新》，《金融时报》2007 年 8 月 21 日。

楚天骄：《长三角地区制造业结构演化趋势研究》，《世界地理研究》2010 年第 3 期。

大连市社科联课题组：《关于振兴大连老工业基地的研究报告》大连社会科学，2004。

戴永安、陈才、张昂：《东北地区经济发展的阶段划分及趋势》，《未来与发展》2010 年第 2 期。

丁四保：《"东北现象"：症结分析与出路的探讨》，《现代城市研究》2003 年第 12 期。

董立廷、李娜：《日本发展生态工业园区模式与经验》，《现代日本经济》2009 年第 6 期。

樊纲：《后危机时代的五个趋势》，《理论学习》2009 年第 8 期。

范剑勇、杨丙见：《美国早期制造业集中的转变及其对中国西部开发的启示》，《经济研究》2002 年第 8 期。

方发龙、周江：《西部地区生态文明建设与经济增长的博弈分析与对策》，《开发研究》2009 年第 4 期。

冯岩：《东北地区工业化道路和"再工业化"方向研究》，吉林大学博士学位论文，2010。

高峰、谭卫东：《制造业的革命——大规模定制生产》，《商业研究》2000 年第 6 期。

辜胜阻：《转型与创新是后危机时代的重大主题》，《财贸经济》2010 年第 8 期。

古依莎娜、赵蕾、刘丹、王迪：《"制造强国"的战略路径研究及初步分析》，《中国工程科学》2015 年第 7 期。

关长海、赵国杰：《基于生态群落的现代服务业与装备制造业融合发展研究——以东北老工业基地为例》，《经济纵横》2008 年第 2 期。

关晓丽、刘威：《振兴东北老工业基地的制度分析》，《马克思主义研究》2008 年第 5 期。

郭克莎：《我国制造业发展呈现新特点》，《经济研究参考》2004 年第 87 期。

郭志仪、杨琦玮：《中国制造业区域创新模式的比较研究》，《科技管理研究》2009 年第 7 期。

侯志茹：《东北地区产业集群发展动力机制研究》，东北师范大学博士学位论文，2007。

胡迟：《制造业转型升级最新成效的分析与对策》，《经济研究参考》2015 年第 20 期。

胡俊文：《雁阵产业集群：中国现代制造业发展的战略选择》，《探索》2004 年第 3 期。

黄付生、魏凤春：《日本经济结构转型与产业升级路径研究》，《现代日本经济》2010 年第 2 期。

黄群慧：《东北地区制造业战略转型与管理创新》，《经济纵横》2015 年第 7 期。

黄顺魁：《制造业转型升级：德国"工业 4.0"的启示》，《学习与实践》2015 年第 1 期。

黄泰岩：《转变经济发展方式的内涵与实现机制》，《求是》2007 年第 18 期。

贾若祥、刘毅：《产业竞争力比较研究——以我国东部沿海省市制造业为例》，《地理科学进展》2003 年第 2 期。

贾燕子：《我国区域经济增长因素的实证分析——以东北地区为例》，《黑龙江对外经贸》2008 年第 11 期。

姜威：《基于区域经济发展差异的资源整合模式研究》，吉林大学博士学位论文，2010。

金碚：《资源与环境约束下的中国工业发展》，《中国工业经济》2005年第4期。

金荣生：《鞍钢6种产品捧得"金杯奖"》，《辽宁日报》2011年4月7日。

孔令锋：《两次金融危机时期中国经济格局的比较分析与政策启示》，《当代财经》2009年第12期。

邝国良、方少帆、林晓湧：《珠江三角洲的制造业发展模式研究》，《特区经济》2004年第1期。

李诚固、黄晓军、刘艳军：《东北地区产业结构演变与城市化相互作用过程》，《经济地理》2009年第2期。

李刚、孙林岩、高杰：《服务型制造模式的体系结构与实施模式研究》，《科技进步与对策》2010年第4期。

李凯等：《2016东北老工业基地全面振兴进程评价报告》，经济管理出版社，2017。

李克强：《在国家科学技术奖励大会上的讲话》，《人民日报》2016年1月9日。

李平、佟连军、邓丽君、李名升：《环渤海地区制造业地理集聚研究》，《人文地理》2010年第2期。

李兆磊：《传统型制造企业向服务型制造企业转型路径分析》，《知识经济》2010年第7期。

梁琦、李忠海、马斌：《东北制造的优势在哪里》，《统计研究》2004年第3期。

梁四宝、张新龙：《资源型县域经济发展模式探讨》，《理论探索》2007年第2期。

列春：《我国制造业结构调整升级新路径》，《工程机械》2010年第9期。

林毅夫、刘培林：《以高质量发展迈向高收入国家》，《人民日报》2018年1月14日。

林毅夫、巫和懋、邢亦青：《"潮涌现象"与产能过剩的形成机制》，《经济研究》2010年第10期。

刘静暖、纪玉山：《气候变化与低碳经济中国模式——以马克思的自然力经济理论为视角》，《马克思主义研究》2010 年第 8 期。

刘艳军、李诚固、董会和、李如生：《东北地区产业结构演变的城市化响应：过程、机制与趋势》，《经济地理》2007 年第 3 期。

刘洋、金凤君：《东北地区产业结构演变的历史路径与机理》，《经济地理》2009 年第 3 期。

陆立军、于斌斌：《基于修正"钻石模型"的产业集群与专业市场互动的动力机制》，《科学学与科学技术管理》2010 年第 8 期。

吕铁、贺俊：《"十三五"中国工业发展的新形势与政策调整》，《学习与探索》2015 年第 6 期。

罗建强、赵艳萍、程发新：《我国制造业转型方向及其实现模式研究——延迟策略实施的视角》，《科学学与科学技术管理》2013 年第 9 期。

〔美〕迈克·E. 波特：《簇群与新竞争经济学》，《经济社会体制比较》2000 年第 2 期。

裴长洪、郑文：《发展新兴战略性产业：制造业与服务业并重》，《当代财经》2010 年第 1 期。

史博：《提升制造业核心竞争力是经济转型升级的基础》，《上海证券报》2011 年 3 月 8 日。

宋晓洪：《东北地区制造业的振兴与技术创新》，《商业研究》2005 年第 24 期。

宋晓洪：《东北地区制造业技术创新模式及对策研究》，哈尔滨工程大学博士学位论文，2006。

隋映辉：《创新型城市建设：战略态势制约因素与发展思路》，《管理学刊》2010 年第 10 期。

孙久文、李爱民、彭芳梅、赵霄伟：《长三角地区生产性服务业与制造业共生发展研究》，《南京社会科学》2010 年第 8 期。

孙英兰：《"中国制造 2015"：拉开"制造强国"大幕》，《瞭望新闻周刊》2015 年第 51 期。

孙早等：《后危机时代的大国产业战略与新兴战略产业的发展》，《经济学家》2010 年第 9 期。

唐鹏琪：《印度制造业优势浅析》，《南亚研究季刊》2006 年第 1 期。

田国强：《现代经济学的基本分析框架与研究方法》，《经济研究》2005 年第 2 期。

汪应洛、刘子晗：《中国从制造大国迈向制造强国的战略思考》，《西安交通大学学报》（社会科学版）2013 年第 6 期。

王必锋、王厚双：《辽宁省生产性服务业发展的 SWOT 分析》，《中国管理信息化》2009 年第 7 期。

王锋：《如何实现制造业企业的转型升级》，《环渤海经济瞭望》2008 年第 12 期。

王国跃、李海海：《我国装备制造业产业集群发展模式及对策》，《经济纵横》2008 年第 12 期。

王立军、范剑勇：《长三角地区制造业发展模式与竞争力比较》，《杭州金融研修学院学报》2004 年第 4 期。

王秋菊：《东北振兴走新型工业化道路研究》，华东师范大学博士学位论文，2007。

王胜今、吴昊：《东北老工业基地振兴的实质是一个"再工业化"过程》，《新长征》2004 年第 6 期。

王文龙：《后新自由主义、后东亚模式与新东亚模式比较》，《国外社会科学》2009 年第 3 期。

王文龙：《现代化危机与中国经济赶超战略重构》，《东疆学刊》2010 年第 7 期。

隗斌贤：《生产性服务业与制造业互动发展促进产业转型升级》，《科技通报》2009 年第 6 期。

魏后凯：《东北经济的新困境及重振战略思路》，《社会科学辑刊》2017 年第 1 期。

文宗瑜：《产业升级与企业转型：后工业化时代的增长路径》，《董事会》2010 年第 4 期。

吴军：《环境约束下中国地区工业全要素生产率增长及收敛分析》，《数量经济技术经济研究》2009 年第 11 期。

吴易风：《西方经济学家论马克思主义经济增长理论》，《中国人民大学学报》2002 年第 6 期。

谢文泽：《贸易自由化对巴西制造业的影响》，《拉丁美洲研究》2002
年第 2 期。

胥和平：《经济危机与中国特色自主创新道路》，《时事报告》2009 年
第 5 期。

徐充：《东北地区集群经济的发展障碍与对策选择》，《学术交流》2008
年第 7 期。

徐充、姜威：《日本汽车产业发展及其对我国的启示》，《现代日本经
济》2007 年第 3 期。

徐充、解涛：《我国产业结构调整的制度分析》，《社会科学家》2004
年第 5 期。

徐尚：《马歇尔对创新经济学的思想贡献》，《演化与创新经济学评论》
2010 年第 2 期。

薛金山：《中国制造业转型路径与阶段性探讨》，《中国机电工业》2010
年第 10 期。

严成樑、李蒙蒙：《制造业规模与宏观经济波动》，《财经问题研究》
2017 年第 12 期。

杨东亮、赵振全：《东北经济失速的投资性根源》，《东北亚论坛》2015
年第 5 期。

杨杜：《企业什么时候容易“坏事”》，《企业管理》2000 年第 4 期。

杨慧民：《基于区域比较的东北地区科技投入分析》，《科技管理研究》
2007 年第 12 期。

杨年松：《珠江三角洲制造业产业升级战略定位与基本路径选择》，《特
区经济》2005 年第 7 期。

叶得珠、蒋海、张捷：《后危机时代的改革与发展研讨会暨第四届亚洲
经济合作与创新论坛综述》，《经济研究》2010 年第 2 期。

殷醒民：《制造业：“乘数效应”溢出与技术升级》，《经济学家》1998
年第 5 期。

于向光：《中国制造业生产率研究》，吉林大学博士学位论文，2008。

余洋：《转变发展方式关键在实现包容性增长》，《南方日报》2010 年

10 月 11 日。

曾繁华等：《创新驱动制造业转型升级机理及演化路径研究》，《科技进步与对策》2015 年第 24 期。

曾荣平：《战后日本衰退产业转型研究——以纤维、钢铁和造船业为例》，辽宁大学博士学位论文，2008。

张华胜、薛澜：《中国制造业知识特性、规模经济效益比较分析》，《中国工业经济》2003 年第 2 期。

张明龙：《中国制造业发展模式转型研究》，《学习与实践》2008 年第 7 期。

张唯实、胡坚：《产业结构优化与中国经济可持续发展研究》，《理论探讨》2011 年第 1 期。

张维迎：《什么推动中国经济高增长》，《企业家天地》2007 年第 12 期。

赵儒煜：《"后工业化"理论与经济增长：基于产业结构视角的分析》，《社会科学战线》2013 年第 4 期。

赵晓、张文卿：《中国 1000 家最大企业的区域分布分析》，《宏观经济研究》2005 年第 11 期。

浙江产业竞争力比较研究课题组：《提高产业竞争力：浙江跨世纪发展的战略选择（上）》，《中国软科学》1997 年第 3 期。

中国机械工业联合会：《信息化与东北老工业基地改造研究报告》，2004。

中国社会科学院财政与贸易经济研究所课题组：《"十二五"时期中国财税若干问题研究（上）》，《经济研究参考》2011 年第 3 期。

周松兰：《中日韩制造业竞争力比较研究》，武汉大学博士学位论文，2005。

朱森第：《我国装备制造业转型升级的着力点》，《金属加工（冷加工）》2011 年第 1 期。

祝小兵：《中国制造业发展模式对经济增长的制约分析》，《经济问题探索》2004 年第 6 期。

三 网络资料

《IBM 中国网站—智慧的制造业—中国》，https://www－31. ibm. com/smb/cn/industries/manufacture/。

《中国制造业首超日本，成为全球第二大工业制造国》，http://www. 022 net. com/2010/10－8/423629183127339. html。

东北振兴司：《2010 年东北地区工业经济运行态势良好》，http://dbzxs. ndrc. gov. cn/zxzx/t20110318_399956. htm。

国家发改委东北振兴司：《东北三省 2010 年经济形势分析报告》，http://www. chinaeast. gov. cn/2011－03/18/c_13785513. htm。

《后危机时代刺激制造业发展的重要性》，http://www. cnr. cn/allnews/201008/t20100816_506902209. html。

黄鑫：《高端装备制造业转型升级情况分析》，http://www. china-consulting. cn/article/html/2011/0118/662582. php。

姜四清：《解读东北地区振兴规划》，http://news. nmgnews. com. cn/xam/article/20071113/163304_2. html。

李春林、杨忠厚：《装备制造业占辽宁工业增加值比重达历史最高水平》，http://news. 163. com/09/0714/08/5E60BNNF000120GR. html。

《联合国 2010 年人类发展指数排名，中国被归为创造经济增长神话国家》，http://www. tianya. cn/publicforum/content/worldlook/1/298851. shtml。

张茉楠：《人民币升值将倒逼制造业加快转型》，http://www. financialnews. com. cn/wh/txt/2011－01/04/content_335635. htm。

郑少忠：《辽宁民营经济增加值首破万亿，占 GDP 比重超六成》，http://finance. eastmoney. com/news/1350，20110404128185432. html。

周民良：《蒙东地区是东北的潜在"后花园"》，http://www. cnstock. com/index/gdbb/201009/882218. htm。

四 英文

Beghin, J., Potier, M., *Effects of Trade Liberalisation on the Environment in the Manufacturing Sector*, Blackwell Publishers Ltd., 1997.

Carbonara, N. , "New Models of Inter-firm Networks within Industrial Districts," *Entrepreneurship & Regional Development* 14, 2002 (3).

Carlsson, M. , Laseen, S. , "Capital Adjustment Patterns In Swedish Manufacturing Firms," *The Economic Journal* 115, 2005: 969 – 986.

Correa, P. G. , "The Effect of Trade Liberalisation on Market Power, the Case of the Brazilian Manufacturing Mimeo," *Country Report: Brazil*, 2001, pp. 5 – 30.

Ouellette, P. , Vigean, S. , "Technological Choices and Regulation: the Case of the Canadian Manufacturing Sectors," *Canadian Journal of Economics* 36, 2003 (1): 88 – 125.

Porter, M. E. , *The Competitive Advantage of Nations*, London: Macmillan Press LTD, 1990.

Porter, M. E. , "Clusters and the New Economics of Competition," *Harvard Business Review*, 1998 (98): 77 – 90.

Samaranayake, P. , Laosirihongthong, T. , Chan, F. , "Integration of Manufacturing and Distribution Networks in a Global Car Company Network Models and Numerical Simulation," *International Journal of Production Research* 49, 2011 (11): p. 3127.

Saurin, T. A. , Marodin, G. A. , José Luis Duarte Ribeiro, "A framework for Assessing the Use of Lean Production Practices in Manufacturing Cells," *International Journal of Production Research* 49, 2011 (11): p. 3211.

Snell, S. A. , "Selection and Training for Integrated Manufacturing," *Journal of Management Studies* 5, 2000 (37): 3.

Zhu J. , "Industrial Property and Structure Change of Manufacturing: Arelative-cost Analysis," *RURDS* 12, 2000 (1).

后 记

　　本书的形成离不开东北大学马克思主义学院各位领导、同事和老师的关心、指导和帮助，他们为本书注入了持久的生命力和智慧的光芒。东北大学严谨开明、求真务实、淡泊名利的学术风范及真诚友善的崇高品德，深深地影响和感染了我，学院对我的工作、研究乃至生活给予热情的关怀和无私的帮助，使我终身受益，并激励我刻苦努力，勇攀高峰。

　　本书得以顺利成稿，首先要特别感谢我的导师在读博期间指导我如何追逐学术前沿，如何思考问题，如何循序渐进地分析问题、解决问题，导师为本书倾注了大量的时间和心血，促使我在学术上形成兼收并蓄的研究习惯和敏感独特的思维方式，并为我营造了一个相对宽松、自由的研究氛围，鼓励我进行探索性研究。

　　学习如拓荒，本书的写作就是一个艰苦的拓荒过程。在研读了大量相关文献之后，经过系统的梳理、分析和总结，加之自己的一些粗浅体会和思考，拙著终得呈现在各位师长和同窗眼前。由于个人能力有限，本书难免有纰漏和不足之处，恳请各位专家、师长不吝赐教，以使我能够进一步完善此研究。再次感谢东北大学马克思主义学院对本书出版的大力支持，同时，社会科学文献出版社的编辑曹义恒、刘翠为本书的编辑出版付出了大量心血，在此一并表示衷心的感谢！

　　最后，谨以此书献给中国改革开放40周年，愿东北老工业基地随着制造业发展模式转型的不断推进早日实现全面振兴，创造新的业绩，铸就新的辉煌！

张志元

2018 年 9 月于东北大学迎湖园

图书在版编目（CIP）数据

制造业转型与东北全面振兴 / 张志元著. -- 北京：
社会科学文献出版社，2018.12
ISBN 978 - 7 - 5201 - 4049 - 2

Ⅰ.①制… Ⅱ.①张… Ⅲ.①制造工业 - 产业结构升
级 - 关系 - 区域经济发展 - 研究 - 东北地区 Ⅳ.
①F426.4②F127.3

中国版本图书馆 CIP 数据核字（2018）第 275479 号

制造业转型与东北全面振兴

著　　者 / 张志元

出 版 人 / 谢寿光
项目统筹 / 曹义恒
责任编辑 / 曹义恒　刘　翠

出　　版 / 社会科学文献出版社·社会政法分社（010）59367156
　　　　　　地址：北京市北三环中路甲 29 号院华龙大厦　邮编：100029
　　　　　　网址：www.ssap.com.cn
发　　行 / 市场营销中心（010）59367081　59367083
印　　装 / 三河市龙林印务有限公司

规　　格 / 开 本：787mm × 1092mm　1/16
　　　　　　印 张：14.75　字 数：237 千字
版　　次 / 2018 年 12 月第 1 版　2018 年 12 月第 1 次印刷
书　　号 / ISBN 978 - 7 - 5201 - 4049 - 2
定　　价 / 79.00 元